チップス先生さようなら

Goodbye, Mr. Chips

スクリーンプレイ

About the Movie

この映画について

　過去を懐かしみながら、長年にわたる教師としてのキャリアを振り返り、生徒や同僚、そして彼の人生を大きく変えた妻との出会い、結婚を回想する形で物語が展開する『チップス先生さようなら』(Goodbye, Mr. Chips, 1939)は、ケンブリッジ大学在学中に『キャサリン自身』(Catherine Herself, 1920)で英国の文壇に登場した小説家ジェイムズ・ヒルトン (James Hilton, 1900 - 1954)の同名の中編小説が原作である。大学卒業後 Manchester Guardian や Daily Telegraph で記事や書評を書きながら小説の執筆を続けていた彼が、1933年に British Weekly のクリスマス特別号から連載を始めたもので、1934年9月にアメリカの Atlantic Monthly に転載される

や、そのわずか2か月後には単行本として出版されたのだった。

　The New Yorker のコメンテーターであり、CBS のラジオ番組 The Town Crier (1933 - 1938)のパーソナリティでもあった著名な文芸評論家、アレクザンダー・ウールコット (Alexander Woollcott, 1887 - 1943)が放送中にこの小説を評価したこともあり、いち早く映画化権獲得に動いた MGM は、作品の見極めと収益率の高い映画を製作することに天才的な能力を発揮することで有名だったアーヴィング・タルバーグ (Irving Thalberg, 1899 - 1936)に映像化の準備を委ねる。監督は、20世紀前半のサイレント期に活躍した監督セシル・B・デミル (Cecil Blount DeMille, 1881 - 1959)

のもとで助監督として経験を積んだ後、パラマウントでグロリア・スワンソン（Gloria Swanson, 1899 – 1983）や美男俳優ウォーレス・リード（Wallace Reid, 1891 – 1923）の作品を手がけ、1927年からは MGM でクラーク・ゲーブル（Clark Gable, 1901 – 1960）らの映画でメガフォンを握っていたサム・ウッド（Sam Wood, 1883 – 1949）である。ちなみに、彼は本作と同じく1939年公開の作品で、アカデミー賞で特別賞を含め9部門を受賞した同社の『風と共に去りぬ』（Gone with the Wind, 1939）でも、途中で病に倒れたヴィクター・フレミング（Victor Fleming, 1889 - 1949）に代わって監督を務めている。

主人公のチップス先生を演じる俳優には英米両国の舞台や映画で活躍していたブライアン・エイハーン（Brian Aherne, 1902 – 1986）と、英国で舞台、米国では映画で活躍し、『ヘンリー八世の私生活』（The Private Life of Henry Ⅷ, 1933）でアカデミー主演男優賞を手にしていたチャールズ・ロートン（Charles Laughton, 1899 – 1962）が検討された。しかし、MGM創始者の一人、ルイス・B・メイヤー（Louis Burt Mayer, 1884 – 1957）は、ヒッチコック（Alfred Hitchcock, 1899 – 1980）のサスペンスの名作『三十九夜』（The 39 Steps, 1935）で洗練された英国紳士を見事に演じた若い俳優ロバート・ドーナット（Robert Donat, 1905 – 1958）を指名する。並外れた洞察力の持ち主であ

る彼の眼に狂いはなかった。20代のの若き教師から80代の老人まで、60歳以上の年齢差の人物を演じた彼が、大方の予想を覆し、『風と共に去りぬ』のゲーブルを抑えてアカデミー主演男優賞をもぎ取ったことからもそれは明らかだろう。

　チップス先生の妻キャシーについては、英国作家チャールズ・ディケンズ（Charles Dickens, 1812 – 1870）の小説が原作の映画『孤児ダビド物語』（*David Copperfield*, 1935）で母親を演じたエリザベス・アラン（Elizabeth Allan, 1910 – 1990）が候補に挙がったが、物足りなさを感じた首脳部は、同社で1934年から活躍していたロザリンド・ラッセル（Rosalind Russell, 1907 – 1976）の名を挙げる。しかし、彼女が持ち味を発揮するのはコメディ

映画ということもあり、メイヤーは熟慮の末、彼女を『城砦』（*The Citadel*, 1938）に回したのである。主演女優不在に焦りを感じ始めていたサム・ウッドは、藁をもすがる思いで過去のスクリーンテストを調べ始めた。すると、かつてメイヤーがロンドンで発見したアイルランド人女性グリア・ガースン（Greer Garson, 1904 – 1996）が目に留まったのである。しかも彼女は既にMGMと契約を結び、何の配役もあてがわれないまま、時間を持て余していたのだった。突然、幸運の女神に微笑みかけられ主役として撮影現場の英国に舞い戻ることになった彼女は、これを機に立て続けに映画に主演し、3年後の『ミニヴァー夫人』（*Mrs. Miniver*, 1942）でアカデミー主演女優賞を獲得したのみならず、1941年の

『塵に咲く花』（Blossoms in the Dust）から1945年の『愛の決断』（The Valley of Decision）まで5年連続でアカデミー主演女優賞にノミネートされ、MGMを代表する女優の一人になったのである。

　撮影は英国の映画製作スタジオDenham Film Studios（1936 – 1952）で行われたが、ブルックフィールド校でのシーンはダービーシャー州にある1557年創立のRepton Schoolで敢行された。これを大変な栄誉と考えた学校当局は教師、生徒たちを含め、夏休みを返上してエキストラとして出させ、撮影に全面的に協力する。彼らの犠牲と努力は、『チップス先生さようなら』がDenham Film Studiosから送り出された映画のなかで最も成功した作品となったことで、十二分に報わ

れたのだった。

　1939年5月15日、ブロードウエイのアスター劇場で行われたプレミアショーで映し出された画面には、完成を待たずして37歳という若さでこの世を去ったタルバーグへの献辞が記されていた。そして翌年の2月29日、ロサンゼルスのアンバサダーホテルで催された第12回アカデミー賞授賞式では作品賞、監督賞をはじめ7部門にノミネートされ、主演男優賞を受賞した。公開から80年を超える歳月を経ながらも、今なお世界中の人々の心を揺さぶる名作『チップス先生さようなら』は、これからもその魅力と輝きを失うことなく光り輝き続けていくことだろう。

曽根田憲三（相模女子大学名誉教授）

あなたはどっち？

映画？　本？

Which do you prefer, movies or books?

本は自分だけの空想の世界を作り上げることができます。でも本を読むより映画を見た方が楽だし、リスニングの勉強にもなるから一石二鳥？『チップス先生さようなら』はどうでしょう。

原作の著者はイギリス人ジェイムズ・ヒルトン（James Hilton, 1900 – 1954）。1921 年ケンブリッジ大学を卒業したもののなかなか認められませんでしたが、1933 年の長編小説『失われた地平線』（Lost Horizon）が出世作となります。ここで描かれた理想郷〜ユートピアの名称シャングリラ（Shangri-La）は流行語にまでなり、今では理想郷と同じ意味として扱われています。そして 1934 年に『チップス先生さようなら』（Goodbye, Mr Chips）が米国大手の雑誌社にとりあげられて全米で話題騒然、売り上げは英国をはるかに上回りました。

映画『チップス先生さようなら』（Goodbye, Mr. Chips）は 1939 年に製作されました。それ以降、1969 年ピーター・オトゥール（Peter O'Toole）主演の映画、1984 年 BBC テレビ製作のミニシリーズ、2002 年マーティン・クルーンズ（Martin Clunes）主演のテレビドラマと、計 3 回リメイクされています。

原作本、映画 1939 年版、映画 1969 年版、これら 3 つは違うの？お薦めは？

まず時代設定です。原作は普仏戦争（1870 – 71）の最中、チップスは 1870 年にブルックフィールド校に赴任。年齢は 20 代初めと書かれていますが、その後に記される年号・年齢から計算すると 22 歳だと判ります。映画 1939 年版では、同じく 1870 年赴任で 25 歳。どちらも第 1 次世界大戦へと進みます。1969 年版では時代設定が大きく異なり、始まりは 1924 年、

戦争は第2次世界大戦です。

　次に休暇の場所です。原作では、夏休みにドイツ語教師の同僚と共に、イングランド北西部の湖水地方へ旅をします。同僚は急遽帰宅しますが、チップスはウォズデイル・ヘッド村に1人残り、グレイト・ゲイブル山に登ります。1939年版は、オーストリアの徒歩旅行へとドイツ語教師の同僚から強引に誘われます。スイスのアルプス山脈です。1969年版はロンドン。友人と舞台鑑賞・夕食を共にします。

　ハイライトの1つはキャサリンとの出会いです。原作では、グレイト・ゲイブル山の岩棚の上で、がむしゃらに手を振っている女性がキャサリンです。チップスは彼女が困っているのだと思い急いで登りますが、足を滑らせて捻挫。彼女は登山仲間に手を振っていた

だけと判り、救出者の立場が逆転してしまいます。キャサリンの看病で2人は恋に落ち、ロンドンで挙式をあげます。1939年版では、霧が晴れるまでの間、キャサリンは気まぐれに大声を出していただけでした。助けに行ったチップスが足首を捻挫するのは同じですが、軽い捻挫です。その後ウィーンで再会して恋に落ち、ロンドンで挙式。1969年版は、舞台鑑賞後、レストランでの夕食でキャサリンと出会います。その後チップスは、イタリア南部の古代都市ポンペイへ一人旅に出かけ、遺跡の円形劇場でキャサリンと再会し、恋に落ちます。

　キャサリンの職業は3作品とも違います。原作は家庭教師。新しい考えの持ち主で、女性も大学入学や投票権が認められるべきだと考え、女友達

と颯爽と自転車旅行をしています。1939年版では仕事を持っていませんが、進歩的なのは同じです。1969年版は舞台女優です。当時女優は、貴族階級の男性の愛人になることが多いので、最初ブルックフィールド校で偏見の眼差しを向けられます。

　そしてキャサリンとの別れ。原作も1939年版も同じで、出産により母子ともに命を落とします。結婚生活はわずか2年でした。1969年版では結婚生活15周年を迎えます。キャサリンは空軍の慰問に出かけ、そこで空襲にあって亡くなります。

　題名となったセリフ「チップス先生、さようなら」を最後に言った少年は誰でしょう。原作は、新学期から麻疹でずっと入院し、ようやく学校に出てきた少年リンフォードです。一族で初め

てブルックフィールド校へ入りました。1939年版ではコリー少年。赴任したての時、学級崩壊の首謀者として教室で暴れたコリーの曽孫にあたります。1969年版は、新入生のサタウィック。競技場を寄贈したのは曽祖父でした。

　こうして見てくると、1939年版は原作にかなり忠実に映画化されていることがわかります。本と映画、どちらにも共通しているのはセリフです。1939年版はCGも何も存在しない時代の白黒映画です。場面展開はまるで本のページをめくるよう。本は100ページほどです。読む、観る、聴く。どれがどの順番でもかまいません。マルチに映画を活用することで、心に残るセリフを増やしていきませんか。

子安惠子（金城学院大学）

Cast of Goodbye, Mr.Chips

Robert Donat as Mr. Chips

ロバート・ドーナット

1905年3月18日イギリス・マンチェスター生まれ。1958年6月9日没。吃音症を克服する治療が、彼に訛りのない美しい英語と自信を与え、結果として彼を芝居の道へ向かわせた。16歳から活動していた舞台での功績が映画製作者の目に留まり、映画デビューする。ハリウッド・デビュー作『巌窟王』（1934）で、映画俳優としての評判を得て以降、出演依頼が多数舞い込むものの、常に人目に晒される生活を望まなかった彼はイギリスにとどまることを決める。そのため、彼に出演を希望するハリウッドの製作者たちは、イギリスまで撮影に訪れなければならなかった。映画俳優として名を上げてからも、舞台への情熱を失うことはなく、

また、ラジオ出演も好んだ。美しい声音による詩の朗読は特に人気を集めた。

だが、彼の役者人生は喘息との闘いでもあった。控えめな演技に定評があった彼だが、病のためいくつものオファーを断らざるを得なかった。それらの作品には、ヒッチコックによる『サボタージュ』（1936）や『レベッカ』（1940）といった有名作品が含まれている。現場に酸素吸引器を常に置き、なおも演技の道を追い続けた彼は、53歳という若さで他界（脳腫瘍による発作とも言われている）。奇しくも、亡くなる直前に撮影した最後のセリフは "We shall not see each other again, I think. Farewell." （『六番目の幸福』1958）であった。

グリア・ガースン

Greer Garson
as Katherine

　1904年9月29日イギリス・ロンドン生まれ。1996年4月6日没。ロンドン大学在学中は教師を志していた。ロンドンの舞台で活動していた時代には、ローレンス・オリヴィエに指導を受けたこともある。ベティ・デイヴィスと並ぶアカデミー主演女優賞5年連続ノミネートという偉大な記録とともに、もう一つ、彼女には面白い記録がある。それは、『ミニヴァー夫人』（1942）でアカデミー主演女優賞を受賞した際のスピーチだ。"Thank you. That is really all there is to say, but…（ありがとうございます。言うことはそれだけ…ですが）"から始まったそのスピーチは、最終的に5分30秒もの最長記録となった（現在では45秒までという制限があるため、今後も彼女の歴代1位は破られることはない）。『最高にしあわせ』（1967）を最後に映画界を引退。その後は、チャリティ活動に尽力した。

ポール・ヘンリード

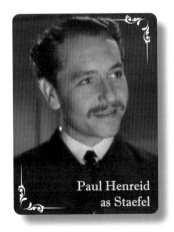

Paul Henreid
as Staefel

　1908年1月10日オーストリア＝ハンガリー帝国（現イタリア）・トリエステ生まれ。1992年3月29日没。役者になることを家族に反対されていたため、出版社で翻訳家兼装丁家として働く傍ら、夜間を演劇の練習の時間に充てていた。舞台での活動や数本の映画出演を経て、1935年にイギリスへ、さらに1940年にアメリカへ活動の拠点を移す。本作が彼にとって初の英語の映画作品である。かねてより反ファシストとして知られていた彼だが、『カサブランカ』（1942）で演じた反ナチ運動の指導者ラズロ役が、彼の人気と知名度を不動のものとした。1950年代に反マッカーシズムを臆せず表明した彼は、5年にわたり活動を制限されたが、それを機に監督・プロデューサーといった製作者側の立場でも映画製作に携わるようになるなど、活動の幅を広げていった。

Robert Donat ages more than 60 years over the course of this movie...

この映画の英語について

19世紀末から20世紀初頭にかけての英国パブリックスクールを舞台に描かれるこの『チップス先生さようなら』は、全編を通して上品なイギリス英語が聞ける映画である。当時の教師と生徒の関係は完全な上下関係であった。このことは、生徒が教師と話すときに必ずといっていいほど語尾にsirという敬称をつけることからも分かる。教師と生徒だけでなく、教師と校長、教師と使用人、などの関係においてもsirは使われており、sirはこの映画全体でなんと130回以上も聞くことができる。

逆に、女性に対する敬称であるma'am（madam）はほとんど聞くことができない。女性にまだ参政権もなかったこの時代、こんなセリフの分析からも、当時はまだ女性蔑視の時代であったことがわかる。

とはいえ、1918年にイギリスで女性が選挙権を得たことからも分かるとおり、この時代は女性が強くなりつつある時期でもあった。チッピングがキャサリンとの再会を願いな がら旅をする途中、「2人組の女性が乗っていた自転車」を見つけて宿の客を呼び出すと、出てきた女性はキャサリンとは似ても似つかぬ貫禄のある女性。"What is your purpose in accosting us?"（どういう目的で私たちに声をかけるの？）と問いただし、"But I warn you, young man! If I so much as set eyes on you again, I shall place myself and my friend under the protection of the British Consul!"（でも言っておくわ、お若い方。今度あなたを見かけたら、私と友人は英国領事の保護下に置いてもらいます！）とたたみかける女性はまさに「強い女性」の代表のようないでたちであり、この映画の中で唯一、チッピングが"madam"と呼びかける相手でもある。

もう一つ、この映画のセリフで特徴的なのは、学校が舞台であるにもかかわらずteacherという単語がまったくと言っていいほど使われず、「先生」「教師」の意味では一貫してmasterという語が使われることだ。この映画の中で唯一teacherという語が使われるのは、赴任したばかりのチッピング先生を生徒たちがからかって喜んでいるシーンである。騒いでいる同級生たちに向かってコリーが大声で言う "The teacher said, 'Silence!'" というセリフに含まれるteacherの意味は、「先生」ではなく「教師」に近いニュアンスであろう。つまり、「教師が『静かに』って言ってるぞ」のような意味であり、生徒たちはまだナッピングを本当の先生（master）と認めていないことが分か

る象徴的なセリフと言える。

　ちなみに現代では、「先生」の意味でのmasterという語は学校の教師に対してではなく格闘技や芸人の「師匠」のような意味で使われることが多い。例えば『スター・ウォーズ』シリーズでは、ジェダイ騎士の指導者をmasterと呼んでいたりする。また、『チップス先生さようなら』と同じく英国パブリックスクールをモデルにした『ハリー・ポッター』シリーズでも、やはり教師はteacherと呼ばれている。校長の役職名だけは昔も今もheadmasterで統一されているようであるが、最近では性差別のないheadteacherを使うことも多いようだ。

亀山太一

リスニング難易度表

　スクリーンプレイ編集部が独自に採点したこの映画の「リスニング難易度」評価一覧表です。リスニングのポイントを9つの評価項目に分け、通常北米で使われている会話を基準として、それぞれの項目を5段階で採点。また、その合計点により、映画全体のリスニング難易度を初級・中級・上級・最上級の4段階で評価しました。評価の対象となったポイントについては、コメント欄で簡単に紹介されています。英語を学ぶ際の目安として参考にしてください。なお、映画全体の英語に関する詳しい説明につきましては、「この映画の英語について」をご参照ください。

評価項目	易				難	コメント
会話スピード Conversation Speed	Level 1	**Level 2**	Level 3	Level 4	Level 5	少年たちが興奮して一斉に話す場面を除いて、聞き取りやすいスピード。
発音の明瞭さ Pronunciation Clarity	Level 1	**Level 2**	Level 3	Level 4	Level 5	英語圏以外の出身者という設定の人物以外、発音はいたって明瞭。
アメリカ訛 American Accent	**Level 1**	Level 2	Level 3	Level 4	Level 5	アメリカ訛で話す登場人物はいない。
外国訛 Foreign Accent	**Level 1**	Level 2	Level 3	Level 4	Level 5	シュテーフェルなど、一部外国訛で話す者はいるが、概して聞き取りやすい。
語彙 Vocabulary	Level 1	Level 2	**Level 3**	Level 4	Level 5	下記の専門用語に該当しない語彙については、かなり標準的。
専門用語 Jargon	**Level 1**	Level 2	Level 3	Level 4	Level 5	専門用語の使用は最小限に留められており、ほぼ見られない。
ジョーク Jokes	**Level 1**	Level 2	Level 3	Level 4	Level 5	チップスが授業で言うダジャレなどがあるだけで、多くはない。
スラング Slang & Vulgarity	**Level 1**	Level 2	Level 3	Level 4	Level 5	stinkerやpunkなど、古風なスラングがいくつか使われている。
文法 Grammar	Level 1	**Level 2**	Level 3	Level 4	Level 5	家政婦やシュテーフェルを除き、標準的な文法が使われている。

　上流社会の子供たちを教育する学校という舞台設定にふさわしい、フォーマルなイギリス英語が使われており、さらに発話スピードもゆったりとしていることから、リスニングレベルは初心者向きの作品である。

TOTAL SCORE : **14**	～16 = 初級	17～24 = 中級	25～34 = 上級	35～45 = 最上級

スクリーンプレイ・シリーズについて

【スクリーンプレイ・シリーズとは？】

　名作映画完全セリフ集『スクリーンプレイ・シリーズ』は、映画のセリフとト書き（シーンの説明）を完全に英語および日本語で文字化したもので、映画をバイリンガルな読物として楽しむことができ、また英会話学習にも利用できるシリーズの名称です。

【スクリーンプレイ・シリーズの特徴】

◆（完全）セリフを完全に文字化しています。あなたが聞き取れなかったセリフを文字で確認することができます。
◆（正確）DVD 日本語字幕のような省略意訳でなく、忠実に日本語訳しているので、正確な意味が分かります。
◆（説明）左頁で、セリフやト書きにある単語の意味や語句の英語学的説明があり、英語学習を極めることができます。
◆（解説）右頁に、単語や熟語などの構造・使用方法などの説明から映画シーンのさまざまな解説が編集されています。
◆（読物）『ト書き』を本物映画台本の専門的説明を省き、映画を読み物として楽しめるように執筆しています。
◆（分割）チャプター毎に DVD の時間表示もしているので、学習したい場面を探しやすくしています。
◆（知識）『この映画の英語について』などの冒頭編集ページや数ヶ所の『映画コラム』で楽しく学習できます。
◆（実践）『覚えておきたいセリフベスト10』を対象に、繰り返し何度も発声練習しておけば、実生活でも使えます。

【映画をベースにした英語・英会話学習の特徴】

◆（楽しく）好きな映画を選択することで、英語・英会話学習が根本的に楽しくなります。
◆（継続的）映画を観るときと同じように、復習が、無理なく何回でもできるようになります。
◆（実践的）映画の英語は、実際の日常会話ですから、学習は限りなく実践的となります。
◆（印象的）記憶力に頼らず一つ一つの言葉が状況、背景と共に印象的に学習できます。
◆（現実的）決まり文句、スラング、ジョーク、ユーモア、現代用語など今すぐ使える英語が学べます。
◆（目的別）同種の映画を複数選択すれば、ビジネスなど目的別の集中英語学習が可能です。
◆（段階的）選択映画の難易度レベルを合わせれば、個人の能力別かつ段階的に学べます。
◆（個人的）特定の先生や教室を必要とせず、いつでも、どこでも、自分一人で学べます。
◆（文法も）会話だけでなく、単語、熟語、文型、構文など、英文法も効果的に学べます。
◆（読解も）優秀な映画シナリオは本来、最高の芸術作品であり、英文読解の学習に最適です。
◆（文化も）映画を通して世界の異文化、歴史、民族、風土、政治経済、思想も学べます。

【時間表示について】

　本書各章の冒頭に印刷してある時間は、その映画シーンをサーチ(頭出し)するための「目安」です。
　表示されている時間は、映画の開始時点を [00:00:00]（ゼロ点）とした上での通過時間を表示しています。但し、ご使用になられる DVD、ブルーレイなどの映画ソフトならびに再生機器の機種により表示が異なる場合があります。この場合、「□□□□」欄にご使用機種の独自のカウンター番号をご記入ください。

GOODBYE, MR. CHIPS™

CONTENTS

Chips of Brookfield

2️⃣ *EXT. BROOKFIELD SCHOOL - DAY - New teacher JACKSON and headmaster DALTON walk among the school buildings and stop at a statue of the school founder.*

JACKSON : "To the honored memory of Jonathan Brookfield, who hath founded Brookfield School, to the glory of God and the promotion of piety and learning, in the year of our Lord 1492." 1492.

DALTON : The year that Columbus discovered America.

JACKSON : Brookfield School. One can almost feel the centuries.

DALTON : True.

JACKSON : Gray, old-aged, dreaming over a crowded past.

DALTON : We're in the heart of England, Mr. Jackson. It's a heart that has a very gentle beat.

A train whistle sounds.

DALTON : Ah. There's the special train. In 15 minutes, the heart of England's going to have slight palpitations.

Many young boys arrive at Brookfield.

INT./EXT. SCHOOL BUILDING - DAY - New arrivals rush into the dormitory.

EXT. = exterior
Brookfield ブルックフィールド校 →p.35
headmaster （小・中学校の）校長 →p.173
among （3つ以上のものの）間に（で）, ～に囲まれて
statue 彫像, 塑像
founder ［名詞］創設者
honor 大いに尊敬する, 栄誉を与える
hath ［古語］haveの三人称単数現在形, = has
found ［動詞］～を創設する
glory 栄光, 栄え
promotion 奨励
piety 敬神の念 ♪
learning 学問 ♪
in the Year of our Lord 西暦～年に
lord 指導的存在, 第一人者,（大文字Lordで）神
America ♪
almost おおかた, ほぼ ♪
gray 白髪交じりの ♪
aged 年老いた, 老齢の
dream over 昔に思いをはせる ♪
crowded いっぱいの, ぎっしり詰まった, 充実した
in the heart of ～の中心に, ～の心の中に
heart 心, 心臓 ♪
whistle 汽笛, 警笛

England's = England is
have slight palpitations 胸がドキドキする, 鼓動が激しくなる
palpitation 鼓動, 動悸 ♪

INT. = interior
arrival 到着者 ♪
rush into （勢いよく）走る, 行動する

ブルックフィールドのチップス

DVD　00 : 02 : 00
□ □ □ □ □ □

屋外−ブルックフィールド校−昼−校舎が並ぶキャンパスをダルトン校長と新任のジャクソンが歩き、学校の創設者の影像で立ち止まる。

ジャクソン ：「ジョナサン・ブルックフィールドの栄誉ある思い出へ、神の栄光と、敬神の念・学問の奨励のため、西暦 1492 年にブルックフィールド校を創設」。1492 年。

ダルトン ：コロンブスがアメリカを発見した年だ。

ジャクソン ：ブルックフィールド校。おおかた数世紀という感じです。

ダルトン ：その通り。

ジャクソン ：白髪の老人が過ぎ去りし多くの日々をまどろむ。

ダルトン ：われわれはイングランドの心の中にいるんだよ、ジャクソン先生。それはとても穏やかな鼓動を打つ心だ。

列車の汽笛が響く。

ダルトン ：ああ、特別な列車だ。15 分後、イングランドの鼓動は少し早くなるだろう。

多くの年若い少年たちがブルックフィールドに到着する。

屋内／屋外−校舎−昼−新たな到着者たちが寮へと勢いよく入る。

■ promotion
ex. the promotion of using digital systems（デジタル機器使用の奨励）, the promotion of health（健康の増進）

■ learning
learningは系統的な勉強によって習得した知識を指す。
ex. a man of learning（学者）, A little learning is a dangerous thing.（諺：わずかばかり学問はかえって危険なものだ＝生兵法は大怪我のもと）

■ America
日本語で「アメリカ」というとアメリカ合衆国を意味することが多いが、英語でAmericaというとカナダを含む「北米、中米、南米」のすべての大陸を指す。

■ almost
nearlyより近接の度合いが高い。

■ gray
イギリス英語ではgreyとも綴る。

■ dream over
= dream of
同義語はreminisce（思いにふける, 回想する）。→p.166ト書き参照。

■ heart
We're in the heart of England. のheartは「イングランドの」と限定されるので肉体の「心臓」という意味ではないが、2回目のthe heart of England's going to have slight palpitations.はpalpitation（鼓動）とあるので、こちらは肉体の「心臓」を指した比喩表現。

■ palpitation
動詞はpalpitate。同義語はthrobbing。実際に鼓動が早くなるのではなく、ここでは新学期を迎えて生徒たちを乗せた特別列車が到着し、これから大変な騒ぎになるという意味合いである。
ex. palpitate with joy（喜びで胸が高鳴る）, palpitate with fear（恐怖で震える）

■ arrival
ex. First arrivals will be the first seated.（最初に来た人から順にご着席ください）

BOY	:	Get out, you beast. It's mine.
OLDER BOY	:	Assembly. Assembly. Come on, you boys. Assembly. Hurry up, now. Assembly. Assembly. Assembly.
CARRIE 1	:	Carrie primus.
CARRIE 2	:	Carrie secundus.
DANVERS	:	Danvers.
DENVILLE	:	Denville.
DARBY	:	Darby.

INT. SCHOOL HALL - DAY - The hall is filled with boys listening to Dalton giving a speech for the start of the school year.

DALTON	:	Good afternoon, boys.
BOYS	:	Good afternoon, sir.
DALTON	:	You may sit down.
	:	Well, here we are at the beginning of another school year. One which I sincerely hope will be a credit to Brookfield. We require not only to win the matches against Millfield and Sedbury but also, if it's not troubling you too much, some fairly decent results in the examinations.
	:	Now I have a small disappointment for you. Perhaps you're aware of it already. For the first time in 58 years, Mr. Chipping has been unable to attend first-day assembly.
	:	Chips, and you'll allow me to refer to him as Chips, seeing that 37 years ago this autumn, he gave me a thrashing for sheer bone laziness.

get out 出る
beast けだもの, 嫌な奴 →p.149
It's mine ⟳
assembly (宗教, 政治, 教育, 社交など, 特定の目的のための) 集まり, 会合, 集会 →p.23
come on 急げ, さあさあ, 早く 早く →p.23
hurry up 急ぐ, 急がせる
now さて, さあ
primus (ラテン語)第1の, = first
secundus (ラテン語)第2の, = second ⟳

hall 講堂
be filled with (人が場所を)いっ ぱいにふさぐ(満たす) ⟳
listen to 聞く, 耳を傾ける →p.49
give a speech スピーチをする

sir あなた, 先生 →p.25

may 〜してもよい ⟳
sit down 座る, 着席する [命 令形で]座れ, 座りなさい →p.49
sincerely 心から

hope [動詞]望む, 願う
credit 名誉 ⟳
not only A but also B 〜の みならず〜もまた ⟳
match 試合 ⟳
some いくらかの →p.27
fairly まずまず
decent 普通の基準に達した
results 成績 ⟳
disappointment 失望すること, 期待はずれ
you're = you are
aware (〜に)気づいている ⟳
first-day 初日, 第1日目 ⟳

Chips チップス先生 ⟳
allow someone to 〜 (人)に 〜することを許す →p.127
refer to 〜 as… 〜を…と呼ぶ
seeing that (〜の)見地からし て, (〜を)考えると ⟳
thrashing 鞭打つ
sheer 全く
bone laziness 怠け者 ⟳

少年	：どけ、お前。僕のとこだ。
年長の少年	：集合。集合。さあさあ、君たち。集合。さあ、急いで。集合。集合。集合。
キャリー1	：キャリー1。
キャリー2	：キャリー2。
ダンバース	：ダンバース。
デンヴィル	：デンヴィル。
ダービー	：ダービー。

屋内－学校の講堂－昼－新しい学年の始まりのスピーチをするダルトン校長に耳を傾ける少年たちで講堂はいっぱいである。

ダルトン	：こんにちは、生徒諸君。
少年たち	：こんにちは、先生。
ダルトン	：座りなさい。
	：さて、また新たな学年が始まる。この1年がブルックフィールドの名誉となるよう心から願っている。ミルフィールド校やセドベリー校との試合に勝つこと、だけでなく、もしあまり大変でなければ、試験でまずまず普通の成績をとってほしい。
	：さて皆にとって少しがっかりすることがある。おそらくもうそれに気づいていよう。58年間で初めて、チッピング先生が始業日の集会に出席することができなかった。
	：チップス、彼をチップスと呼ばせて欲しい、37年前のこの秋、実に怠け者である私を彼は鞭で打ったのだから。

■ **It's mine.**
ここでのmineは自分の所、場所の意味。ここでは画面から my bed だと見受けられる。

■ **secundus**
同姓なので、フルネームで呼ばず苗字に1、2をつけて点呼している。

■ **be filled with**
受け身だがbyではなくwithが普通。

■ **may**
May I leave now?（もう退出してもよろしいですか）のように、許可・許容の「～してもよい、～して差し支えない」。You may go, Jack.（ジャック、行きなさい）のように軽い命令として「～しなさい」。You may ～. はYou can ～. より高圧的な印象を与える。またMay I ～ ?はCan I ～ ?より丁寧な印象を与える。

■ **credit**
「名誉」という意味で使われる場合、普通 a creditのように不定冠詞がつく。

■ **not only A but also B**
AとBは同じ形（品詞）にする。しかしこの文ではAは to win と不定詞の形になっているが、Bではresultsと名詞で同形になっていない。Bは成績のことなのでto getが省略されていると考えれば同形になる。

■ **match**
これらの学校とクリケットの試合をする伝統があることが後の場面（p.54, p.122）でわかる。

■ **results**
通例複数形で、試験・競争などの成績、結果という意味である。

■ **aware**
be aware of ～（代名詞・動詞を含む名詞）の形で使用される。

■ **first-day**
ハイフンで2つの名詞をつなぐと形容詞になる。

■ **Chips**
Chippingを短くしたニックネームである。イギリスではフレンチ・フライド・ポテトのことをchipsと呼び、誰にでも好かれる主食のような食べ物である。ちなみにポテトチップスはcrisps（〔俗語〕crispy）。

■ **seeing that**
理由を示すsinceと同じで、that節の内容が真実であることがわかっている場合にのみ用いることができる。

■ **bone laziness**
bone-lazyやlazybones（通例、単数扱い）など形はさまざまあり、どれも日常的な表現である。

21

DALTON : Well, Chips has a cold. And a cold can be quite a serious thing for a young fellow of 83. So Dr. Merivale has ordered him to stay at home.

: It was quite a battle. But our old friend was finally induced to surrender and he is now sitting, under violent protest, by his own fireside.

3 EXT. SCHOOL - DAY - MR. CHIPPING trots towards the school hall. He bumps into a young boy called DORSET.

CHIPPING : Oh, oh.
DORSET : Oh, sir. Sorry, sir.
CHIPPING : What is this? A scrimmage?
DORSET : No, sir. I'm looking for assembly.

CHIPPING : Oh, are you? So am I. Hang on to my tail. Come on.

Chipping tries to open the door.

CHIPPING : Locked out. Well, I'll be… Well, we'll have to wait. That's all there is to it. So you're a stinker, eh?
DORSET : A stinker, sir?
CHIPPING : A new boy. That is what we call them here. "Stinkers." What's your name?
DORSET : I'm Dorset, sir.
CHIPPING : Duke of Dorset? I taught your father. He was always late. Always late. Look. Here.

Chipping points his cane to a plaque, which reads: JOHN CHARLES BOSWORTH DUKE OF DORSET 1650.

---

and （言葉を変えて説明を加えて）すなわち,（補足・強調などのために追記して）しかも
can ～することがある ⏎
quite かなり
fellow 男, 男の子, やつ（しばしば親しい呼びかけ）
battle 戦い, 闘争, 争い
old 昔からの ⏎
finally 最後に, とうとう, ついに
induce （人に）説いて～させる
surrender 降伏する
under protest いやいや, しぶしぶ, 異議を唱えながら
violent 強い, 激しい

trot 早足（急ぎ足）で行く, 馬で早足で進む ⏎
bump ドンとぶつかる, 衝突する ⏎

scrimmage （ラグビーの）スクラム
I'm = I am
look for （～を）探す
assembly （宗教, 政治, 教育, 社交など, 特定の目的のための）集まり, 会合, 集会 ⏎
So am I →p.161 so did…参照
hang on to ～にしっかりつかまる, ～にしがみつく
tail 尾, しっぽ, 洋服の垂れ,（ものの）後部, 末端, 下部
come on 急げ, さあさあ, 早く早く ⏎

lock out 締め出す ⏎
I'll be … それなら… ⏎
That's all there is to it ただそれだけのことだ ⏎
stinker 嫌なやつ, 鼻持ちならない人物, 鼻つまみ者, トラブルメーカー ⏎
new boy 新入生

what's = what is

duke 公爵 ⏎

cane [名詞]籐製の杖, ステッキ, 鞭, 鞭による体罰 →p.177
plaque （壁にはめ込む）記念銘板, 飾り版, 刻版
read （～と）書いてある ⏎

ダルトン ：それはそうと、チップスは風邪をひいた。しかも風邪は83歳の青年にとってはかなり深刻なものになることがある。それ故メリヴェイル医師は彼に自宅にいるように命じた。

：それはかなりの戦いではあった。しかし我が古き友はついに降伏させられ、今頃は実に渋々ながらも自宅の暖炉の前に座っていよう。

屋外－学校－昼－チッピング先生は急ぎ足で学校の講堂の方へ行く。彼はドーセットという年少の男の子にぶつかる。

チッピング ：おやおや。

ドーセット ：あっ。すみません。

チッピング ：こりゃ何だ？　スクラムかね？

ドーセット ：いいえ違います。集合する所を探しているんです。

チッピング ：おぉ、君もか？　私もそうだ。ついてきなさい。さあ。

チッピングは扉を開けようとする。

チッピング ：締め出された。それなら…。まあ、待つしかないだろう。ただそれだけのことだ。それで君は鼻つまみ者かい？

ドーセット ：鼻つまみ者、ですか？

チッピング ：新入生。ここでは彼らをそう呼んでいる。「鼻つまみ」。君の名前は？

ドーセット ：ドーセットです。

チッピング ：ドーセット公爵の？　君の父親を教えたよ。彼はいつも遅刻だった。常に遅刻。ここを見てごらん。

チッピングは杖で銘板を指す。そこには「ジョン・チャールズ・ボスワース・ドーセット公爵　1650年」と書いてある。

■ can
可能性のcan。～することがある、～することがあり得る、～する傾向がある。canは論理的可能性を示す一方、mayは周囲の状況から判断して、その可能性があるという意味を示す。
ex. The tax can go up again.（税金はまた上がることがあり得る）
cf. The tax may go up again.（税金はまた上がるかもしれない）

■ old
ここでは、「年老いた、高齢の」の意味と「長年にわたる、昔からの」の両方の意味をかけている。日本では'old'というより、'new'がほめ言葉となりがちだが、イギリスで、家庭に招かれ、家具等を見せられたとき、"It's old."と言うと、"Thank you."と返ってくるのが常。

■ trot
walkとrunの中間の速度。

■ bump
自動詞なので、againstやintoが続く。

■ assembly
ex. a city assembly（市議会）、the United Nations General Assembly（国連総会、略：UNGA）
動詞はassemble（まとめる、組み立てる）。→p.189参照。

■ come on
主に会話での命令文で使われる。

■ lock out
ex. We locked ourselves out of a room.（（うっかり）部屋から締め出された）

■ I'll be...
チッピングは何かを言いかけたものの生徒、それも新入生が目の前にいたため口をつぐんだ場面。おそらく鍵をかけて締め出した同僚に対する不満を述べようとしていたのではないかと推測される。

■ That's all there is to it.
主にアメリカ英語で用いられる。→p.200参照。

■ stinker
臭い、悪臭を放つ人やもの、粗悪で低俗なものに対しても用いられる。

■ duke
大文字で始まる場合が多い。皇子の下、侯爵の上に位置する世襲貴族で、王室以外では最高位である。

■ read
The memo reads as follows.（メモには次のように書いてある）

23

CHIPPING : Ancestor of yours.
DORSET : Yes, sir.

Chipping points out another plaque: SIR FRANCIS DRAKE 1552.

DORSET : Drake! Was he here, sir?

CHIPPING : Yes.
DORSET : Was he a stinker too, sir?
CHIPPING : To be sure, he was. But he, he grew out of it, and so will you.

DORSET : Are you a master, sir?
CHIPPING : I was a master once. I've taught thousands of boys, right back to 1870, but I gave it up. Gave it up 15 years ago.
DORSET : I say, you must be terribly old, sir.
CHIPPING : Well, I, I'm certainly no chicken. No chicken.

Singing from inside can be heard.

CHIPPING : That's the school song.
DORSET : Oh.
CHIPPING : It's a beautiful song.
DORSET : Yes, sir.

INT. SCHOOL - DAY - Students greet Chipping as he enters the building.

MARTIN : Mr. Chipping, we weren't expecting you, sir.
CHIPPING : Good afternoon, Martin.

---

ancestor 祖先, 先祖 ↻
of yours あなたの →p.197
sir あなた, 先生 ↻

point out 目を向けさせる
Sir Francis Drake サー・フランシス・ドレーク ↻

to be sure 確かに
grow out of (子供じみた行為や習慣から)脱却する, 成長してから卒業する

master 先生, 教師 ↻
once かつて, 以前
back to ～までさかのぼる

I say あの, ちょっと(呼びかけ) →p.145
must be ～であるに違いない
be no chicken 子供ではない
chicken ニワトリ ↻

school song 校歌 ↻

greet 挨拶する, 歓迎する, 迎える ↻

we weren't expecting you ↻
expect (当然起きるまたは来るであろうこと)を待つ, 楽しみにする →p.189

チッピング ：君の先祖だよ。

ドーセット ：そうなんです、先生。

チッピングがもう一枚の銘板を杖で指して、目を向けさせる。「フランシス・ドレイク提督　1552年」と書かれている。

ドーセット ：ドレイク提督ですね！　提督もここで勉強したのですか、先生？

チッピング ：そうだよ。

ドーセット ：提督も鼻つまみ者だったのですか？

チッピング ：確かに彼もそうだったさ。でも、成長して鼻つまみ者ではなくなったよ。だから君もきっとそうなるさ。

ドーセット ：あなたは先生ですか？

チッピング ：昔はね。私は1870年から何千人という生徒を教えた。でも引退したんだ。15年前に。

ドーセット ：では、先生はきっとかなりご年配なのですね。

チッピング ：そう、確かに私は子供ではない。子供ではないよ。

中から歌声が聞こえてくる。

チッピング ：あれは校歌だよ。

ドーセット ：ああ、そうなんですね。

チッピング ：美しい歌だ。

ドーセット ：そうですね、先生。

屋内－学校－昼－チッピングが中に入る時、生徒が彼に挨拶をする。

マーティン ：チッピング先生、いらっしゃらないと思っていました。

チッピング ：こんにちは、マーティン。

■ ancestor
⇄ descendant（子孫、末裔）

■ sir
男性に対する敬称。改まった場面で丁寧に呼びかけたり、返事をする時に使用する語で、少年でもきちんと礼儀をわきまえていることがわかる。いちいち訳す必要はない場合が多い。なお、女性に対しては、ma'amを使う。

■ Sir Francis Drake
フランシス・ドレーク（1543年頃-96年）。南イングランド、デヴォン出身の航海者、私掠船の船長（海賊）、海軍提督。イングランド人として初めて世界一周を達成し、アルマダの海戦で司令官としてスペインの無敵艦隊を撃破した。彼の海賊行為に苦しめられたスペイン人からは悪魔の化身である「ドラゴン」を指す「ドラコ」の呼び名で知られる一方、イングランド人からは英雄とみなされている。

■ master
masterは男性の教師、先生を指し、主にイギリスで用いられる。mistressは女性教師を指す。→p.13コラム「この映画の英語について」、p.173 headmaster参照。

■ chicken
英語ではひよこも含めニワトリをchickenという。区別したい場合は、rooster（雄鶏）、hen（雌鶏）、chick（ひよこ）も使う。pig（豚）やcattle[cow/bull]（牛）は食用の肉に加工されるとそれぞれpork（豚肉）、beef（牛肉）と名称が変わるが、鶏肉の場合はchickenのままである。

■ school song
日本では、それぞれの学校がしばしば学校名や地域性を歌詞に含めた校歌を制定しているが、キリスト教圏の学校では、賛美歌が日本でいう校歌の役割を果たすこともある。また、校歌を制定している学校であっても、卒業式などの式典ではなく、スポーツの試合での fight song（応援歌）として使われることが多い。

■ greet
ex. She greeted me with a smile.（彼女は微笑んで私を迎えた）

■ we weren't expecting you
expectを否定文で使うことで話者の驚きや興奮を表現することができる。ここでは、マーティンが会えないと思っていたチッピングに会えて嬉しい気持ちを表現している。
ex. Since we weren't expecting that, we were happy.（私たちはそれを期待していなかっただけに喜んだ）

RIGBY	:	Good afternoon, sir!
CHIPPING	:	Rigby, good afternoon.
GRAYSON	:	My governor asked to be remembered, sir. He's going to send you some grouse.
CHIPPING	:	Thank you, Grayson. I shall appreciate that very much.
ELLIS	:	Where did you go for hols, sir?
CHIPPING	:	Oh, I stayed at home, Ellis.
MILLS	:	Awfully glad to see you, sir.
CHIPPING	:	Thank you, Mills.
BOY	:	The head said you couldn't come out, sir.
CHIPPING	:	Couldn't I? Huh?
COLLINGWOODS	:	How do you do, sir?
CHIPPING	:	Collingwoods. Goodness, you look more like your father every day.
MILLER 1	:	Good afternoon, sir. This is my brother.
CHIPPING	:	Miller? Miller secundus, eh?
MILLER 2	:	Yes, sir.
CHIPPING	:	Hm. Do they starve you at home, Miller?
MORGAN	:	Hello, sir.
CHIPPING	:	Hello, Morgan. Still growing out of your trousers? Your grandfather's trousers were short like that. Runs in the family, you know. Morgans are always three inches ahead of their trousers.
DALTON	:	Chipping. Why, Chipping.
CHIPPING	:	Sorry I'm late. Interference. Interference. The first time for 58 years.
MERIVALE	:	I thought I told you to stay indoors.
CHIPPING	:	A lot of namby-pamby nonsense. I'm as sound as a bell, no thanks to you. Ridiculous old man. He's in his dotage.

governor 〔英〕[口語]父親, おやじ
send someone something ⟳
some いくらかの ⟳
grouse ライチョウ
appreciate 感謝する ⟳

hols 〔英〕[口語](1年のうちで最も長い)休暇

awfully 非常に, ひどく, とても ⟳
glad 嬉しい →p.65

the head 校長 →p.125
come out 出席する, 姿を現す

How do you do ⟳

goodness (軽い驚きを表して)おや, まあ →p.171
look like ～ ～のように見える

hm [間投詞]ふーむ
Do they starve you at home ⟳
starve [他動詞]飢えさせる
grow out of ～を着る[履く]ことができなくなる, 成長してサイズが合わなくなる
trousers 〔英〕ズボン ⟳
run in the family (家系に)遺伝する ⟳
Morgans are always three inches ahead of their trousers ⟳
Morgan →p.147
be ahead of ～より上回っている
three inches 3インチ ⟳
why [間投詞](意外, 驚きを表して)まあ, おや, あら, だって, でも →p.103
interference [名詞]邪魔 ⟳
stay indoors 外出を控える
namby-pamby 気弱な
nonsense 無意味, たわ言, ばかげた考え
be as sound as a bell 実に[全く・至極]健康な, 健康そのもので
no thanks to ～に助けてもらうことなく, ～のおかげじゃないが ⟳
ridiculous 馬鹿げた, 話にならない
dotage もうろく, 老いぼれ, ぼけ

26

リグビー	：こんにちは、先生！
チッピング	：リグビー、こんにちは。
グレイソン	：父が忘れないでくださいねと言っていました。先生にライチョウを贈るそうです。
チッピング	：ありがとう、グレイソン。とてもありがたいよ。
エリス	：休暇は、どこに行かれましたか、先生？
チッピング	：ああ、ずっと家にいたよ、エリス。
ミルズ	：お会いできてとても嬉しいです、先生。
チッピング	：ありがとう、ミルズ。
少年	：校長先生が、先生が出席されないとおっしゃっていました。
チッピング	：私が欠席するって？　ふーん。
コリングウッズ	：先生、こんにちは。
チッピング	：コリングウッズ。おやおや、日に日にお父さんに似てくるねえ。
ミラー1	：先生、こんにちは。僕の弟です。
チッピング	：ミラー？　ミラーの弟なのかい？
ミラー2	：そうです、先生。
チッピング	：ふーむ。ミラー、家ではちゃんとご飯を食べているか？
モーガン	：こんにちは、先生。
チッピング	：こんにちは、モーガン。大きくなって、ズボンが短いようだね。君のおじいさんのズボンもそんな風に短かった。家系だな。モーガン家の人たちは、いつもズボンより3インチ成長するんだ。
ダルトン	：チッピング。おや、チッピング。
チッピング	：遅れて申し訳ない。邪魔がね、邪魔が入って。58年間で初めてのことだ。
メリヴェイル	：外出を控えるように言いましたよね。
チッピング	：何たる気弱なバカげたことを。君に言われなくても、私は健康そのものだ。おかしな人だ。もうろくしたな。

■ **send someone something**
send ＋人＋もので、「人にものを送る」。

■ **some**
複数を伴い、漠然とした意味で使われる。ただし、不定冠詞の用法に対応して、訳す必要はない場合が多い。

■ **appreciate**
thankのフォーマルな表現。

■ **awfully**
= very
It's awfully nice of you.（それはどうもご親切に）というように、veryと同じ意味で使用される。形容詞はawfulで、「恐ろしい、すさまじい、ひどい」など一般にネガティブな意味で用いられるが、転じてawfully（副詞）は、良くも悪くも程度が極端であることを表す場合に用いられる。

■ **How do you do?**
「初めまして」と「こんにちは」の2通りの意味がある。かなり堅く、フォーマルな言い方。How do you do?と応じるのが一般的。イギリスで50年ほど前まで使われていた。今日ではイギリスでも年配の方や正式な場でしか用いられない。特に若い年代で使う人はほぼいない。カジュアルな場面では、I'm glad to meet you. や〔It's〕Nice to meet you. などが使われる。

■ **Do they starve you at home?**
theyは保護者を指す。直訳は「君たちの親は家で飢えさせているのか？」だが、そのくらいミラー兄弟が痩せている、体が小さいとチッピングは指摘している。

■ **trousers**
アメリカではpants。どちらも必ず複数形にする。

■ **run in the family**
ex. Cancer could run in the family.（がんは遺伝する可能性があります）

■ **Morgans are always three inches ahead of their trousers.**
Morganにsがついているため、「モーガン家の人々」を指す。3インチズボンから上回っている、ということは、モーガン家の人々は体格がいいため、ズボンが3インチ短いという意味。

■ **three inches**
3インチは約7.6センチメートル。

■ **interference**
完全な文にすると、Interference occurred.など。

■ **no thanks to**
noの代わりにsmallでもよい。
ex. I've finished it somehow, but no[small] thanks to you.（なんとか終えたけれども君のおかげではない）

DALTON	: Mr. Jackson, this is Mr. Chipping.	This is ... ↻
JACKSON	: I thought so.	
DALTON	: This is Mr. Jackson, our new history master.	
CHIPPING	: Oh.	
DALTON	: Now you can say you've shaken hands with Chips of Brookfield School.	shake hands with ～と握手する ↻
CHIPPING	: You mustn't let the honor turn your head.	let させる, 許す →p.39 turn someone's head うぬぼれさせる ↻

4 *EXT./INT. CHIPPING'S HOUSE - EVENING - Chipping gives some advice to Jackson.*

CHIPPING	: Well, here we are. Won't you come in?	
JACKSON	: I'm sorry. I must be getting along, sir. I've got to unpack. It's lower school prep at six.	get along 帰る, お暇(いとま)する, 去る ↻ have got to ↻ unpack 荷ほどきをする ↻ prep 予習 ↻
CHIPPING	: Oh, of course. That's always the new master's fate.	fate (避けられない)運命, 宿命
JACKSON	: It's a bit of an ordeal, isn't it, sir?	a bit of～ 少しの～ ↻ ordeal 厳しい試練
CHIPPING	: Well, I found it so when I started in 1870.	
JACKSON	: You found difficulty with the boys? But seeing you just now...?	find ↻
CHIPPING	: It took time. Too much time.	take time 時間をかける, 時間がかかる ↻
JACKSON	: You seem to have found the secret in the end.	in the end 最後には, 結局, 最終的に ↻
CHIPPING	: Hm? What? The secret? Oh, yes, in the end, but I didn't find it myself, Mr. Jackson. It was given to me, by someone else. Someone else.	someone else 他のだれか ↻
	: Mr. Jackson, when you go into class tonight to take evening school for the first time, remember you're not the first master who stood there and felt afraid. Good night.	feel afraid 怖くなる, 恐れを感じる afraid ～が怖い, ～を恐れる ↻
JACKSON	: Thank you, sir. Good night.	

ダルトン : ジャクソン先生、こちらがチッピング先生です。

ジャクソン : そう思っていました。

ダルトン : こちらジャクソン先生、新しい歴史の先生です。

チッピング : ああ。

ダルトン : さあ、ブルックフィールド校が誇るチップス先生と握手だ。

チッピング : 名誉があるからといって、うぬぼれさせるのはよくないですよ。

屋外／屋内－チッピングの家－晩－チッピングがジャクソンにアドバイスをする。

チッピング : さあ、着いたよ。家に寄っていかないかい？

ジャクソン : あいにくですが、お暇しなければいけません。荷ほどきをしなければ。6 時に低学年の予習クラスがあります。

チッピング : ああ、そうだね。相変わらず新任の先生の宿命だ。

ジャクソン : 厳しい試練のようですね。

チッピング : ああ、私も 1870 年に始めたときそう思ったよ。

ジャクソン : 先生が生徒たちに苦労したのですか？ でも今お見かけしたところでは…？

チッピング : 時間がかかったよ。ものすごく。

ジャクソン : 最後には秘訣を見つけられたようですね。

チッピング : うーん？ 何だって？ 秘訣かい？ ああ、そうだね、最後には。でも僕自身で見つけたわけではない、ジャクソン先生。ほかの人に教えてもらったんだよ。ある人に。

: ジャクソン先生、今夜初めて夕方のクラスに行く時、教壇に立って怖いと思う先生は自分だけではない、ということを覚えておきなさい。それじゃ、おやすみ。

ジャクソン : ありがとうございます、先生。おやすみなさい。

■ This is …
人を紹介する際には This is ～を使う。

■ shake hands with
握手は一人ではできないので、hands を複数形にする。
ex. I was happy that I could shake hands with the actor.（その俳優と握手ができて嬉しかった）

■ turn someone's head
= to cause someone to become arrogant, conceited, or self-important
謙虚なチッピングの性格がよく表れたセリフ。

■ get along
cf. leave（～を〔から〕出発する、後にする、去る）

■ have got to
have got to は have to の口語表現で「しなければいけない」と同意。

■ unpack
⇄ pack（荷造りをする）

■ prep
= preparation の省略形。

■ a bit of
= a little

■ find
find ＋ 名詞など（目的語）＋ 形容詞で、「～を～だと思う、考える、感じる」という SVOC の形。ここで it は lower school prep を、so は ordeal を指す。
ex. I find the new job challenging.（私は新しい仕事をやりがいがあると思っている）

■ take time
ex. Take your time.（ゆっくりしてください〔急ぐことはないですよ〕）

■ in the end
一連の出来事が、時間を経て思案の後に結末を迎えた時に、文頭、文中、文尾で用いられる。
ex. He studied very hard, but in the end he failed the test.（彼は一生懸命勉強したが、最終的には試験に失敗した）

■ someone else
ここでは亡き妻キャサリンを指しているのだろう。

■ afraid
その後に何か良くないことが起きそうなことを心配する場合に使われる。
ex. I'm afraid we will miss the bus.（僕たちバスに乗り遅れそうだ）

Chipping's landlady MRS. WICKETT encourages him to come inside.

WICKETT : Oh, do come in, sir. Standing out there in the cold.

CHIPPING : All right, all right.

WICKETT : There's quite a wind.

CHIPPING : Mrs. Wickett, I can do that myself.

WICKETT : Really, sir, not so much as a scarf. You don't seem to show good sense. You wait till the doctor hears about it.

CHIPPING : He has heard about it, from me. I gave him a piece of my mind.

WICKETT : You sit down by the fire. What you want is a nice cup of hot tea.

CHIPPING : I'll wait a bit. Some of the boys might drop in.

WICKETT : Well, I have to pop out for a minute. Everything's ready for your tea.

CHIPPING : And a, a cake? Eh?

WICKETT : Oh, yes, there's a cake. I wonder how many of them those boys have eaten since you first came to lodge here. Letting them gorge you out of house and home. Last term, 26 iced cakes, 200 rock cakes, 156 Bath buns…

CHIPPING : Enough of your loathsome statistics, woman. Go about your business. Go. They ought to feed the boys better. Remember how you used to starve them when you were undermatron?

WICKETT : All that was a very long time ago. Things is different now.

---

landlady　女性の大家，おかみ
encourage　勧める ↵

come in　入る，入ってくる →p.41
Standing…　↵

really ↵
not so much as　〜すらしない ↵
good sense　良識，分別
you wait　今にみていなさいね ↵
hear about　〜について聞く，〜について知っている
I gave him a piece of my mind →p.200
what someone want(s)　(人) がお望みのもの
drop in　立ち寄る

pop out　ちょっとだけ留守にする

lodge　下宿する

gorge someone out of house and home ↵
iced　(菓子などが)砂糖ごろもをかけた，アイシング
rock cake　ロックケーキ ↵
Bath bun　バースバン ↵
loathsome　不快な，嫌な
statistic　統計
go about one's business　自分の仕事に取り掛かる，自分のすべきことをする
ought to　〜すべきである
feed　〜に食べ物を与える ↵
how　どのように，いかにして
used to　(以前は)〜だった，〜したものだ →p.137
undermatron　副寮母 ↵
things　事態，事情，成り行き →p.35

チッピングの大家、ウィケット婦人が部屋に入るよう勧める。

ウィケット ：あら、先生、中に入ってくださいな。寒い中外に立っているなんて。

チッピング ：わかった、わかった。

ウィケット ：すごい風ですこと。

チッピング ：ウィケットさん、自分でやれますから。

ウィケット ：本当にねえ、先生。スカーフも巻かずに。分別がおありだと思えませんね。お医者様のお耳に入っても知りませんよ。

チッピング ：医者は知ってるよ。私から聞いて。一言説教してやったよ。

ウィケット ：火のそばにお座りください。先生のお望みのものは、美味しいお紅茶でしょう。

チッピング ：少し待とうかな。生徒が立ち寄るかもしれない。

ウィケット ：では、私は少し出かけますね。紅茶の用意はすべてここにありますから。

チッピング ：それで、ケーキは？

ウィケット ：ええ、ケーキもありますよ。先生がここで下宿なさってから、生徒たちはどのくらいたくさんケーキを食べたでしょうね。お金のことを気にせず食べさせるんだから。先学期では、アイシングのケーキが26個、ロックケーキが200個、それにバースバンが156個…

チッピング ：そんな嫌な統計はもうたくさんですよ。自分のことをなさってください。さあ、生徒にはもっとたっぷり食べさせるべきだ。君が副寮母だったころ、どのくらい生徒にひもじい思いをさせていたか覚えているかい？

ウィケット ：全部、ずっと前のことですよ。今は状況が違いますよ。

■ encourage
encourage+人+to+動詞の原形で、「人に〜するよう勧める、働きかける」

■ Standing…
You're standing out there in the cold. のYou'reが省略されている。

■ really
イギリス英語に多い用法で、批難やいらだちを表している。本来は「本当に、間違いなく」など真実性を強調する副詞だが、言い方によってかえって怪しさが増す場合もある。ウィケット夫人は「（コートを脱ぐのは）自分でもできる」と言うチッピングがスカーフすら巻かずに外出したことを指摘しているので、皮肉を込めてreallyと言っていると思われる。

■ not so much as
ex. He did not so much as say hello to me.（彼は私に挨拶すらしなかった）

■ you wait
言い方次第で「今にみてろ！」や「覚えていろよ！」など相手を恫喝する表現にもなるため、注意が必要。

■ gorge someone out of house and home
eat someone out of house and home（大食いして人を財政的に困らせる）の変形。gorgeは「がつがつ食べる」の意味。letは「〜するのを許す」なので、「生徒にたくさんお菓子を食べさせるので、チッピングの経済的負担となっている」ことを指している。

■ rock cake
イギリスの伝統的なフルーツケーキ。表面が岩のようにゴツゴツしているように見えることから rock cake と呼ばれる。『ハリー・ポッター』シリーズのハリーの大好物で、彼は特にロンのお母さんの焼くロックケーキが好きである。

■ Bath bun
砂糖漬けのフルーツやレーズンなどが入っている。Bath（バース）はイングランド南西部の都市。イギリスを代表する作家 Jane Austin（ジェイン・オースティン）が住んだことがあり、Jane Austin Museumもあって人気である。

■ feed
⇄ starve
ex. Feed a cold and starve a fever.（諺：風邪には大食、熱には小食が良い）

■ undermatron
matron＝寮母。接頭辞のunderは「次位の、従属の」という意味のため、undermatronで副寮母。

空白の5年の謎

　本書の執筆中に執筆者の間で1つの問題が持ち上がりました。それは「58年–63年問題」ともいうべきもので、主人公のチップス先生がブルックフィールドで過ごした期間、つまり作中で描写された月日の長さが58年なのか、63年なのかという問題です。

　チップス先生に関して本編中のセリフから次のことがわかります。①映画冒頭のシーンで83歳であり、それまでの58年間で一度も欠席したことがなかった始業式をこの日初めて休んだこと（本書 P.20-22, 26）。②1870年に赴任し、68歳の時（15年前）に職を退いたこと（同 P.24）。③終盤のシーンでブルックフィールドに来て63年が経っていること（同 P.192）。

　本作の冒頭部分と終盤部分は時間的に連続性があり、その間にチップス先生の回想を挟んだ構成で、上記①と③のシーンの間に時間の隔たりはないはずですが、①の描写が58年前の25歳の時にチップス先生が教師になったことを示す一方で、③によれば彼がブルックフィールドに来たのは63年前ということになります。ではチップス先生が教師になる以前にブルックフィールドに来ていたのかというと、回想部分の頭、駅のシーンでの描写がそうではないことを物語っており、ここに5年の空白が生じます。その間チップス先生は一体何をしていたのでしょうか。

　実はこれが映画制作者のミスだとする声があります。本作の制作陣・俳優陣は主要人物が全員他界してしまっているため関係者に確認することはできませんが、この作品には原作の小説があります。そして原作中のチップス先生は1870年に22歳でブルックフィールドに赴任して、65歳で職を退き、85歳で亡くなります。つまり原作と映画では細かな年齢設定が異なっているのです。そしてこの原作小説中に、チップス先生が63年前にブルックフィールドに来たことを自ら語る印象的なセリフがあるのですが、映画では年齢設定を変更しておきながらこの原作中のセリフ

をそのまま使ってしまったため、辻褄が合わなくなってしまったというのが事の真相ではないかと思われます。

　ではこのような設定上の重大なミスが、アカデミー賞を取るような品格ある作品の評価に影響することはないのでしょうか。実は英語圏の映画界においてこのような間違いを指摘されている作品は珍しくありません。600万を超える映像作品、1千万を超える映像関係者の情報を網羅し、8千万人以上の登録ユーザーを抱える世界最大の映像作品データベース、IMDb（Internet Movie Database）では、各作品ページに間違いを指摘するための欄（Goofs）が存在しています。またYouTubeなどの動画共有サイトで100カ所以上の間違いを指摘されている超大作、様々な間違いを指摘する動画が何十個も上がっている人気作品、映画の間違いを指摘する動画を次から次へとアップしているチャンネルなどがあり、同様の例は枚挙に暇がありません。しかし映画の間違いを指摘する人が皆、制作者の揚げ足取りをしようとしているわけではないのです。間違いを指摘する人の中には作品のコアなファンも多く、その作品が好きでたまらないので目を皿のようにして繰り返し見て、普通の人が気付かないような間違いに気付く、という側面もあるのです。また制作者側にもそのような指摘に目くじらを立てず、むしろそういうところも含めて作品を楽しんでください、というような大らかなスタンスの人が多いのです。歴史が長く、ハリウッドを中心に早くから成熟の進んだ英語圏の映画界においては、作品の間違い探しをするというこの一見ネガティブな行為さえもが別の形で映画を楽しむ方法の1つとして捉えられ、映画文化の一部になっていると言っても過言ではありません。そこでは他の人が気付かなかった作品の間違いを見つけることがポジティブなこととして捉えられ、熱烈なファン達はそれを誇りに感じている様子さえ窺えます。

　皆さんもこのように今までとは違った視点で映画を鑑賞してみると、映画の楽しみ方の幅が広がるかも知れませんね。

　　　　　　　内川　元（英語学院ルクス主任講師）

The New Master

 Chipping drifts off to sleep and recalls past memories.

drift off （知らない間に）眠りに落ちる
recall 思い出す

CHIPPING : A long time ago. Yes. A long time. Things are different now.

things 事態, 事情, 成り行き ↺

DALTON : Chips of Brookfield.
MAN : Discipline, Mr. Chipping. Discipline.
HARPER : Harper.
HAZLITT : Hazlitt.
HATFIELD : Hatfield.
HATHERLY: Hatherly.
HAWTREY : Hawtrey.
HESLEY : Hesley.
HENSON : Henson.
HETHERINGTON: Hetherington.

Brookfield ブルックフィールド ↺
discipline ［名詞］しつけ, 規律, （しつけとしての）鞭 →p.177

INT. TRAIN STATION - DAY - A young Chipping arrives at the bustling station.

bustling 騒がしい

NEWSPAPER MAN: Special. Special edition. French defeated at Sedan.
STATION MAN: Ticket. Brookfield Special. First train.

special edition 号外, 夕刊特別版
French defeated at Sedan ↺
Brookfield Special ブルックフィールド行き臨時列車

BINGHAM : You're in this carriage, Gregory. In you get, boys. Come on. Excuse me. In you get, boys. Come along. In you get.
CHIPPING : Excuse me. Are you Mr. Bingham?
BINGHAM : Yes.
CHIPPING : I'm Mr. Chipping, the new master.

carriage 客車
In you get ↺
come along （命令形で）さあ早く〔一緒に来なさい〕, 一緒に来る, やって来る, 現れる

新任の先生

チッピングは知らない間に眠ってしまい、過去のことを思い出す。

チッピング　：ずっと前か。そうだな。ずっと前のことだ。今とは違うな。

ダルトン　：ブルックフィールドのチップス先生。
男性　：規律だよ、チッピング先生。規律です。
ハーパー　：ハーパー。
ヘイズリット：ヘイズリット。
ハットフィールド：ハットフィールド。
ヘザリー　：ヘザリー。
ホートレイ　：ホートレイ。
ヘズリー　：ヘズリー。
ヘンソン　：ヘンソン。
ヘザーリントン：ヘザーリントン。

屋内－鉄道の駅－昼－若きチッピングが騒がしい駅に到着する。

新聞配達員：号外だよ。号外だよ。フランス軍がセダンで敗戦。
駅員　：切符を拝見。ブルックフィールド行き臨時列車です。始発です。
ピンガム　：君はこの客車だよ、グレゴリー。生徒たち、列車に乗りなさい。さあ、早く。ちょっと失礼。生徒たち、乗りなさい。さあ、早く、乗って。
チッピング　：すみません。ピンガム先生ですか？
ピンガム　：そうですよ。
チッピング　：私は新任教員のチッピングです。

■ **things**
= matters
thingの複数形で、全般的あるいは漠然とした事柄を表す。
ex. Things are going to be serious.（事態は深刻になりそうだ）

■ **Brookfield**
ブルックフィールド校（仮名）。チッピングの務める私立の中等教育学校。寄宿制の男子校。作者ジェイムズ・ヒルトンは、彼の出身校のリース校を基にブルックフィールド校を舞台として、作品中に出てくるハロー校を含むイギリスの私立学校パブリックスクール（public school）を描いている。public schoolとは、イギリスにおける13歳〜18歳の子供を教育する私立学校を指し、それらの多くはエリート校である。上流子弟などの大学進学や公務員養成を目的とし、全寮制の形式を持つものが多い。ウィリアム王子、ヘンリー王子の出身校イートン校や、ラグビー校などが有名。学力・教養育成と共に人格教育を重視することが特徴。アメリカやカナダなどでは公立学校を意味する（イギリスで公立にあたるのはState Schoolと呼ばれる）。もともとは身分や階級に関係なく「公開された学校」という意味で設立され、かつては貧困層の少年たちも無償で受け入れられていた。

■ **French defeated at Sedan.**
French army was defeated at Sedan.が、新聞の見出しであるため短く省略されている。セダンはフランス東部、ドイツとの国境に近い町である。セダンの戦いは普仏戦争（1870年-71年）の最後の戦いで、フランスが敗北し、皇帝ナポレオン3世がプロイセン王国軍の捕虜となる。これをきっかけにフランス国内ではナポレオン3世の廃位が宣告され、臨時政府の設立（国防政府）が決議された。

■ **In you get.**
本来は You get in. Get in. で「（客車の）中に乗りなさい」という意味だが、inが前にでている。「中に」が協調されていると同時に、In you get.の方が、リズム感が良い。

BINGHAM	: Oh, yes.	
CHIPPING	: Can I be of any assistance?	be of any assistance 役に立つ
BINGHAM	: Not now, I've just finished. Martin! But where's Martin?	be of ↺
CHIPPING	: Martin. Martin?	
COLLEY	: Martin!	
BOYS	: Martin! Martin! Martin! Martin!	
FATHER	: Here he is. I'm sorry, the horse in our cab fell down.	Here he is →p.179 there it is 参照 cab 辻馬車 ↺
MOTHER	: Gerald's chest protector, Mr. Bingham. He's had whooping cough. There are two of them. One on and one in the wash.	whooping cough 百日咳 ↺ One on and one in the wash ↺
BINGHAM	: All right, Mrs. Martin, I'll see to it. In here, Martin. Better get in, Mr. Chipping. Excuse me.	see to it うまく取り計らう, 引き受ける →p.45 better ～するのが良い, ～した方が良い, すべきである →p.195
STATION MAN	: Take your seats.	Take your seats 席についてください
CHIPPING	: Thank you, boys. Oh, thank you.	Thank you, boys ↺

INT. TRAIN - DAY - Chipping boards the carriage with COLLEY and some other Brookfield BOYS.

BOY	: Whoa! Sorry, sir.	Whoa 止まれ!, どうどう! ↺
BOY	: And where did you spend your holidays?	Where did...holidays ↺ spend 〔動詞〕時間やお金を費やす
MAYNARD	: Margate. They let the ladies bathe in the sea. All the men have to keep off the beach for half an hour every morning while the ladies go in. We used to watch off the top of the cliffs with a telescope.	Margate マーゲイト ↺ keep off ～を避ける, 近寄らない ↺ while その間, ～している間 →p.77 off the top of the cliffs ↺
BOY	: There's been a whopping big battle in France. The emperor's surrendered.	The emperor's surrendered = The emperor has surrendered ↺
BOY	: The emperor's a funk. I bet you the Prussians win.	The emperor's a funk = The emperor is a funk. funk 〔英〕〔名詞〕臆病者, おじけ, 意気地なし bet 賭ける →p.67 the Prussians プロイセン軍 a tizzy 6ペンス硬貨
COLLEY	: I'll bet you a tizzy the French win.	

ピンガム　：ああ。

チッピング：お手伝いしましょうか？

ピンガム　：今は結構。ちょうど終わったところです。マーティン！　マーティンはどこだ？

チッピング：マーティン、マーティン？

コリー　　：マーティン！

少年たち　：マーティン！　マーティン！　マーティン！　マーティン！

父親　　　：ここにおります。すみません、馬車の馬が転倒したもので。

母親　　　：ジェラルドの胸当てです、ビンガム先生。百日咳にかかっていたんです。二つあります。一つは着けています。もう一つは洗濯物の中に。

ピンガム　：わかりました。マーティン夫人。見ておきましょう。ここに、マーティン。チッピング先生、乗ってください。では失礼。

駅員　　　：お座りください。

チッピング：みんなありがとう。ああ、ありがとう。

屋内−列車−昼−チッピングはコリーやブルックフィールドの生徒たちと共に客車内にいる。

少年　　　：うわあ！　すみません、先生。

少年　　　：休暇はどこで過ごした？

メイナード：マーゲイトに。その海では女性は泳いでいいんだ。その間男は毎朝30分浜辺に近づいちゃいけない。僕たちは崖の一番上から望遠鏡でのぞいてた。

少年　　　：フランスですごい戦いがあったな。皇帝が降参した。

少年　　　：皇帝は臆病者だ。きっとプロイセンが勝つさ。

コリー　　：フランスの勝ちに6ペンス賭ける。

■ be of
be of ＋抽象名詞で形容詞の役割を果たす。ofは性質や特徴を表す。
ex. be of help (= be helpful)、be of importance (= be important)

■ cab
今日のタクシーの前身と言われる。近代ヨーロッパの重要な都市交通。「キャブ」は現在でも「タクシー」を意味するが、フランス語の「キャブリオレ」に由来し、折りたたみ式の幌を備えた二輪馬車を指した。また、明治時代に日本に導入された「辻馬車」はfiacreと呼ばれる二輪馬車。

■ whooping cough
日本では議論されていないが、欧米では現在妊婦の予防接種も推奨されている。

■ One on and one in the wash.
= One (is) on and one (is) in the wash.
onは身に着けていることを表す。

■ Thank you, boys.
チッピングは「入れてください」と直接頼んでいるわけではないが、このように表現することで依頼の意が伝わる。

■ Whoa!
もともとは、手綱を引きながら馬を止める際のかけ声。シェイクスピア作品にも見られる古い言葉だが、驚きや感嘆を表すスラングとして現在も使われる。映画 *Bill & Ted* シリーズでキアヌ・リーヴスが頻繁に使い話題になった。

■ Where did...holidays?
夏休み中は町を離れて休暇を過ごすのが一般的。学校に戻るため列車に乗り込んだ学生たちは一斉に休暇中の話を始める。

■ Margate
イングランド南東部ケント州のリゾート地。ロンドン市民が休暇を過ごす海辺の町として古くから栄え、画家J・M・W・ターナーも少年時代を過ごしたゆかりの地。

■ keep off
動詞＋副詞で句動詞の形。offは離れている状態を表す。
ex. You should keep off the grass. （芝生に入らないでください）

■ off the top of the cliffs
offは前置詞。「〜から離れて」の意。
ex. dive into the river off the top of the bridge. （橋の上から川に飛び込む）

■ The emperor surrendered.
ナポレオン3世の降伏のことを指す。普仏戦争 (1870年-71年)、1870年7月にプロイセンが宣戦布告、9月にセダンにて降伏。ナポレオン3世は廃位となる。

BOY	: I bet you they don't. I bet you the Prussians march into Paris.	march 進軍する
BOY	: My papa goes to Paris.	
BOY	: And so does my uncle. He says Paris is a gay old spot.	so does my uncle ♪ gay 陽気な, 快活な, 派手な, 華やかな
BOY	: The French eat frogs.	The French eat frogs ♪
BOY	: Frogs.	
MAYNARD	: Well, say, there's a balloon.	say ほら, もし, おい, あのね, ちょっと
BOY	: Where?	
BOY	: There she goes.	There she goes ほら, ～だよ, ～があっちに行くよ ♪
BOY	: Shove over. Let a fellow see.	shove over 席を少し詰める let させる, 許す ♪
BOY	: I wish I were up there.	I wish I were up there ♪
BOY	: Oh, stop shoving.	
BOY	: Oh look, there are two people in it. He's dropping the sand.	
BOY	: I bet I could go higher than they are.	
BOY	: I bet you'd funk it.	you'd =you would funk [動詞]おじけづく, たじろぐ, 失敗する
BOY	: I bet I wouldn't.	
BOY	: I wonder where he's going.	I wonder …だろう, …かなあ ♪
BOY	: So does he.	So does he ♪

Chipping tries to console a sad looking boy.

CHIPPING	: Cheer up. I'm new too. It's not easy to begin with.	cheer up [他動詞]元気づける, 励ます, [自動詞]元気づく ♪
MAYNARD	: What'd he do, slap him?	slap [動詞]ぴしゃりと打つ, 平手打ちする
COLLEY	: Kicked him, most likely.	most likely 十中八九 ♪

⑥ *INT. SCHOOL MASTER'S ROOM - DAY - Mr. Bingham shows Chipping into the room.*

少年	：そんなことあるもんか。きっとプロイセンがパリに進軍してくるに決まってる。
少年	：パパがパリに行くんだ。
少年	：うちのおじさんもさ。パリはとっても古くから華やかな場所だと言ってる。
少年	：フランス人ってカエル食べるんだろ。
少年	：カエル。
メイナード	：あっ、気球だ。
少年	：どこ？
少年	：あそこだ。
少年	：ちょっと詰めろよ。僕にも見せろ。
少年	：ああ、僕もあんなに上に上ってみたいな。
少年	：おい、押すなよ。
少年	：おい見ろ。二人乗ってる。砂袋を落としてる。
少年	：僕ならもっと高く上れるさ。
少年	：おじけづくに決まってる。
少年	：そんなことないさ。
少年	：一体どこまで行くんだろう。
少年	：本人たちだってわかってないよ。

チッピングは悲し気な少年を慰めようとする。

チッピング	：元気を出して。私も新入りだ。最初は大変なものだ。
メイナード	：何したんだろう？　叩いたのかな？
コリー	：蹴ったんだ、きっと。

屋内 – 教員の部屋 – 昼 – ビンガム先生がチッピングに部屋を案内している。

■ so does my uncle.
直前のpapa goes to Paris.を受けて、my uncle does so.(おじさんもそうだ＝パリに行く)の意。soが倒置され強調されている。→p.161 so did...参照。

■ The French eat frogs.
フランス人は(イギリス人と違って)なんでも食べる、という軽蔑をこめた表現。エスカルゴ(カタツムリ)やカエル料理が世界的に有名。

■ There she goes.
船や車など乗り物はsheで受ける。

■ let
使役動詞 let + 目的語 + 原形不定詞(動詞の原形)で、「人・ものが～するのを許す」、「人に～させる」。makeのように強制的に「～させる」ではなく、誰か(何か)が何かをしようとするのを許可するという意味で、相手の意思を尊重し許しを請うときに使用する。letは現在形、過去形、過去分詞同形。
ex. My boss let me leave early.(ボスは早く帰らせてくれた)、Let me carry your box.(あなたの箱を運ばせてください)、Her father didn't let her go on a date with me.(彼女の父親は、彼女が僕とデートに行くのを許さなかった)

■ I wish I were up there.
仮定法過去で、実現しない願望を表す。upは上方を表す。
ex. I wish I could go with you.(あなたと一緒に行けたらいいのに)

■ I wonder
文字通り、自分が疑問を感じていることを表すこともできるが、丁寧な依頼表現としても使われる。
ex. I wonder if you could help me with this.(これを手伝っていただけないでしょうか)

■ So does he.
= He does[wonders] so.
倒置は強調を表す。→p.161 so did...参照。

■ cheer up
ここでのように、しばしば命令文で用いられる。
ex. I asked her out to lunch to cheer her up.(彼女を元気づけるためランチに誘った)

■ most likely
ex. Most likely we will lose this game.(敗色が濃い)

BINGHAM : Here we are. Mind your head. I used to have this room. You'll find the draft from this window will give you a stiff neck.

Chipping looks out the window at the boys below.

BINGHAM : What are you looking at? Something going on?
CHIPPING : It's just as I imagined it. You know, it means everything to me, to come to Brookfield. I suppose you felt the same way. I'll get on. I know I will. Headmaster at Brookfield. That's something worth working for.

BINGHAM : Ever done any teaching before?
CHIPPING : Hm?
BINGHAM : Have you ever done any teaching?
CHIPPING : Oh, no, no.
BINGHAM : Oh? Come in.
MAN : Your bag, Mr. Chipping. And the headmaster will see you now, sir.
CHIPPING : Oh, thanks. Thanks. My gown. I mustn't keep him waiting, must I? A bit of a terror, isn't he?

INT. TEACHER'S LOUNGE - DAY - MR. SHANE warns the other teachers of the headmaster WETHERBY'S arrival.

SHANE : Look out, you chaps, the old boy.
TEACHER A : Wetherby?
SHANE : Trotting out the new man.

Here we are →p.65
Mind your head 頭に気をつけて ↺
a stiff neck 肩がこる ↺

Something going on ↺
go on （事が）起こる,（催し物が）行われる
just as ちょうど〜のように
get on うまくやる, 成功する, やっていく, 続ける →p.53
worth 〜ing 〜する価値がある ↺
Ever done...before ↺
come in 入る, 入ってくる ↺
gown ガウン →p.137
mustn't するべきではない ↺
keep someone 〜ing （人）に〜させ続ける
terror 恐怖を起こさせる人, 恐怖
warn 警告する, 予告する, 警鐘を鳴らす
chap(s) 〔英〕男, やつ, 仲間 ↺
the old boy ↺
trot out （馬を）引き出してその足並みを見せる, 人やものを披露する

ピンガム ：さあ着いた。頭に気をつけて。以前私が使ってた部屋だ。窓から入るすきま風で肩がこるだろうけど。

チッピングは窓の外に目をやり、下の生徒たちを眺める。

ピンガム ：何を見てるんだい？　なにかやってるかい？

チッピング ：想像していたとおりです。つまり、これが僕にとってすべてです、ブルックフィールドに来ることが。あなたも同じ思いだったのではないですか。僕はどんどん出世しますよ。きっと。ブルックフィールドの校長。やりがいのある仕事です。

ピンガム ：教師の経験はあるのかい？

チッピング ：えっ？

ピンガム ：教えたことはあるのかい？

チッピング ：あっ、い、いいえ。

ピンガム ：そう？　どうぞ。

男性 ：チッピング先生、お荷物です。校長がお会いしたいとおっしゃっています。

チッピング ：ああ、ありがとう。ガウンを。待たせちゃいけませんよね。ちょっとこわいな。

屋内－教員ラウンジ－昼－シェーン先生が他の教師たちにウェザビー校長の到着を知らせる。

シェーン ：見ろよ、みんな。校長のお出ましだ。

教師A: ：ウェザビー校長？

シェーン ：新任のお披露目だ。

■ Mind your head.
cf.（英）Mind the gap.（米）Watch your step.（列車とホームの隙間にご注意ください＊地下鉄のアナウンスなどで使われるフレーズ）

■ a stiff neck
普通の会話では肩がこることを首がこると英語では表現する。同様に腰が痛いはbackache、おなかが痛いをstomachacheと言う。

■ Something going on?
Is something going on?の省略形。
ex. What's going on over there?（向こうは一体何事なんですか）

■ worth ～ing
ex. The book is worth reading.（その本は読む価値がある）

■ Ever done...before?
(have) + 主語 + (ever) + 過去分詞 で、「～したことがありますか」という経験を問う質問。ever は「これまでに」の意で、強調を表す。つけない場合も多い。

■ come in
この場面のように、ドアのノックなどに対して命令形で答えれば「入りなさい」という意味。しかし、人・ものが家や部屋などに入るだけではなく、ニュースや情報などが入ってくる、何かが流行する場合など様々な状況で用いられる。

■ mustn't
= must not
ex. You mustn't go there by yourself.（ひとりでそこに行ってはいけない）

■ keep someone ～ing
keep + 人 + 動詞の現在分詞。
ex. She's always late. She kept me waiting for an hour yesterday.（彼女は遅刻の常習犯。昨日は私を一時間待たせた）

■ chap(s)
= fellow; guy
chapはイギリス英語で「男性」を意味し、ここでのように、成人男性に対しても用いられる。little chapは「小僧」となり、親しみを込めて男子を呼ぶ際に使われる。
ex. He is a nice chap.（彼はいいやつだ）

■ the old boy
年配の男性を指す場合も。ここでは校長のこと。→p.67 old boy参照。

WETHERBY: Gentlemen, this is your new colleague, Mr. Chipping.

TEACHERS: How do you do?

WETHERBY: I want you to show Mr. Chipping the ropes. As is customary, he is taking lower school for preparation. Good evening, Mr. Chipping. Anytime you need to see me. Good evening, gentlemen.

TEACHERS: Good evening, sir.

SHANE: Lower school prep, eh? Well, it's always the new master first day.

TEACHER B: You mustn't let them rag you.

TEACHER C: Take a quiet look around for drawing pins in your chair.

TEACHER D: Or rattraps in your desk.

CHIPPING: Thanks. I shall manage.

SHANE: You athletically inclined, Mr. Chipping? Not that they ever become violent. I mean, they don't carry weapons.

TEACHER E: You mustn't take any notice of these fellows, Mr. Chipping. The boys are a bit restless the first day. New masters are an exciting blood sport with them, but…

BINGHAM: The bell.

TEACHER E: You'll have to hurry.

TEACHER D: Good luck, Mr. Chipping.

TEACHER F: We'll keep our fingers crossed for you.

CHIPPING: Thank you very much.

SHANE: Oh, Mr. Chipping? The headmaster has your home address, naturally. Just in case.

Chipping overhears some boys in the corridor.

colleague 同僚, 仕事仲間

I want you to show Mr. Chipping the ropes ⇔
the ropes （仕事の）コツ, 要領 ⇔
Good evening ごきげんよう ⇔
Anytime you need to see me ⇔

rag からかう, 悪ふざけする

Take a quiet look (around) for ～ ～を探す ⇔
drawing pin 画びょう ⇔
rattrap ネズミ捕り

I shall manage ⇔
manage 成し遂げる, どうにかしてなんとかする →p.161
(be) inclined (to do) ⇔
athletically 活発で丈夫な, 運動が得意の
Not that they ever become violent
not that ～ ～というわけではない
take any notice of ～ ～に注意する, 目を留める ⇔
fellows 同志, 仲間 →p.115
exciting 刺激的な, 興奮させる, 胸をわくわくさせるような →p.165
blood sport 流血を伴うスポーツ（闘牛や狩猟, 闘鶏など） ⇔

keep one's fingers crossed 幸運を祈る →p.200参照

just in case 念のため, 万が一のため

overhear 小耳にはさむ, （人の話を）偶然聞く

ウェザビー	：皆さん、こちら、新しい同僚のチッピング先生です。
教師たち	：初めまして。
ウェザビー	：チッピング先生に要領を教えてあげてくれたまえ。慣習どおり、低学年の予習クラスを担当していただく。ごきげんよう、チッピング先生。なにかあったらいつでもどうぞ。では皆さん、ごきげんよう。
教師たち	：失礼します。
シェーン	：低学年の予習クラスか。新任の初日はいつもこうさ。
教師B	：なめられないようにな。
教師C	：椅子に画びょうがないか、そっと見て。
教師D	：机の中にネズミ捕りがないかも。
チッピング	：どうも。なんとかします。
シェーン	：チッピング先生、腕っぷしに自信はおありですか？　生徒たちは決して荒っぽいわけではないですが。つまり、武器は持ってませんが。
教師E	：この人たちの言ってることは気にしなくていいですよ、チッピング先生。初日は生徒たちもちょっと浮足立っていましてね。新任教師というのは彼らとの血湧き肉踊るスポーツで…。
ピンガム	：ベルだ。
教師E	：急がないと。
教師D	：がんばって、チッピング先生。
教師F	：幸運を祈っていますよ。
チッピング	：ありがとうございます。
シェーン	：ああ、チッピング先生。校長はもちろんご自宅の住所を知っていますよね。万一の場合のために。

チッピングは廊下で生徒たちの話をふと耳にする。

■ I want you to show Mr. Chipping the ropes.
I want ＋ 人 ＋ to動詞原形で、「あなたに～してほしい」
ex. I want you to help my father.（あなたに父を手伝ってほしい）

■ the ropes
語源は、船上でロープの使い方を学ぶ。船上での仕事に慣れることに由来する。

■ Good evening
晩に交わす挨拶。ここでのように主にイギリスでは別れの際の挨拶としても使用される。前に Have a が省略されていると考えるとよい。Good afternoon.など、その時の時刻に合わせる。丁寧でフォーマル。

■ Anytime you need to see me.
後ろに you can see me. が省略されていると考えられる。お礼を言われたときなどにその返しとして Anytime. と単独で使えば「またいつでも言ってください」という意味になる。

■ Take a quiet look (around) for ～
Take a look が基本で、take a close look（よく見る）や take a quick look（ざっと見る）などバリエーションあり。

■ drawing pin
= thumbtack

■ I shall manage.
shallが一人称と共に使用される場合は強い意志を表す。ここでは［意志未来］決意・約束などを表して「～しようつもりです」の意味。［単純未来］「～でしょう」「～だろう」という意味もある。

■ (be) inclined (to do).
(be) inclined (to do)は、「ややもすればっ傾向にある」で、tend to do に似ているが、be inclined to doの方が外部からのプレッシャーがあるような印象を与える。

■ Not that they ever become violent.
that以下「彼らが暴力的になることがある」をnotで否定する文章。

■ take any notice of ～
ex. Voters are beginning to take notice of him as a serious candidate.（投票者たちは彼を重要な候補者と注目し始めている）

■ blood sport
学生たちが落ち着きがなく、激しいスポーツのように新任のチッピングに対して向かってくるという意味合い。冗談めかした誇張。

BOY 1 : Have you seen him? What's he like?	What's he like ↺
BOY 2 : Oh, new masters are always smelly.	**smelly** [形容詞]いやな臭いのする ↺

INT. CLASSROOM - DAY - The BOYS rush back to their seats when they see Chipping is approaching.

rush back 大急ぎで戻る

MAYNARD : He's coming! Sit down.

Chipping enters the classroom but his cap gets caught on a string trap. The room turns to chaos.

trap 罠
turn to 〜になる
chaos 無秩序, 大混乱 ↺

MAYNARD : Your cap, sir!
BOY : Let me get it for you, sir!
BOY : No, sir, let me!
BOY : No, sir, I'll pick it up!
BOY : No, sir, I will!
CHIPPING : That will do, thank you!

That will do ↺

BOY : We're glad to help.
CHIPPING : Do you hear what I say? Go to your places. Give it to me.
COLLEY : I have it, sir. I have it. It's a bit battered, sir.

battered 潰された, 型がくずされた ↺

MAYNARD : Careful, sir. Do you lose your cap very often, sir?
BOY : That's a silly question.
BOY : Isn't it a silly question, sir.

silly 愚かな, 馬鹿な, 思慮がない ↺

CHIPPING : Give that to me!
COLLEY : It's awfully dusty, sir. I'll see to it for you, sir. It won't take a second, sir.

dusty 埃っぽい ↺
see to it 引き受ける, (うまく)取り計らう, 〜するよう気をつける, ↺
won't = will not

CHIPPING : Give that to me. What's your name?
COLLEY : Colley, sir.

少年1	：先生を見た？　どんな感じ？
少年2	：ああ、新しい先生はいつだって胡散臭いよ。

屋内 – 教室 – 昼 – 少年たちはチッピングが近づいてくるのを見て
自分たちの席へ大急ぎで戻る。

メイナード	：奴が来るぞ！　席に着け。

チッピングが教室に入って来るが、彼の帽子は罠の紐に引っかか
る。教室は大騒ぎになる。

メイナード	：先生、先生のお帽子です！
少年	：先生、僕に取らせてください！
少年	：いや、先生、僕に！
少年	：いや、先生、僕が拾ってさしあげます！
少年	：いや、僕がやります！
チッピング	：大丈夫だよ。ありがとう！
少年	：僕たちお役に立てて嬉しいです。
チッピング	：私が言うことが聞こえますか？　席に着きなさ
い。帽子をよこしなさい。
コリー	：先生、僕がお持ちします。僕が持ちます。帽子、
少しつぶれましたね、先生。
メイナード	：先生、お気をつけて。先生、よく帽子を失くさ
れるんですか？
少年	：おバカな質問だ。
少年	：おバカな質問じゃないですか、先生？
チッピング	：帽子をよこしなさい！
コリー	：先生、かなり埃っぽいですよ。綺麗にしてあげま
すよ、先生。1秒も掛かりませんよ、先生。
チッピング	：帽子をよこしなさい。君の名前は？
コリー	：コリーです、先生。

■ **What's he like?**
= What is he like?
人だけではなく、ものや状態についても
使える。
ex. What is it like to be alone?（ひと
りぼっちってどういう感じ？）

■ **smelly**
= stink; noisome
ここでは実際に何かが臭うという意味よ
りも、新しい教師に対しての拒絶感を
smellyという単語で表わしている。動詞
はsmell。名詞もsmell（同形）で、臭いを
表す一般的な語である。臭いには他に
odorという語があるが、この語は不快な
臭いについて使われることが多い。また、
fragranceは花や香水の良い香りについて
用いられる。
ex. This bag smells bad.（この袋は臭
い）

■ **chaos**
日本語では「カオス」と言われるが、実際
の発音は[（米）kéiàs/（英）kéiɔs]で、
「ケイアス〔オス〕」という発音が近い。

■ **That will do.**
この場面では帽子を弄ぶ子供達を諌め
て、「もうやめなさい」とか、「いい加減に
しなさい」という意味で使われている。

■ **battered**
動詞batter（潰す）から派生した形容
詞。

■ **silly**
古期英語では本来「幸せな」という意味
であった。やがて「無邪気な」という意味
に変わり、その後、「愚かな」という意味に
変化したと言われている。Don't be silly.
（馬鹿なことというなよ〔馬鹿なことするな
よ〕）など、相手の言動に対して用いられ
る。その他、「愚かな」とか「愚か者」を表
すfoolish, stupid, idiotなどの単語は他
もあるが、相手を傷つけることになる場合
があるので、使用する際には注意が必要
である。

■ **dusty**
動詞「ちり／埃を払う」と、名詞「ちり／
埃」はdustで同形。

■ **see to it**
基本はsee to it that S + Vだが、to it
やthatを省略することも多い。
ex. Please see to it that no one
comes in without identification.（身
分証明なしで誰も入ってこないよう気を
つけておいてください）. See to it that
there are no mistakes.（間違いのない
よう気をつけなさい）

CHIPPING : Colley, go back to your place. Go on. Back to your places, all of you. Go back to your places.

BOYS : Yes, sir.

CHIPPING : You will employ the hour in writing an essay on the book you were given to read during the holidays. I understand this was Kingsley's Westward Ho! If you're in any difficulty, I shall be pleased to answer questions.

BOYS : Thank you, sir.

The boys begin their antics again.

BOY : Sir?

CHIPPING : Well, what is it?

BOY : Is a pencil all right, sir?

BOY : Of course not, you idiot!

BOY : Who's an idiot?

CHIPPING : Silence. Silence. I'll have no more of it.

COLLEY : No more silence, sir?

BOY : Sir? Who was Queen Elizabeth's husband, sir?

CHIPPING : She didn't have a husband. Surely you know what she was called?

BOY : No, sir. What, sir?

CHIPPING : Well, she was called the vir... Well, she was called the, the... Never mind.

BOY : Oh, sir. Please, sir.

MAYNARD : Please, tell us, sir.

CHIPPING : Get on with your work.

---

employ 雇う, 費やす ✪

Kingsley's Westward Ho ✪
be pleased to 喜んで～する ✪

antic ✪

idiot バカ, 間抜け ✪

I have no more of it ✪

Queen Elizabeth エリザベス女王1世 ✪

surely 確かに, 疑いなく

vir... ✪

Never mind なんでもない, 気にしないで, 大丈夫

get on (with) ～を進める, 続ける

46

チッピング	：	コリー、自分の席に戻りなさい。さあ、皆も自分の席に戻って。自分の席に戻りなさい。
少年たち	：	はい、先生。
チッピング	：	君たちは休み中に読むように渡された本について、この時間を使って小論を書きなさい。本はキングズリーの『ウエストワード ホー！』だと思うが。もし難しいところがあれば喜んで質問に答えるよ。
少年たち	：	わかりました、先生。

少年たちは、再びふざけ始める。

少年	：	先生？
チッピング	：	うん、なんだね？
少年	：	先生、鉛筆で大丈夫ですか？
少年	：	もちろんだめに決まってるだろ、間抜けめ！
少年	：	誰が間抜けだって？
チッピング	：	静かに、静かに。もうたくさんだ。
コリー	：	先生、もう静かにしなくていいってことですか？
少年	：	先生、エリザベス女王の夫は誰でしたっけ？先生？
チッピング	：	女王には夫はいなかった。君たちは女王が何と呼ばれていたか、ちゃんと知っているだろう？
少年	：	わかりません、先生。何と呼ばれていたんですか？
チッピング	：	えー、女王は、処… う～ん、女王が呼ばれていたのは… あー、気にしないで。
少年	：	ああ、先生、どうか教えてください。先生。
メイナード	：	どうか僕たちに教えてください、先生。
チッピング	：	自分たちの課題をやりなさい。

■ employ

雇うという意味で使われる以外に、ここでのように「（時間、精力）を費やす」という意味がある。

ex. He employed his spare time in reading.（彼は暇な時間を本を読んで過ごした）

■ Kingsley's Westward Ho!

イギリス人（牧師、歴史家、小説家）である、Charles Kingsley（1819年-75年）が1855年に発表した歴史小説のタイトルが『ウエストワード ホー！』であり、イギリス、デヴォンのバイフォード近くにある海水浴場の名前の由来となった。

■ be pleased to

ex. I shall be pleased to see him tomorrow.（明日彼に会うのが楽しみだ）

■ antic

形容詞「ふざけた、滑稽な」、名詞としては通例複数形anticsとして「おどけた仕草」、とか「ふざけ」という意味を持つ。

■ idiot

語源はギリシャ語の「無知な人」に由来する。

■ I have no more of it.

「そのことについてはもうたくさんだ」。ここでのitは課題をするために鉛筆で書いていいかどうか何度も尋ねる生徒とその質問に「バカ」と応酬する生徒のやり取りのことを言っている。しかし、生徒はチッピングが言うSilence.（静粛にしなさい）という言葉として捉えたようなふりをして、揚げ足を取り、チッピングをからかってNo more silence?（もう静かにしなくていいですよ）ということですかと切り返すのである。

■ Queen Elizabeth

エリザベス女王一世（在位1558年-1603年）は大英帝国の礎を築いた人物で、今なお、イギリス国民から愛されている。I have already joined myself in marriage to a husband, namely the kingdom of England.（私はイングランド王国という名の夫と結婚した）と自ら語り、生涯独身を貫いたことから、The Virgin Queen（処女王）と呼ばれている。

■ vir…

= virgin

「ヴァージン（処女）」という言葉をチッピングに言わせようとして、生徒がエリザベス一世の夫は誰であるかを尋ねる場面のセリフである。チッピングはかろうじてその言葉を飲み込む。

BOY	: Sir, who was Cadiz?	Cadiz カディス ⊙
CHIPPING	: Who was Cadiz? Who was Cadiz. Cadiz is a town in Spain.	
BOY	: Of course, you ass.	ass ロバ, バカ, 頑固な人 ⊙
BOY	: Isn't he an ass, sir?	
BOY	: Don't listen to him.	listen to 聞く, 耳を傾ける ⊙
BOY	: May I kick him, sir?	
CHIPPING	: Quiet, please. Quiet. I think we'll get on with our work.	
BOYS	: Yes, sir.	
BOY	: Well, is a pencil all right, sir?	
CHIPPING	: I don't care what you use only please get on with your work.	
BOYS	: Yes, sir.	
BOY	: At once, sir.	at once すぐに, 直ちに
BOY	: Sir, how do you spell "armada"?	armada アルマダ ⊙
CHIPPING	: Can anyone enlighten this boy?	enlighten 啓発する, 教える
BOY	: Yes, sir. A-M-A-R-D-A.	
CHIPPING	: No, no, no.	
BOY	: A-M-A-D-A!	
BOY	: A-R-M-D-A!	
BOY	: No, it's A-M-A-R-D-A!	

7 *Chaos returns.*

CHIPPING	: Silence! Do you hear me? Silence!	
COLLEY	: Silence! Silence! Didn't you hear him? The teacher said, "Silence!" Shut up, you lunatic!	Shut up 黙れ, しゃべるな, うるさいな ⊙ lunatic 狂人, 変人 ⊙
CHIPPING	: Boys, do you hear me? Sit down! Be quiet! Sit down, boys!	Sit down 座る, 着席する [命令形で]座れ, 座りなさい ⊙
COLLEY	: Who did that, sir? I'll kill him for you, sir.	
CHIPPING	: Colley!	

少年	：先生、カディスって誰ですか？
チッピング	：カディスが誰かって？　カディスは誰か。カディスはスペインの都市だよ。
少年	：もちろんそうさ。このバカ。
少年	：ヤツはバカですよね、先生。
少年	：ヤツの言うことは聞かないでください。
少年	：先生、ヤツを蹴ってもいいですか？
チッピング	：どうか静かにしてくれ給え。静かに。我々はちゃんと課題をやらなければと思うよ。
少年たち	：はい、先生。
少年	：あのー、鉛筆でもいいですか、先生。
チッピング	：君が課題に取り組む限り、何を使おうが構わないよ。
少年たち	：わかりました、先生。
少年	：直ちに、先生。
少年	：先生「艦隊」の綴りは何ですか？
チッピング	：誰かこの子に教えてあげられるかな？
少年	：はい、先生。A-M-A-R-D-A です。
チッピング	：違う、違う、違う。
少年	：A-M-A-D-A！
少年	：A-R-M-D-A！
少年	：違うよ。A-M-A-R-D-A！

また、騒がしくなる。

チッピング	：静かに！　聞こえないのか？　静かに！
コリー	：静かに！　静かに！　先生の言うことが聞こえなかったか？　先生は「静かに」って言ったんだぞ。黙れ、変人たち！
チッピング	：君たち、私の言うことが聞こえるかい？　座りなさい！　静かにするんだ！　君たち、座りなさい！
コリー	：先生、誰のせいですか？　僕が先生に代わって彼をやっつけますよ、先生。
チッピング	：コリー！

■ Cadiz
日本語読みでは「カディス」。スペイン南西部の港湾都市。

■ ass
make an ass of a personで、「(人)をバカにする」
ex. He makes an ass of his friend.（彼は友人をバカにする）

■ listen to
自動詞なので後にはtoがくる。このtoは前置詞なので、名詞または名詞相当語句が続く。to不定詞と間違えないように注意。一般にhearは「聞こえる」の意味で進行形には使えないが、listenは進行形でも使える。
ex. listen to music（音楽を聞く）、listen to what he says（彼の言うことを聞く）

■ armada
日本語読みでは「アルマダ」。語源はスペイン語で「艦隊、無敵艦隊」を意味し、英語では'armed forces'である。'armada'はスペインの無敵艦隊を指すことが多い。

■ Shut up!
命令形で「黙れ」を意味する。強く失礼な表現のため、使用には場面、人間関係など十分な注意を要する。同じく静かにしてほしいときに使われる Be quiet.の方がまだマイルドだが、やはり命令形であるので、より丁寧に言うのであれば、pleaseをつけた方が良い。また、shut up は「閉ざす」とか「しまいこむ」という意味でも使われる。
ex. She shut up her diamond ring in her box.（彼女はダイヤモンドの指輪を箱にしまい込んだ）

■ lunatic
形容詞としては言動が「狂気じみた」、「ばかげた」という意味で使われる。昔は月の影響を受けて精神がおかしくなると信じられており、ラテン語の「月に影響を受けた」という意味に由来する。また、Luna（ルナ）は「月の女神」を指し、由来はラテン語で「月」の意味からきている。

■ Sit down!
Sit down. は相手に座ってほしい時の表現である。ここでは目上の先生が生徒に向かって言っているので問題はないが、相手によっては失礼に聞こえる場合があるので要注意である。相手に座ってほしい時の表現としては、Have a seat.（お客様に向かって言う時など）や Be seated.（会議などでよく用いられる）、また Take a seat.（カジュアルな感じの表現）もあり、状況によって使い分けられる。

COLLEY : We'll protect the master.

CHIPPING : Colley!

Wetherby enters the classroom.

WETHERBY: What is this? What is happening? Mr. Chipping?!

CHIPPING : I'm… I'm sorry, sir. I'm afraid I…

WETHERBY: It is just 18 years ago this term since I had occasion to cane the entire lower school. The young gentlemen of that day came honestly by their punishment. I think I can say the same for you.

: You will present yourselves at my study tomorrow afternoon in alphabetical order at intervals of three minutes starting at 3 o'clock.

: I believe I can promise you that I have lost none of my vigor. I think you better come and see me after prayers.

CHIPPING : Yes, sir.

INT. WETHERBY'S OFFICE - EVENING - Wetherby lectures Chipping.

WETHERBY: Our profession is not an easy one, Mr. Chipping. It calls for something more than a university degree. Our business is to mold men. It demands character and courage.

---

protect 守る, 保護する

term 学期, 期間, 任期
since ～以来 ↺
occasion 場合, きっかけ
cane [動詞]杖〔鞭〕で打つ ↺
entire 全部の
honestly 素直に, 正直に
punishment 懲罰, 処罰

present oneself ↺
study 研究室, 書斎 ↺
alphabetical order アルファ
ベット順
interval 間隔, 合間 ↺

vigor 活力, 元気

profession 職業, 専門職 ↺

degree 学位, 称号

mold 造る, 型どる ↺
men 男性(manの複数形) ↺
demand 必要とする, 要求する
↺
character and courage ↺
character 性格, 人格, 高潔さ,
品格
courage 勇気

コリー　　　：僕たちが先生を守ります。

チッピング　：コリー！

ウェザビーが教室に入ってくる。

ウェザビー　：これはどうしたことですか？　何が起こっている
　　　　　　　んですか、チッピング先生？

チッピング　：すみ…　すみません、校長、私は…

ウェザビー　：私に低学年全員を杖で打つきっかけがあってか
　　　　　　　ら今学期でちょうど18年になる。当時の低学年
　　　　　　　の生徒たちは罰を受けるために正直にやって来
　　　　　　　た。君たちにも同じことを言おうと思う。

　　　　　　：明日の午後3時から3分おきにアルファベット
　　　　　　　順に私の部屋に来なさい。

　　　　　　：私の力は全く失われていないことを約束できる
　　　　　　　と思うよ。君はお祈りの後に私に会いに来なさ
　　　　　　　い。

チッピング　：はい、承知しました。

屋内－ウェザビーの部屋－晩－ウェザビーがチッピングに講義を
する。

ウェザビー　：我々の職業は易しいものではないよ、チッピン
　　　　　　　グ先生。大学の学位以上のものが要求される。
　　　　　　　我々がやらねばならない仕事は大人の男性を育
　　　　　　　成することだよ。品格と勇気が求められるんだ。

■ since
It has been～（口語ではIt is）の構文で、
「～してから～（時間の経過）になる」。
ex. It is two years since she graduated from high school.（彼女が高校を卒業してから2年になる）

■ cane
特に学校教育においては、生徒に「鞭を加えて学課や勉強などを教え込む」、または「体罰として杖や鞭で打つ」ことを意味する。イギリスの学校では、先生が生徒に罰として手やお尻を鞭で打つことがあった。体罰禁止は意外と遅く、パブリックスクールでは2000年になってから。

■ present oneself
再帰代名詞を用いて、「現れる、出席する」という意味を持つ。本文では複数の人に向けて言葉が発せられているので～selvesが使われている。
ex. They presented themselves at the meeting an hour late.（彼らは会議に1時間遅れて現れた）

■ study
ここではウェザビーは校長なので校長室を意味する。

■ interval
ex. at intervals of three hours（3時間の間隔で）

■ profession
professionは弁護士、教師、医師など、専門的な知識を要する仕事を指す。これ以外にoccupation（規則的に従事するために訓練を受けて得る仕事）、job（職業を意味する語としては最も一般的な語）などがある。

■ mold
型に入れて造ることを意味するが、この場合は人間を形成するという意味で使われている。

■ men
男子が将来はちゃんとした大人の男性になるよう教育することを目標としている男子校の話であるからmenが使われている。

■ demand
ex. He demanded money from me.（彼は私に金を要求した）

■ character and courage
本文には Our business is to mold men. It demands character and courage. とあるが、教師は若者を育てる仕事であるから、それに携わるためには人間としての人格とか品格、高潔さ、勇気が必要であると言っている。

CHIPPING : Oh, yes...

WETHERBY: Above all, it demands the ability to exercise authority. Without that, I think any young man should ask himself seriously if he has not perhaps mistaken his vocation.

CHIPPING : No, sir...

WETHERBY: When a man is young, Mr. Chipping there are many other walks of life open to him.

CHIPPING : I hope, sir, you don't mean that I should resign. I should be very reluctant to do that, sir. It means everything to me to come to Brookfield. I'll get on. I know I will. Please give me the chance to prove it, sir.

WETHERBY: Mr. Chipping, I am willing to forget the incident...

CHIPPING : Uh...

WETHERBY: But will those boys forget it? You're going to have to face them again. That'll take courage. Moral courage. However, if you care to make the trial...

CHIPPING : Thank you, sir.

WETHERBY: I shall watch your progress with interest.

CHIPPING : Thank you, sir. I'm deeply grateful to you.

EXT. SCHOOL GROUNDS - EVENING - Chipping comes across
BINGHAM.

BINGHAM : Hello, Chipping. I hear the boys gave you a rough time.

CHIPPING : They will not do it again, Mr. Bingham, I assure you.

---

above all 何よりもまず ↻
ability 能力
exercise authority ↻
exercise 行使する, 執行する ↻
authority 威厳, 権威, 権力
seriously 真面目に, 本気で, 深刻に
mistake 〜を間違える
vocation （自分に適した）職業, 仕事 ↻
(a) walk of life （社会的・経済的）地位, 職業

resign 辞する, 辞職する, 辞任する ↻
reluctant 〜したくない, 気が進まない ↻
get on うまくやる, 成功する, やっていく, 続ける ↻
chance チャンス, 機会
prove 証明する ↻
be willing to 〜 快く〜する, 喜んで〜する ↻
forget 忘れる, 思い出せない
incident 出来事, 事件

will those boys forget it ↻

face 直面する

moral courage （侮辱などに立ち向かう）勇気
trial 試み, 挑戦

progress 進歩
interest 関心

school grounds 校庭
come across 〜と偶然に出会う ↻

assure （〜を）保証する, 納得させる, 確信させる

チッピング ： ええ、はい…

ウェザビー ： 何よりもまず、権威を行使する能力を必要とする。それがなければ、どんな若者も、もしかしたら職業を間違えたのではないかと真剣に自分に問いかけるべきだと思う。

チッピング ： いいや、それは…

ウェザビー ： 若いうちはね、チッピング先生、他にも多くの職業の可能性が開かれているんだ。

チッピング ： 私が辞めるべきだということを意味してないですよね。私はそうすることは気が進みません。ここ、ブルックフィールドへ来ることが私のすべてです。私は続けたいです。続けられるとわかっています。それを証明するチャンスを私にください。

ウェザビー ： チッピング先生、私は喜んでこの一件を忘れるつもりだが…

チッピング ： はあ…

ウェザビー ： しかし、生徒たちは、忘れるだろうか？　再び、彼らと顔を合わせないといけない。それは勇気を必要とするだろう。道徳的な勇気が。しかしながら、君が挑戦したいのなら…

チッピング ： ありがとうございます。

ウェザビー ： 関心を持って君の進歩を見よう。

チッピング ： ありがとうございます、先生。心から感謝いたします。

屋外－校庭－晩－チッピングはばったりビンガムと会う。

ビンガム ： こんばんは、チッピング。生徒たちが辛い時間をあなたに与えたと聞きました。

チッピング ： ビンガム先生、きっと彼らは二度と同じことをしないと保証しますよ。

■ above all
= above all things
後に続く事柄が一番重要であることを示すために用いる。本文のセリフでは、ウェザビー校長先生が若いチッピングに教師の威厳を示すことが「何よりも」重要であるという意味で使われている。
ex. She loves dogs above all.（彼女は特に犬が好きだ）

■ exercise authority
cf. have authority（睨みを利かせる〔権限〔権力〕を持つ〕）

■ exercise
ex. He decided to exercise his option to buy the company.（彼はその会社を買収するというオプションを行使することにした）

■ vocation
job, occupationより硬い語である。また、one's vocationで天職の意味である。
ex. find one's vocation（天職、聖職を見つける）

■ resign
retireとは異なり、通常は正式または公式に地位や役職などを途中で辞すること。
ex. She resigned her position as manager.（彼女は支配人の職をやめた）. He resigned his post as ambassador.（彼は大使を辞職した）

■ reluctant
= unwilling
ex. He was reluctant to go with her.（彼は彼女と一緒に行く気が進まなかった）

■ get on
ex. Parents are always anxious for their children to get on.（両親は子供たちが成功するか常に心配する）
get alongと類似する「暮らす」の意もある。
ex. How are you getting on?（いかがお過ごしですか）

■ prove
ex. It just goes to prove that you can't trust them.（それは彼らを信用できないことを証明するのに役立つ）

■ be willing to ～
ex. I am willing to do anything for you.（私はあなたのために喜んで何でもします）

■ will those boys forget it?
= will those boys forget the incident?

■ come across
ex. I came across a very interesting book at that bookstore.（私はあの書店でとてもおもしろい本を見つけた）

INT. DINING HALL - DAY - Wetherby speaks to the silent boys.

| | | dining hall （学校などの）食堂 |

WETHERBY : Before we leave I want to wish our cricket eleven the best of luck against Sedbury this afternoon. This year, Sedbury claims to be sending us the finest team that ever came out of a very fine school.

: Well, we shall give them a hearty welcome. We shall give them a big tea, but I venture to predict we shall not give them the cup.

: The boys are unusually quiet. What does it mean? Something has occurred. What is it?

TEACHER : Well, sir, it's really no business of mine, but...

CHIPPING : I think, sir, perhaps I can explain.

WETHERBY: You, Mr. Chipping?

CHIPPING : Yes, sir. I'm keeping my class in this afternoon, sir.

SHANE : That means Maynard, our best player...

WETHERBY: Please, Mr. Shane.

CHIPPING : As a matter of fact, sir, I'd entirely forgotten about the cricket match.

WETHERBY: Forgotten?

CHIPPING : Yes. And my attention was drawn to the fact by my class in such an insolent manner that I thought it inadvisable to go back on my decision.

WETHERBY : You observe the effect on the entire school?

CHIPPING : I do indeed, sir. It's most regrettable.

leave 出発する, 去る
cricket クリケット競技 ☼
eleven 11人の一組,（クリケット・サッカーの）イレブン
claim 主張する, 言い張る
fine （技能の）優れた, 優秀な ☼

out of ～から ☼

a hearty welcome 温かい歓迎
venture (to) 思い切って～する, 敢えて～する ☼
predict 予測する, 予想する ☼
cup （競技の）優勝杯
unusually 異常に, めったにないほど
What does it mean ☼
occur （事が）（自然にまたは偶然に）起こる, 発生する ☼
business 干渉する権利, 関わるべき事項 ☼

perhaps たぶん, 恐らく
explain 説明する

as a matter of fact 実を言うと, 実は, 実際 →p.73
entirely すっかり ☼

draw someone's attention to ～ （人）の注意を～に向けさせる[引きつける], 注目させる
attention 注意, 注目
the fact
in such a manner that （that以下）といった態度であったので
insolent 横柄な, 無礼な
manner 態度
inadvisable 勧められない, 愚かな
go back on （決心を）翻す, 撤回する
observe 気づく ☼
effect 影響
I do indeed ☼
indeed 本当に
regrettable 遺憾な, 嘆かわしい

屋内 – 食堂 – 昼 – ウェザビー校長先生が静かにしている生徒たちに話しかける。

ウェザビー ： 私たちが出ていく前に、今日の午後セドベリー校と対戦する我がクリケットチームの 11 人に幸運を祈ろう。今年、セドベリー校は素晴らしい学校からこれまでにないほどの良いチームを送り込んでくると言っている。

： そうなら、こちらは寛大な心で歓迎しよう。そしてお茶を振る舞ってあげるが、優勝カップは渡さないと思い切って予測する。

： 生徒たちは妙に静かだ。どういうことであろうか？　何かが起こったようだ。何かな？

教師 ： えっと、校長先生、それは私には本当に関係ないことですから、しかし…

チッピング ： たぶんですが、私が説明します。

ウェザビー ： 君がか？　チッピング先生？

チッピング ： はい、校長先生。今日の午後はずっと勉強させる予定です。

シェーン ： それは主力選手のメイナードもということですか…

ウェザビー ： シェーン先生、お静かに。

チッピング ： 実は、私はすっかりクリケットの試合のことを忘れていました。

ウェザビー ： 忘れていただと？

チッピング ： はい。生徒たちによってその事実に気づかされましたが、その時の態度が、自分の決断を覆すのは賢明ではないと思うほど無礼だったのです。

ウェザビー ： 君は学校全体に対する影響に気づいているかい？

チッピング ： 確かに、先生。本当に後悔しています。

■ cricket
イギリス国技と言われ、11人ずつの二組で行われる戸外の球技のことである。二人の打手が各々の打手線に出て、一方の打手が投手の投げるボールが三柱門に当たらないように打ち返す。つまり、投手は三柱門を攻撃し、打手はそれを防御しながら得点を重ねる。ここでは、学校対抗戦が行われる場面である。

■ fine
ex. She is a fine musician.（彼女は優秀な音楽家です）

■ out of
ex. I came out of the car.（私は車から出てきた）

■ venture (to)
ex. I ventured an opinion.（私は思い切って意見を述べた）, May I venture to make a suggestion?（敢えて提案してもいいですか）

■ predict
ex. I predict that clearly.（私はそれをはっきりと予測する）

■ What does it mean?
この場面では「何を意味しているか？」という意味ではなく、ウェザビー校長先生が不可思議に思い、「一体どういうことのか？」と疑問を表現する場面である。

■ occur
occur と take place は交換可能であるが、前者は計画されていない出来事に、後者は計画された出来事に用いられることが多い。会話では普通happenを用いる。
ex. This must not occur again.（こんなことは二度とあってはならない）

■ business
ex. That's none of your business.（余計なお世話だ）

■ entirely
= completely; totally

■ the fact
ここでは、午後に試合があること、またチッピングがそれを忘れていたことを指している。

■ observe
名詞形observationの意味が「観察」であることからもわかるように、notice（気づく）よりも「観察の結果、気づく」という意味合い。

■ I do indeed
「全く、正に、実に」を表す indeed の前に肯定強調を表す do を置くことで、「本当に、ぜひ、心から」の意味合いを込めている。

EXT./ INT. CRICKET PITCH / CLASSROOM - DAY - The team from Brookfield plays against Sedbury in front of cheering spectators. Inside, the boys cannot concentrate on their work. They rush to the window.

COLLEY : Go on! Run it out! Run! Run!

MAYNARD : No, no, get back, you ass! Get back!

COLLEY : Get back! Get back!

UMPIRE : Out!

The crowd sighs.

COLLEY : We've lost. Bad luck, Maynard.

CHIPPING : Colley.

COLLEY : Oh, all right, sir. Sedbury's beaten us. We've lost the cup. It's not just us, it's the whole school. We know you don't care how the fellows feel. Perhaps you don't want to be liked! Perhaps you don't mind being hated!

CHIPPING : Boys, I should like to say that my judgment, in the first place, was hasty and ill-advised. And no one regrets more than Dr. Wetherby that my authority had to be upheld. If I've lost your friendship, there's little left that I value.

: You may go.

pitch 球技場 ↩

play against ～と対戦する
in front of ～の前に〔で〕
→p.105
cheer 声援する, 大声で励ます
↩
spectator （スポーツなどの）見
物人, 観客 ↩
concentrate on ～に集中する
rush to ～に突進する ↩
go on 進む, 続ける →p.177
get back 戻る

crowd 群衆 →p.175
sigh ため息をつく ↩

Sedbury's ↩
beat 叩きのめす

whole 全体の, すべての →p.65

hate ひどく嫌う ↩

should like to ↩

in the first place 第一に, そ
もそも
hasty 軽率な, 早まった
ill-advised （人の行為などが）
愚かな, 無分別な, 浅はかな ↩
no one regrets more than
Dr. Wetherby ↩
regret 後悔する
more than ～以上
uphold ～を支持する, ～を期
待する ↩
friendship 友情 ↩
value 尊重する, 評価する ↩

屋外／屋内 – クリケット球技場／教室 – 昼 – ブルックフィールド
のチームが、声援を送る観客の前で、セドベリーと対戦している。
校舎の中では、生徒たちは、自分の勉強に集中できない。彼らは
慌てて窓のところに駆け寄る。

コリー	：進め！　走るんだ！　走れ！　走れ！
メイナード	：そうじゃない。そうじゃない。戻れ。バカ！　戻れ！
コリー	：戻れ！　戻れ！
審判	：アウト！

観客がため息をつく。

コリー	：負けた。運が悪かった、メイナード。
チッピング	：コリー。
コリー	：ああ、その通り、先生。セドベリーが僕たちを負かしたんだ。優勝カップを失ったんだ。僕たちのことだけではなく、学校全体のことなんだ。先生は、仲間がどう感じているかも気にしないってわかっているんだ。たぶん、先生は好かれようともしないんだ！　憎まれても構わないんだ！
チッピング	：みんな。まず第一に今日の私の判断は軽率で浅はかだったと言いたい。そして、私の権限を是認せざるを得なかったウェザビー校長先生が、誰よりも一番後悔している。もし君たちの友情を失ってしまったら、私が価値あると思うことはほとんど残らない。
	：行ってもよろしい。

■ **pitch**
この場面では、クリケットの競技場のことだが、「投球」という意味もある。

■ **cheer**
ex. They all cheered the new champion.（彼らはみんな新しいチャンピオンを声援した）

■ **spectator**
ex. Fifty thousand spectators came to the game.（5万人の観客がその試合を見に来た）

■ **concentrate on**
ex. She concentrated on being a good teacher.（彼女は良き教師になろうと打ち込んだ）

■ **rush to**
ex. I rushed to the scene.（私は現場に駆けつけた）

■ **sigh**
ex. She sighed with relief.（彼女はほっとしてため息をついた）

■ **Sedbury's**
= Sedbury has

■ **hate**
憎しみに近い、かなり強い嫌悪感を込めた「嫌う」。「好きじゃない」程度の「嫌う」にはdislikeを使う。

■ **should like to**
= would like to

■ **ill-advised**
反意語はwell-advisedで、「思慮がある、慎重な」を意味する。
ex. You would be ill-advised to do that.（そんなことをするのは軽率だよ）
→p.149 ill-mannered参照。

■ **no one regrets more than Dr. Wetherby**
直訳すると「ウェザビー校長よりも後悔している者は誰もいない」つまり、校長が一番後悔しているという意味になる。

■ **uphold**
ex. We uphold the court's decision.（私たちは裁判所の判決を支持する）

■ **friendship**
ex. The friendship between John and me lasted many years.（ジョンと私の友情は長年続いた）

■ **value**
ex. I always value your suggestions.（私はいつも君の助言を尊重している）

教師の成長

　このシーンでチップス先生は、新任教師として担当することになった低学年の生徒たちたちから、いろいろないたずらを仕掛けられ大騒ぎとなる。騒ぎを聞きつけた校長先生が、教室にかけつけ混乱は収まるが、チップス先生は校長先生から呼び出され「子どもの前に立つ勇気はあるのか。教師には威厳がなくてはならない」と諭される。この一件以降、真面目なチップス先生は毅然とした態度で厳しく生徒を指導するようになる。そして、クリケットの試合の時間に、先日のいたずらの罰として補習を入れてしまう。しかし、生徒たちにとって、クリケットの試合は学校全体のアイデンティティーとも言えるとても大切なものであった。落胆する生徒たちの姿を目にしたチップス先生は、自分の指導が間違いであったことを認め、生徒たちに謝罪する。チップス先生は、生徒思いのとても真面目な教師である。しかし、生徒や同僚にも笑顔を見せることはほとんどなく、ユーモアにかける印象である。学校生活の中で、生徒たちと心を開いて交流する姿もほとんど見られない。

　しかしその後、一人の女性との出逢いによって、チップス先生の教師としての新しいフェーズが始まる。まず、自分のプライベートな側面、つまり教師としての顔以外の面も子どもたちに見せ始める。子どもたちも、チップス先生の意外な側面に触れ、次第に心を開いていく。「生徒との信頼関係を支えるものはなにか」また「教師の成長を促すものはなにか」あらためて考えさせられる。物語の中盤を過ぎると、明るい表情でウィットのきいたユーモアを織り交ぜ、子どもたちと交流するチップス先生の姿が見られる。これまでのチップス先生のイメージからは、想像できないほどの変化である。

学校生活の規則については、葛藤しながらも、威厳と優しさの二つを併せ持った教師となっていく。

　教育心理学者の佐伯胖は、子どもを「一人の人間として」見ることをせず「教える対象として」しか子どもを見ない教師を、「教え主義」と呼ぶ。教え主義の教師は、子どもたちに対しても、自分に対しても、「どうすべきか」「どうあらねばならないか」という「ねば・べき」思考で対応し、「何が何でも規律を守らせる」ことにやっきになってしまうという。そんな教え主義からの脱却には、教師は「教えることの専門家」であるという考えをいったん捨て、子どもをまず「一人の人間として」見ることから始めなければならないという。

　チップス先生も、新任当初は「教え主義」の教師であった。しかし、キャサリンとの日々を通して、一人ひとりの子どもたちに思いを寄せ、一人の人間として向き合う姿が見られるようになっていく。その変化とともに、子どもたちから親しまれ、信頼されるようになる。真面目一辺倒だったチッピング先生が、チップス先生と愛称で呼ばれるようになり、子どもたちへのあたたかな愛情を持った教師として成長を遂げていく。第一次世界大戦を挟んで起こるさまざまな歴史的な出来事とともに、見る人に深い余韻を残してくれる映画である。

木戸　啓絵（岐阜聖徳学園大学短期大学部専任講師）

佐伯胖（2019）「専門家としての教師」佐久間亜紀・佐伯胖編著『現代の教師論』ミネルヴァ書房 pp.164-180

Hope and Disappointment

EXT. SCHOOL GROUNDS - VARIOUS TIMES - *Boys file past a school master checking the roll.*

LATTON : Latton.
LEMARE : Lemare.
LIGBOTTOM: Ligbottom.
MILLER : Miller.
MITCHELL : Mitchell.
WAGSTAFF: Wagstaff.
WALLINGTON: Wallington.
WALTERS 1: Walters primus.
WALTERS 2: Walters secundus.

INT. SCHOOL CHAPEL - DAY - A plaque under a bust of Wetherby reads: JOHN HAMILTON WETHERBY D.D. BORN 1820 DIED 1888 HEADMASTER OF BROOKFIELD SCHOOL 1860-1888

HEADMASTER: Almighty Father, thou who has watched over us and protected us here at work grant that the holidays ahead may be to us a source of rest and refreshment. And that we may employ the happy time of leisure with grace and wisdom to the greater glory of thy son, our Lord.

---

hope 〔名詞〕希望 ↻
disappointment 失望 ↻
various 様々な
file 列を作って進む
past ～のそばを(通り)過ぎて,
～を過ぎ去って
check the roll 点呼する ↻
the roll 出席簿

chapel 教会,礼拝堂,〔英〕(礼
拝堂での)礼拝(式)
bust 胸像
D.D. 神学博士 ↻
die 死ぬ,消える,廃れる ↻

Almighty Father 全能なる父
↻
almighty 全能の ↻
thou 〔古語〕なんじ
grant 授与する,与える,許可す
る ↻
may ～でありますように
rest 休息
refreshment 休養,元気回復
↻
leisure 余暇
grace 慈悲,(神の)恵み,恩恵,
礼儀,上品
wisdom 英知 ↻
thy 〔古語〕そなたの
Lord (しばしば神への呼びかけ
で)主,神

希望と失望

屋外－校庭－様々な時間－生徒たちは出席簿をチェックしている
先生のそばを一列に通り過ぎる。

ラットン	：ラットン。
ルメール	：ルメール。
リグボトム	：リグボトム。
ミラー	：ミラー。
ミッチェル	：ミッチェル。
ウェグスタッフ	：ウェグスタッフ。
ウォリントン	：ウォリントン。
ウォルターズ1	：ウォルターズ1。
ウォルターズ2	：ウォルターズ2。

屋内－学校の礼拝堂－昼－ウェザビー校長先生の胸像の銘板には、
「ジョン・ハミルトン・ウェザビー神学博士　1820-1888年。ブルック
フィールド校長在任　1860-1888年」と書いてある。

校長	：全能なる父。日々ここで我々を見守り、守って くださっている神様。今から始まろうとする休 暇が、我々にとって休息と休養の源となります ように。神の恩恵と英知により、我々は休暇の 楽しい時を持てますように。父と子のより大き な栄光があらんことを。

■ hope
ex. Her words gave me hope.（彼女の
ことばは私に希望を与えた）

■ disappointment
ex. Her face showed disappointment.
（彼女の顔に失望の色が浮かんだ）

■ check the roll
cf. call the roll（点呼する）

■ bust
ex. He made a bust of Beethoven.
（彼はベートーベンの胸像を作った）

■ D.D.
Doctor of Divinityの省略語。

■ die
dieは、「死ぬ」という意味の他にも、制度
や名声、思い出や感情などが消滅して存
在しなくなる、廃れることを表す場合に
も使われる。→p.152 I've seen the old
traditions dying one by one.参照。
ex. The memory will never die.（思い
出は決して消えることはない）

■ Almighty Father
「全能なる父」、つまり「神」を意味する。

■ almighty
= omnipotent

■ grant
= bestow; give
請求や要求に応じて、人に正式に物を授
けること。
ex. They granted scholarship to five
students.（5人の学生に奨学金を与えた）

■ refreshment
ex. A hot bath is a great refreshment
after a day's work.（1日の仕事を済ま
せてからの入浴は本当に気分がさっぱり
する）

■ grace
ここでのように「神の恵み」という意味の
他にも、姿や態度、動作などの品の良さ
を表す（→p.152参照）。またその場合の
類語はelegance（優雅、上品、気品）、
delicacy（繊細さ、優美さ）などである。

■ wisdom
ex. He had the wisdom to refuse the
offer.（彼は賢明にもその申し出を断った）

ALL	: Amen.	
CHIPPING	: Amen.	Amen アーメン ↻

EXT. SCHOOL GROUNDS - EVENING - Students rush out of the building.

rush out of ～からどっと出てくる, 急いで出ていく

BOY : Sorry, sir.

BOY : And where are you going to spend the holidays, sir?

be going to ～するつもり, 予定である

CHIPPING : Have a good holiday, Matthews.

MATTHEWS: Thanks awfully, sir.

Thanks awfully どうもありがとうございます

CHIPPING : Where are you going?

MATTHEWS: Folkestone, sir.

Folkstone フォークストーン ↻

CHIPPING : Oh.

MATTHEWS: Hey, Johnson, wait for me.

HARGREAVES: Mr. Chipping. You remember me? Hargreaves.

CHIPPING : Of course, I remember you, but you, you've grown, you know.

you know だろう, ね, でしょ ↻

HARGREAVES: Do you remember the first day we met in the train?

CHIPPING : Oh, I remember, yes.

HARGREAVES: You told me to cheer up, and I nearly drowned you in tears.

nearly ほとんど, もう少しで ↻

drown someone in tears 涙で(人を)びしょぬれにする
drown (人を)おぼれさせる

CHIPPING : Yes. It was my first term as well. I believe if you hadn't started first, I should have done the crying myself.

as well ～もまた ↻
if you hadn't started first, I should have done the crying myself ↻

HARGREAVES: I heard that you were leaving here a few years ago.

CHIPPING : Hmm? Yes, I, I was going to leave. I was going to be a classics master at Harrow, but it just didn't happen though.

classic 古典の
though もっとも～だが ↻

全員	：アーメン。
チッピング	：アーメン。

屋外－校庭－晩－生徒たちが建物からどっと出てくる。

少年	：すみません、先生。
少年	：それで先生は休暇をどちらで過ごされるのですか？
チッピング	：楽しい休暇を。マシューズ。
マシューズ	：どうもありがとうございます、先生。
チッピング	：君はどこへ行くのかね？
マシューズ	：フォークストーンです、先生。
チッピング	：そうか。
マシューズ	：ちょっとジョンソン、待ってよ。
ハーグリーブス	：チッピング先生、私を覚えてらっしゃいますか。ハーグリーブスです。
チッピング	：もちろん君のことは覚えているよ。しかし君は、なんというか、成長したなあ。
ハーグリーブス	：汽車で初めてお会いした日のことをご記憶ですか。
チッピング	：ああ、もちろん覚えているよ。
ハーグリーブス	：先生は私に元気を出すようおっしゃって、私は思わず泣き出してしまいました。
チッピング	：そう、私もここに着任した最初の学期だったんだよ。もし君が先に泣き出さなかったら、私のほうが泣いていただろう。
ハーグリーブス	：数年前に先生はどちらかの学校に移られるとお聞きしましたが。
チッピング	：うん？　うん、私はここを離れるつもりだったんだ。ハロー校で古典の教師になるつもりだったんだが、そうはならなかったんだ。

■ **Amen**
キリスト教において、祈りの最後に言う言葉で、ヘブライ語で「その通り、そうでありますように」の意味。つまり、祈りや賛美歌の言葉に同意を表す間投詞である。俗語表現としてCan I get an amen?（その通りだと言ってくれる？＝賛成してくれる？）、Amen to that.（その通り）などと使うこともある。英語圏では「エイメン」と発音されることも多い。

■ **Folkstone**
イギリス・イングランド南東端部、ドーバー海峡に面する港湾都市。高級海浜保養地として発展した。また、1994年に開通した英仏海峡トンネル（ユーロトンネル）のイギリス側の入り口で、ドーバー海峡をフランスの都市・カレー（p.99参照）とを結ぶ。

■ **you know**
たいして重要な意味はなく、くだけた会話の文頭、文中、文末などに置き、相手の注意をひいたり、表現をやわらげたり、間をつなぐのに用いる。口癖になりやすいが、多用しすぎると、表現力がない人、知性に欠ける人という印象を抱かれる可能性がある。とある美人コンテストでは、こういったつなぎ言葉を多用しないことを出場者の知性を測る基準の一つにしているとか。

■ **nearly**
後に動詞を伴い、「もう少しで～するところだ」という場合に用いられる。

■ **as well**
文末に置いて用いられ、「同じように」の意味。

■ **if you hadn't started first, I should have done the crying myself.**
仮定法過去完了は、if ＋ 主語 ＋ had (not) ＋ 過去分詞～、主語 ＋ (would/ should/ could/ might) ＋ have ＋ 過去分詞の型が用いられ、過去において事実と異なることを表現する。事実は、As you started first, I didn't do the crying myself.（君が先に泣いたので私は泣かなかった）ということになる。

ex. If I had had enough money, I could have bought the house.（もし私に十分なお金があったならば、その家を買えたのだが）(= As I didn't have enough money, I couldn't buy the house.) ＊「お金が十分になかったので、家を買えなかった」というのが事実である。

■ **though**
口語で、文頭ではなく文中や文末に置いて用いられる。

CHIPPING : Perhaps I shouldn't mention it, but I rather expect to be housemaster next term. Woodward is leaving.

HARGREAVES: Oh, that's splendid. Congratulations.

CHIPPING : Thank you very much.

HARGREAVES: Well, I suppose I'm keeping you from your packing.

CHIPPING : Well...

HARGREAVES: Goodbye, Mr. Chipping.

CHIPPING : Goodbye, Hargreaves. Glad to have seen you.

housemaster 舎監(しゃかん) ↻

splendid [口語]素晴らしい ↻

keep someone from someone's ~ing （人）が～するのを妨げる

glad 嬉しい ↻

---

10 *INT. TEACHER'S LOUNGE - EVENING - STAEFEL offers the other teachers some cake.*

STAEFEL : Well, here we are. Now, who will have a piece? Raven.

RAVEN : Thanks, Staefel.

STAEFEL : Ogilvie?

TEACHER 1: Hello? Cake. Where'd you get that, schnitzel?

STAEFEL : It was a present from my German class.

RAVEN : Good.

STAEFEL : I can't understand these English boys. The whole term, they behaved to me like 50 devils. Then today, they make me a speech, they give me a cake, and I, I burst out of tears.

OGILVIE : Into tears, Staefel. In English the...

RAVEN : Shut up, Ogilvie. The term's over.

STAEFEL : Ah, Chipping, cake?

CHIPPING : Ooh. That's very nice of you. Thank you.

here we are ↻

schnitzel シュニッツェル ↻

present 贈り物, プレゼント

whole 全体の, すべての ↻

make a speech スピーチをする ↻

burst into tears 急に泣き出す ↻

be over 終わって, 済んで → p.137 Is it over?, p.177

That's very nice of you ↻

チッピング ： おそらくまだ話すべきではないかもしれないが、次の学期に舎監になるかもしれないんだよ。ウッドワードが辞めるんだ。

ハーグリーブス ： なんと、それはすばらしいですね。おめでとうございます。

チッピング ： どうもありがとう。

ハーグリーブス ： ええと、先生の荷造りのお邪魔をしているようですね。

チッピング ： ええと…

ハーグリーブス ： 失礼します、チッピング先生。

チッピング ： 元気で、ハーグリーブス。会えて嬉しかったよ。

屋内－教員ラウンジ－晩－シュテーフェルが同僚たちにケーキをふるまっている。

シュテーフェル ： よし、さあこれで。さて、誰か一切れどうだ。レイヴン。

レイヴン ： ありがとう、シュテーフェル。

シュテーフェル ： オーグルヴィは？

教師1 ： おや、ケーキですか。どこで手に入れた？シュニッツェル？

シュテーフェル ： ドイツ語のクラスからの贈り物なんだ。

レイヴン ： そりゃいいね。

シュテーフェル ： このイギリス人少年たちのことがわからんよ。学期中、彼らはまるで50人の悪魔のようにふるまったんだ。そして今日、私にあらたまって挨拶し、ケーキをくれて、私は思わず泣き放ってしまったよ。

オーグルヴィ ： 泣き出してしまった、だね、シュテーフェル。英語ではね。

レイヴン ： うるさい、オーグルヴィ。学期は終わったんだ。

シュテーフェル ： ええ、チッピング、ケーキはいかがですか。

チッピング ： おお、喜んでいただくよ。ありがとう。

■ **housemaster**
全寮制の寄宿舎などで、寄宿している学生・生徒の生活指導や監督をする人

■ **splendid**
= magnificent; very impressive
→p.107 splendidly参照。

■ **glad**
Glad to have seen you.はI am glad to have seen you.の略である。ここは完了不定詞 (to have seen) が使われており、「会えたことが嬉しかった」と言っている。完了不定詞は別れる時に使う。I am glad to see you.の場合は原形不定詞 (to see) が使われ、「お目にかかれて嬉しい」という意味であり、会った時に使う。このように原形不定詞と完了不定詞では意味の違いが生ずる。また、完了不定詞は He seems to have caught a cold.（風邪をひいたようだ）の場合のように、主節の動詞の時制よりも前に起こったことを表現するために使われる。

■ **here we are.**
we are here. の倒置。目的地に着いた時に「着いた！」というように使うが、ここでは「ケーキをやっと食べられる。さあどうぞ」といった意味で使われている。つまり、ここでシュテーフェルは「提供できる段階までたどり着いた」という意図、あるいはhere you areに近い「どうぞ」の意で使っていると思われる。

■ **schnitzel**
schnitzelはドイツ、オーストリアのカツレツのような肉料理だが、ここではオーストリア人のシュテーフェルのニックネームである。ここでは彼に呼びかけて使われている。

■ **whole**
ex. Did you read the whole book? (あなたはその本をすべて読みましたか?)。The whole class applauded. (クラスの全員が拍手した)

■ **make a speech**
= give a speech; deliver a speech

■ **burst into tears**
burst out cryingとも言う。→p.127 burst out laughing参照。

■ **That's very nice of you.**
it's〔That's〕＋形容詞＋of＋人で「そういうことをして（くれて）、(人)は〜(形容詞)だ」という意味で使う。親切をしてもらったときにお礼の気持ちを込めて言う。It's (very) kind of you.というのが典型的な使い方だが、bad, rudeなどネガティブな意味合いの形容詞を入れて相手の行動を否定・非難する際にも使う。

HILDERSLEY: Mind if I borrow this for the train?

RAVEN : Go ahead.

HILDERSLEY: "H.G. Wells." Never heard of him.

RAVEN : It's his first. He'll never come to anything. He's too fantastic.

STAEFEL : Where do you go now for your holidays?

CHIPPING : Thank you.

HILDERSLEY: Harrogate. He always does.

STAEFEL : Hello, Jenks. Cut yourself a piece of cake.

JENKS : You will have your little jokes, sir. Headmaster's compliments, sir. And he'd like to see you in his study, immediate.

RAVEN : I say, I'll bet that's about taking over Woodward's house. Congratulations, Chipping.

CHIPPING : Thank you very much.

TEACHER 1: You certainly deserve it, Chipping, after all this time.

CHIPPING : Quite a surprise, if it's true. Though, mind you, I had rather hoped. But, oh, I better get along.

RAVEN : Well, good luck.

TEACHER : Good luck, Chipping.

TEACHER : Good luck, Chipping old boy.

STAEFEL : See, Chipping. I knock on wood for you.

CHIPPING : Thanks. Thanks.

INT. HEADMASTER'S OFFICE - EVENING - Chipping enters the office to meet with the HEADMASTER.

HEADMASTER: I expect you've guessed why I wanted to see you, Mr. Chipping.

Mind if... ⏎

Go ahead　どうぞ ⏎

H.G. Wells ⏎

never come to anything　無駄に終わる, 全く成果がない
fantastic　空想的な, 夢のような, 現実離れした

Harrogate　ハロゲート ⏎

compliment　賛辞, 称賛

immediate　差し迫った, 緊急の ⏎

I (will) bet 〜　〜だということを主張する, きっと〜だ
bet　賭ける, (賭けて)主張する ⏎
take over　(義務, 責任など)を引き継ぐ, 引き受ける →p.147

You (certainly) deserve it ⏎
deserve　〜に値する, ふさわしい

after all this time　やっと, ようやく, 長い時間を経て

old boy　老人, 中年の男性, (男子校の)卒業生, ねえ君, おい, なあ ⏎
I knock on wood for you　災難よけに木製品をたたく, 魔よけに木を触る ⏎

ヒルダースリー：汽車旅のために、この本をお借りしてもいいか
　　　　　　　な。

レイヴン　：どうぞ。

ヒルダースリー：H.G. ウェルズ。聞いたことがないな。

レイヴン　：彼のデビュー作なんだ。ものにならないな。空
　　　　　　　想的すぎるんだ。

シュテーフェル：今回休暇にはどこへ行くんだい？

チッピング　：ありがとう。

ヒルダースリー：ハロゲートだよ。彼はいつもそうなんだ。

シュテーフェル：やあ、ジェンクス。自分で一切れ切ってどうぞ。

ジェンクス　：冗談はさておき、先生。校長先生がお呼びです、
　　　　　　　先生。校長室ですぐにお会いになりたいそうで
　　　　　　　す。

レイヴン　：それはウッドワードの後任の件だな。おめでと
　　　　　　　う、チッピング。

チッピング　：どうもありがとう。

教師1　：当然ですよ、チッピング。今回やっと、ですね。

チッピング　：もしそうなら、大変な驚きだな。でも、いいか
　　　　　　　ね、私もそう願っていたんだが。しかしまあ、
　　　　　　　とにかく行ってくるよ。

レイヴン　：では、上手くいくように。

教師　：幸運を、チッピング。

教師　：幸運を、チッピング君。

シュテーフェル：ほら、チッピング。うまくいきますように。

チッピング　：ありがとう、ありがとう。

屋内－校長室－晩－チッピングが校長に会うため校長室に入る。

校長　：なぜ私が君に会いたかったかわかるだろうね、
　　　　　　　チッピング先生。

■ Mind if...?
mindは「かまう、気にする」の意味で、後に if + 文 が続き、「〜したら気にしますか、〜してもいいですか」と自分の行動の許可を求めたり、相手に依頼したりする表現。Do[Would] you mind if 〜? はより丁寧な言い方となる。

■ Go ahead.
相手の発言内容を肯定する返事として、命令形で用いられる。

■ H.G. Wells
ハーバード・ジョージ・ウェルズ（1866年-1946年）はイギリスの作家。代表作は『宇宙戦争』『透明人間』など。フランスのジュール・ヴェルヌとともに「S.F.の父」と呼ばれる。デビュー作と言っていることから、ここでレイヴンが読んでいるのは、1895年に発表された『タイム・マシン』であると思われる。これまでに二度映画化され、2002年の映画版ではウェルズのひ孫に当たるサイモン・ウェルズが監督を務めた。

■ Harrogate
イギリス・北ヨークシャー州にある自然に恵まれた町。天然温泉のある保養地として知られる。

■ immediate
= urgent; now; quick

■ bet
ex. I bet (you) that she'll come.（大丈夫、彼女はやってくるよ）
p.36のI'll bet you a tizzy the French win.（フランス軍の勝利に6ペンスを賭ける＝間違いなくフランス軍が勝つ）のように、何を賭けるかを付け足すことも可能。

■ You (certainly) deserve it.
良い意味、ほめ言葉で、「あなたはそれに値する」、「あなたにはその資格がある」、「頑張ったね」。悪い意味、皮肉で、「自業自得、このようなことになって当然だ」、または「君はそれ（罰）に相当する（悪い）ことをしたのだ」のように相手を誡める言葉としても使われる。

■ old boy
この文脈においては、男性の同僚に対する親しみを持った敬称として使われている。

■ I knock on wood for you.
knock on woodは「災難よけに木製品をたたく、魔よけに木を触る」習慣からきた表現である。→p.200参照。

CHIPPING : Well, I...

HEADMASTER : Sit down.

CHIPPING : Thank you.

HEADMASTER : Mr. Woodward's retirement leaves a housemastership vacant.

CHIPPING : Yes, sir.

HEADMASTER : You are the senior master. Normally the vacancy would go to you. That is why I feel that, in fairness to you, I should tell you personally why the governors and I have decided to appoint Mr. Wilkinson.

　　　　　　 : We, we felt that with your unusual gifts of getting work out of the boys that you would rather concentrate on teaching and leave the rather tiresome job of housemaster to someone with special gifts in that direction.

CHIPPING : I understand, sir.

HEADMASTER : Though I doubt if Mr. Wilkinson will ever turn out as many minor Latin poets as you have.

CHIPPING : I quite understand, sir.

HEADMASTER : Yes. I thought you would. Just off for the holidays, I suppose, Mr. Chipping?

CHIPPING : Yes, yes. To Harrogate.

HEADMASTER : Oh, you are? Well, well, have a pleasant time.

CHIPPING : Thank you.

HEADMASTER : Goodbye, Mr. Chipping.

CHIPPING : Goodbye, sir.

EXT. SCHOOL GROUNDS - EVENING - A group of BOYS chant as they walk past a somber-looking Chipping.

---

leave ［他動詞］〜を〜の状態
するのままにする ♺
vacant 空いている、使われて
いない ♺

senior master 先達, 古株
senior 年上の ♺

governor 理事 ♺

appoint 〜を指名する, 任命す
る
gift(s) 天賦の才, 才能, 贈り物
♺

tiresome 面倒な, やっかいな

I doubt if （後に文を伴って）〜
かどうか疑問に思う
turn out ［自動詞］〜になる ♺
minor 劣った, 二流の

off 去って ♺

chant 節をつけてチャントのよう
に歌う, 単調な調子で繰り返す
walk past 〜のそばを通り過ぎ
る
somber-looking 沈んだ面持
ちの

チッピング	:	その、私は…
校長	:	かけたまえ。
チッピング	:	ありがとうございます。
校長	:	ウッドワード先生が辞めて、舎監の席が空席だ。
チッピング	:	はい、校長。
校長	:	君は古株だ。順当にいけば、その空席は君の所へ行くことになるのだろうが。だから公正に言うならば、私は君に直接伝えるべきだと思ったんだ。なぜ理事会と私がウィルキンソン先生を指名することにしたかということを。
	:	生徒たちから努力を引き出す君のたぐいまれな才能をもって、我々は、君には教育に専念してもらいたいと考えたんだ。舎監などというやや面倒な仕事はその方面に長けた他の者に任せておけばいい。
チッピング	:	わかりました。
校長	:	ウィルキンソン先生は、君に比べたらずっと劣ったラテン語の使い手になるのではないかと私は思っているがね。
チッピング	:	承知しました、校長。
校長	:	そうか、わかってくれると思っていたよ。休暇はどこかへ行くんだろう、チッピング先生。
チッピング	:	ええ、ええ、ハロゲートへ。
校長	:	おお、そうかね。それはそれは、楽しい時間を。
チッピング	:	ありがとうございます。
校長	:	では、チッピング先生。
チッピング	:	失礼します、校長。

屋外－校庭－晩－生徒の一団が沈んだ面持ちのチッピングのそばを通り過ぎながら繰り返し歌っている。

■ leave
leave+目的語+形容詞で「(目的語)を(形容詞)の状態にしておく」という意味になる。
ex. Please don't leave me alone.(お願い、独り〔の状態のまま〕にしないで)、He always leaves that door open.(彼はいつもあのドアを開けっ放しにする)

■ vacant
トイレの「空き」という表示でよく見られる。反対に「使用中」はoccupied。

■ senior
⇄ junior
カタカナの「シニア」のように高齢者のみを指す「年長の」という意味だけなく、senior officer(高官)のように「上級の」役職を表す語としても使われる。ちなみに、アメリカの4年制の高校または大学では、freshman(1回生)、sophomore(2回生)、junior(3回生)、senior(4回生)と最上級生を表す語である。

■ governor
組織などの「長」を意味し、学校や病院、クラブなどの理事や役員、県や都市の長官、例えば the Governor of the Bank of Japan(日本銀行総裁)、Governor of the State of Massachusetts(マサチューセッツ州知事)、英連邦諸国の総裁などあらゆる規模の統治者を表す。governorsと複数形にすると、運営に携わる者たちの集まりである理事会のことを指す。

■ gift(s)
「才能」の意味は「神から贈られたもの」というのが原義。

■ turn out
ここでのように「～になる」という意味の他、p.152 turning out moneymaking, machine-made snobs に見られるように、他動詞「生産する」または「輩出する」(＝ produce)の意味で、人とものの両方に対して使うこともできる。
ex. This university has turned out some famous scientists.(この大学は有名な科学者たちを送り出してきた)

■ off
be off to ～ で「～に向かう／向かっている」という意味になり、see 人 off なら「～を見送る」という意味なる。

■ chant
チャント(チャンツ)は、単純な音程の繰り返しで構成される原始的なものから複雑な音楽構造を持つものまで様々で、古今東西に存在する。

BOYS : No more cane to make me squeak. No more German, no more French. No more standing on the bench. No more Latin, no more French. No more cane to make me squeak. No more German, no more French. No more standing on the bench. No more Latin, no more French.

No more German,... ↻
make me squeak ↻
squeak キーキー声で話す, ギャーギャー泣く

11 *INT. HOUSE - EVENING - A knock on the door.*

STAEFEL : May I come in?
CHIPPING : Oh, yes. Do. It's got dark, hasn't it?

It's = It has

STAEFEL : Chipping, I hear... Is it true that Wilkinson...?

CHIPPING : Yes, it's true.
STAEFEL : I'm sorry.

It's true (that) ～であるのは本当だ
sorry 気の毒で, 残念に思って, 遺憾で →p.89

CHIPPING : Thank you, Staefel. I won't say I'm not disappointed because I am. There it is.
STAEFEL : Forgive my bursting in.

burst in 急に(ドアを開けて)入ってくる

CHIPPING : Yes, of course.
STAEFEL : The fact is, I wanted to make a suggestion. I planned a walking tour to my own country, through Tyrol, to Salzkammergut, to Vienna. Do come with me.

The fact is (that) 実は～だ
walking tour 徒歩旅行
Tyrol チロル ↻
Salzkammergut ザルツカンマーグート ↻
Vienna ウィーン ↻
Do come with me ↻
I'm sure ↻

CHIPPING : Me, go abroad?
STAEFEL : But you'll like it, I'm sure. You like to climb, you say. The country is beautiful.
CHIPPING : Yes, Staefel, it's very good of you, but it's quite out of the question.

it is good of you 親切にありがとう ↻
out of the question 問題外で, 全く不可能で

STAEFEL : But why? Tell me that.
CHIPPING : Well, for one thing, I, I've booked my rooms at Harrogate.

book 部屋, 座席などを予約する

Goodbye, Mr. Chips

少年たち ：僕をキーキー泣かせる杖はもういらない。ドイツ語、フランス語、もういらない。椅子での起立、もういらない。ラテン語、フランス語、もういらない。僕をキーキー泣かせる杖はもういらない。ドイツ語、フランス語、もういらない。ラテン語、フランス語、もういらない。

屋内 – 家 – 晩 – ドアをノックする。

シュテーフェル：入っていいかな？

チッピング ：やあ、どうぞ。入って。外は暗くなったんだね。

シュテーフェル：チッピング、聞いたよ… 本当かい？ ウィルキンソンが…

チッピング ：うん、本当だよ。

シュテーフェル：それは残念だ。

チッピング ：ありがとう、シュテーフェル。がっかりしていないとは言わないが。そういうわけなんだよ。

シュテーフェル：急に入ってきてすまない。

チッピング ：かまわないよ、もちろん。

シュテーフェル：実は、話したいことがあったんだ。故郷を歩いて回る旅をしようと思っているだ。チロルからザルツカンマーグート、ウィーンを。ぜひ一緒に来てほしい。

チッピング ：私が、外国へ？

シュテーフェル：きっと気に入るよ。君は山登りが好きだし、国は美しいし。

チッピング ：うん、シュテーフェル。とてもありがたいんだが、ちょっと難しいんだ。

シュテーフェル：でもどうして？ 言ってくれたまえ。

チッピング ：うん、まず一つに、すでにハロゲートに自分の宿を取ってあるんだ。

■ No more German,...
このチャントではFrenchとbench、GermanとLatinに韻が踏まれ、生徒たちの浮かれた気持ちがリズミカルに表されている。

■ make me squeak
make ＋ 目的語 ＋ 動詞の原形で、「～に～させる」という強い使役表現となる。

■ Tyrol
ヨーロッパ中部、オーストリアとイタリアにまたがるアルプス山脈東部の地域の名前。1962年に発売が開始された「チロルチョコ」はTirolと表記されるが、これはドイツ語の綴りである。

■ Salzkammergut
オーストリア、ザルツブルク市の東方に位置する観光地の名前。2,000メートル級の山々と多くの湖が点在する景勝地として有名で、映画『サウンド・オブ・ミュージック』の舞台としても知られる。

■ Vienna
オーストリア東部にある首都。市中を北西から南東にかけてドナウ川が流れている。第一次世界大戦まではオーストリア＝ハンガリー帝国の首都として、19世紀後半までは形式上ドイツ民族全体の帝都であった。クラシック音楽が盛んで、音楽の都とも呼ばれる。英語の発音は[viénə]。

■ Do come with me.
do ＋ 動詞の原形で「ぜひ、どうか～してください」。文の内容が事実であることを強調するため、平叙文、命令文で動詞の前にdoを置いて用いる。

■ I'm sure
＝ I am sure
sure「確かな、自信がある」を使うことで、「きっと～である」と主観的判断に基づいた確信や自信があることを表す。
ex. I'm sure she'll come.（彼女はきっと来る）

■ it is good of you.
後ろにto不定詞をつけ、「～していただき、ありがたいです」という意味にも。
ex. It is good of you to come. ＝ You are very good to come.（来てくれてありがとう）、It is very good of you to say so.（そう言っていただき、とてもありがたいです）

71

STAEFEL : Harrogate! Harrogate. Must you always go to Harrogate?

CHIPPING : Well, I daresay, I am in need of a change, but...

STAEFEL : But you don't care for my company.

CHIPPING : Oh, no, no, Staefel. I should be very glad. As a matter of fact, I often feel quite lonely.

STAEFEL : There is no more to be said. It is settled.

CHIPPING : But, but, my dear Staefel...

STAEFEL : I'll arrange everything!

CHIPPING : Wait!

STAEFEL : We meet the train tonight. Pack yourself, Chipping! Pack yourself.

CHIPPING : Staefel, listen!

MAN : Bye, schnitzel. Have a good time.

STAEFEL : Thank you. I shall. And Chipping is coming with me too.

MAN : What, old Chipping going abroad?

STAEFEL : To Tyrol, he shall climb!

MAN : Well, don't break your necks!

Must you always go to Harrogate ↺

daresay おそらく ↺
in need of ～を必要として

care for （否定文や疑問文で）好きである
company 同伴
should ↺
as a matter of fact 実を言うと、実は、実際 ↺

It is settled よし決まりだ ↺
settle ～を決定する

arrange 手配する

pack yourself ↺

I shall ↺

he shall climb ↺

break your neck 危険なことをして身を滅ぼす、[口語]骨を折る、頑張る

シュテーフェル：ハロゲート！　ハロゲートって。いつもハロゲートに行かなきゃいけないのかい？

チッピング　：そうだね、おそらく私には気分転換が必要だと思うけど…

シュテーフェル：けど、僕が同伴するのが嫌なのかい？

チッピング　：いや、そうではないよ、シュテーフェル。とても嬉しいよ。実は一人旅は寂しくなることがよくある。

シュテーフェル：これ以上話すべきことはないね。よし決まりだ。

チッピング　：でも、でも、ねえ、シュテーフェル…

シュテーフェル：僕が全部手配しておくよ！

チッピング　：待って！

シュテーフェル：今夜列車で会おう。チッピング、荷物の用意をしておいてね！　荷物の用意を。

チッピング　：シュテーフェル、聞いてくれ！

男性　　　　：いってらっしゃい、シュニッツェル。良い旅を。

シュテーフェル：ありがとう。行ってきます。チッピングも僕と一緒だよ。

男性　　　　：何だって？　チッピング君が海外に？

シュテーフェル：チロルに。彼は山登りをするって！

男性　　　　：へえ、骨など折らないようにね！

■ **Must you always go to Harrogate?**
質問しているわけではなく、そんなにしょっちゅうハロゲートに行かなくてもいいのではないかと主張している。質問ではなく、主張などを表すこうした疑問文を修辞疑問文（rhetorical question）という。

■ **daresay**
I supposeという意味で用いるイギリスの口語表現。アメリカで使うと古めかしく聞こえる。dareではなく、sayの母音に第一強勢が置かれる。

■ **should**
話し手が自分の考えを控えめに表す時に主にイギリス英語で用いられる。be glad, be happy, like, sayなどの述語とともに用いられることが多い。

■ **as a matter of fact**
「実際は、実は」という意味で、新しい情報を付け加えて記述事項を具体的にまたは反論して用いる。
ex. As a matter of fact, I don't know the truth.（実を言うと、私は真実を知らない）

■ **It is settled.**
It's all settled.と同じ意味で使っている。

■ **pack yourself**
cf. pack up（荷造りをする）

■ **I shall**
= I will have a good time.
イギリス英語の shall は、アメリカ英語の will と同様に「〜するつもりだ」という話し手の弱い意思を表す用法がある。

■ **he shall climb**
話者の意思に関係なく、未来の出来事について「彼は山登りをするでしょう」と単純未来を表している。通常は1人称で用いる。

Linking（連結）

　linking（連結）とは、連続するAとBの2つ単語間でAの末尾子音とBの語頭の母音が結びつく現象である。CHIPPING のセリフ It was given to me, by someone else.（p.28）における someone の one の n の音が、else の母音とつながり、else がエルスではなく、「ネルス」のように聞こえる。これは linking n（連結の n）と呼ばれる現象である。Can I be of any assistance?.（CHIPPING, p.36）の can の n が、I の母音とつながり、「キャナイ」のように発音されるなど、この映画の随所に現れている。一般的には、linking n は、an apple の apple が「アップル」ではなく、「ナップル」のように発音されるなど、冠詞 an に後続する母音で始まる名詞の最初の母音が変化する例が代表的である。日本語の「パイナップル」の発音も pineapple の pine の n が次の apple の母音とつながる linking n の影響を受けた発音である。

　ところで、イギリス英語では、母音のあとの r を発音しないことが多い。例えば、Well, here we are at the beginning of another school year.（DALTON, p.20）の year の r は響かない。このように母音のあとの r を響かせない発音を non-rhotic と呼ぶ。これとは対照的にアメリカ英語では、year の r や door の r をはっきり響かせることが多いので、アメリカ英語の発音は rhotic であることが多い。母音のあとの r を響かせない non-rhotic の発音であるイギリス

英語でも、次に来る単語が母音で始まる場合には、母音のあとの r を発音する。例えば、in the year of our Lord 1492（JACKSON, p.18）では、year の r と of の母音がつながり、of が「ロブ」のように発音される。これを linking r（連結の r）と呼ぶ。linking r の典型的な例としては、here and there や brother and sister などの and が「ラン」のように r の音で始まる例がよく知られている。この映画では、Cheer up.（CHIPPING, p.38）や You told me to cheer up（HARGREAVES, p.62）の up は「ラップ」のように発音される。So you're a stinker, eh?（CHIPPING, p.22）の冠詞 a が「ら」に近い音で発音されるなど、このコラムより前の部分のセリフの範囲だけで、10 箇所以上の linking r が確認される。

　linking は前後の単語が結びついて、元々の単語の発音と異なる発音に変わる現象であるため、リスニングを難しくしている原因の 1 つである。個々の単語の発音を練習することが重要であることは当然であるが、こうした音変化に映画のセリフを使って慣れるようにすることは、リスニング力のアップにつながるだけではなく、自分の英語の発音が英語らしい発音になる近道である。

樗木　勇作（愛知淑徳大学教授）

Hero of the Mist

12 *EXT. AUSTRIAN MOUNTAINS - DAY - At a mountain inn Staefel looks through a telescope while conversing with a MAN.*

STAEFEL : Such a heavy mist. It is strange. So early in the year.

MAN : Does he know anything of climbing, the English gentleman?

STAEFEL : He hasn't climbed for years. Is it safe, do you think?

MAN : If he stops still he will be well enough. But if he's foolish enough to start climbing down, there are bad places.

Chipping warms himself up as the mist closes in.

CHIPPING : This is a nice business. I could be here all night.

Chipping is surprised to hear a woman calling out.

KATHERINE: Hello! Hello!

CHIPPING : Good heavens! A woman. Hello! Hello! Are you in danger? Well, upon my word.

inn 宿屋
look through レンズなどを通して見る
telescope 望遠鏡
while その間、～している間 ↺
converse 会話をする
Such a heavy mist ↺

still じっとして
well enough 元気で
foolish enough to 愚かにも～する ↺
climb down （手足を使って）下りる ↺

nice ひどい、困った
business 事柄、出来事
I could be here all night ↺

be surprised to ～ ～して驚く
call out 呼びかける

hello ↺

Good heavens （驚き・不信・いらだち）おやまあ、とんでもない ↺
in danger 危ない状態に陥っている
upon my word おや、まあ

霧の中の英雄

屋外－オーストリアの山脈－昼－山小屋でシュテーフェルが男と
話しながら、望遠鏡をのぞいている。

シュテーフェル：霧が濃いな。変だ。時期ハズレだ。

男性　　　：あのイギリス人は、登山は詳しいのですか？

シュテーフェル：ここ何年も登山をしていないよ。大丈夫だと思
　　　　　　　う？

男性　　　：そのお方がじっとされていたら、大丈夫でしょ
　　　　　　　う。でも、もし愚かにも下山を始めていたら、
　　　　　　　まずい場所があります。

チッピングは霧が迫ってきているため体を温めている。

チッピング　：これは困った。夜通しここにいることになるか
　　　　　　　も。

チッピングは女性が叫ぶのを聞いて驚く。

キャサリン　：おーい！　おーい！

チッピング　：おやまあ！　女性だ。おーい！　おーい！　危
　　　　　　　険な状態なのですか？　おや、まあ。

■ while

「〜が〜する間」という意味を表す接続詞。whileが結ぶ二つ節の主語が同じ場合は省略できる。ここではStaefel looks through a telescope while he is conversing with a man.の"he[= Staefel] is"が省略されている。

■ Such a heavy mist

It's such a heavy mist. の It's が省略されている。such + 形容詞（A）+ 名詞（N）で「とてもAなN」という意味を表す。霧が濃いという時には、thick mist のように thick を使うこともある。逆に薄い霧は、thin や fine を用いて、thin mist や fine mist と表す。

■ foolish enough to

形容詞（A）+ enough + to不定詞で、「Aなことに〜する」という意味を表す。
ex. She was fortunate enough to get a good education.（彼女は幸運にも良い教育を受けることができた）

■ climb down

下山のみではなく、climb down a ladder（はしごから降りる）、climb down from a tree（木から降りる）など手と足を使ってはい降りる動作の時に使う。

■ I could be here all night

couldは「ひょっとしたら〜のこともありえる」という現在の可能性を表す意味で使われている。here と all は here の母音の後の r が all の母音と結びついて、rollのような発音になっている。linking r（連結のr）という現象である。→p.74コラム参照。

■ hello

ここでのhelloは「こんにちは」というあいさつの用法ではなく、よびかけの用法である。

■ Good heavens

= Heavens above!; Heavens to Betsy!; By heavens!
「なんとまあ」、「あっ」など驚きや困惑を表す表現。goodよりもheavensのほうを強めて発音する。女性は前にmyをつけてMy good heavens! ということも多い。

Chipping heads off in search of the woman. Slipping on the rocks,
he grabs hold of a cross with a plaque which reads: In Memory of
One who lost his life here.

 Chipping calls out once again.

CHIPPING : Hello!

KATHERINE: Hello.

CHIPPING : I can't see you.

KATHERINE: Here I am. Hello there. I thought I heard a voice.

CHIPPING : Are you all right?

KATHERINE: Yes, quite. Thanks. The mist's a nuisance, isn't it?

CHIPPING : You're not in any danger?

KATHERINE: No. Do you mind?

CHIPPING : No, of course not, but…

KATHERINE: You shouldn't be moving about, you know. It's very foolish of you.

CHIPPING : Foolish? But I heard you call. I thought you were in some difficulty.

KATHERINE: Don't say you climbed up here to rescue me!

CHIPPING : Well, as a matter of fact, I did.

KATHERINE: Now, really, I should be very angry with you. Supposing you'd fallen.

CHIPPING : I must say I…

KATHERINE: I never heard of such utter stupidity! Where were you?

CHIPPING : On the Gamsteig.

KATHERINE: And you climbed up in that mist to rescue me when I'm probably a better climber than you are.

head off　向かう
in search of　～を探して
grab hold of　つかむ
cross　十字架
in memory of　～を偲んで
one　人

I can't see you ⑤

Here I am
Hello there　やあ ⑤

Yes, quite ⑤
nuisance　不愉快なもの, 迷惑, 厄介者

No ⑤
Do you mind ⑤

move about　あちこち動き回る

It's very foolish of you ⑤

I did ⑤

now　いいですか
should　きっと～だろう
Supposing　[接続詞]もし～ならば, ～と仮定して
you'd ＝ you had
utter　全くの

when ⑤

チッピングは女性を探しに向かう。岩壁で足を滑らせて、十字架にしがみつく。その十字架の銘板に「ここで命を落とした人を偲んで」と書いてある。

チッピングはもう一度叫ぶ。

チッピング ：おーい！

キャサリン ：おーい。

チッピング ：あなたが見えません。

キャサリン ：ここにいます。あら、声が聞こえたと思ったら、あなただったのですね。

チッピング ：大丈夫ですか？

キャサリン ：はい、全く問題ありません。ありがとう。霧がやっかいですね。

チッピング ：あなたは危険な状態ではないのですね。

キャサリン ：はい。それが気になりますか？

チッピング ：いや、もちろん全く気になりません。でも…

キャサリン ：あちこち動き回らないほうがいいですよ。愚かですよ。

チッピング ：愚かとは？　でもあなたが呼んでいるのを聞いたのです。あなたが何か困っていると思ったのです。

キャサリン ：私を救助するためにここまで登ってきたなんておっしゃらないで！

チッピング ：あの、実際のところ、そのとおりです。

キャサリン ：いいですか。あなたがもし滑り落ちていたと思うと、あなたにとても腹を立てているはずです。

チッピング ：言っておきますが…

キャサリン ：こんな大バカは聞いたことがありません！　あなたはどこにいたのですか？

チッピング ：ギャムスタイクです。

キャサリン ：それであなたはあの霧の中を私を救うために登ってきたのですか？　たぶん私の方があなたより登るのは上手なのに。

■ **I can't see you.**

can'tの発音が[kɑːnt]となっており、母音は、日本語の「あ」に近い。イギリス特有の発音である。アメリカ英語の場合は、[kænt]となり、母音は日本語の「あ」と「え」の中間音になる。助動詞を発音する際には通常弱く発音する（＝弱形を使う）が、否定の際には、助動詞にも強勢が置かれる。canを否定形で使う際には、can'tのn'tの部分はともかく、母音をしっかり長めに発音することが重要である。

■ **Here I am.**

hereの母音の後のrとIがつながって発音されている（連結のr）。→p.74コラム参照。

■ **Hello there.**

thereの母音の後のrが次の単語Iとつながって発音されている（連結のr）。→p.74コラム参照。

■ **Yes, quite.**

= Yes, I am quite all right.

■ **No.**

ここでのNoは否定疑問文に対しての答え方なので、「はい」（肯定の意味）となる。→p.105 Have you never been in love?参照

ex. You don't believe this, do you? No, I don't.（「あなたはこのことを信じていないのですね？」「はい、信じていません」）

■ **Do you mind?**

Do you mind if I am not in any danger?（私が危険な状態でなかったら、あなたは嫌ですか）という意味で尋ねている。

■ **It's very foolish of you.**

It's very ＋ 形容詞（A）＋ of youのパターンで「あなたはとてもAである」という意味を表す。Aの位置には、kind, good, generous（寛大な）、nice, wise, polite, considerate（思いやりがある）、thoughtful（思慮に富んだ）、stupid, silly, unwiseなど人の性格を表す形容詞がよく使われる。

■ **I did.**

= I climbed up here to rescue you.

■ **when**

thoughやalthoughの「～にもかかわらず」や「～であるのに」という譲歩の意味を表す接続詞。主節のあとに現れることが多い。

CHIPPING : Well, what were you screaming about?

KATHERINE: I wasn't screaming. I just let out a shout at random. I... So that was why. When I think that road might have been paved with your good intentions. Really, it was idiotic of you. And rather wonderful.

CHIPPING : Not at all.

KATHERINE: Well, anyway, I'm glad you came. It was going to be very lonely. Won't you sit down? This is quite comfortable, as rocks go.

CHIPPING : Thank you. My name is Chipping.

KATHERINE: Mine's Ellis. Katherine Ellis. Won't you have a sandwich? I've got loads here. This one is... ham.

CHIPPING : Thank you. I ate mine early. I am rather hungry.

KATHERINE: I'm sorry I wasn't in any danger.

CHIPPING : It was rather inconsiderate of you. What are you doing alone on the mountain? Isn't it rather unusual for a young lady?

KATHERINE: I'm not usually alone. I have a friend at the inn.

CHIPPING : Oh, so have I. We're on a walking tour.

KATHERINE: Really? We're bicycling.

CHIPPING : Bicycling? Through Austria?

KATHERINE: Mm-hm.

CHIPPING : Good heavens, I didn't know ladies rode those awful things.

KATHERINE: I'm afraid so.

CHIPPING : With one leg on each side of the saddle?

KATHERINE: Well, you don't imagine I ride sidesaddle, do you?

チッピング　：じゃあどうして叫んでいたのですか？

キャサリン　：私は叫んでいません。私はただデタラメに大声を出していただけです。私は… それでそういうわけであなたはここにきたのですか。あなたのその善意が地獄行きになっていたかもしれないのに。なんてことなの。あなたはなんてバカなのでしょう。でもとてもすばらしいわ。

チッピング　：どういたしまして。

キャサリン　：さて、それはさておき、あなたに来ていただいて嬉しいわ。とても寂しくなりそうだったの。お座りになってはいかが？　ここは快適ですよ、平均的な岩と比較して。

チッピング　：ありがとう。私の名前はチッピングです。

キャサリン　：私はエリスです。キャサリン・エリス。サンドイッチはいかが？　ここにたくさんあります。これは… ハムサンドイッチです。

チッピング　：ありがとう。私は自分の分を早めに食べたので、お腹がとても空いています。

キャサリン　：私が少しも危険な状態ではなくてごめんなさい。

チッピング　：あなたはやや軽率だったのでは。山でお一人で何をしているのですか？　若い女性がこんなところにいるなんて、少々珍しいんじゃないですか？

キャサリン　：いつもは一人ではないのです。宿に友達がいます。

チッピング　：ああ、私もです。私たちは徒歩旅行に来ています。

キャサリン　：本当ですか。私たちは自転車旅行に来ています。

チッピング　：自転車旅行？　オーストリアを？

キャサリン　：ええ。

チッピング　：ありゃまあ。女性があの恐ろしいものに乗るとは知らなかった。

キャサリン　：残念ながらそうです。

チッピング　：サドルに両足でまたがって？

キャサリン　：えーと、私が横乗りをするとは思わないでしょう？

■ When I think…intentions.
when は「〜であるのに」という譲歩を表す接続詞（p.79を参照）。The road to hell is paved with good intentions.（＝地獄への道は善意で舗装されている）という諺を元にした表現である。チッピングが善意で自分を救いにきてくれたのであるが、その善意が報われずに、失敗してしまう結果になったかもしれないと思い、キャサリンは、チッピングの行為を非難している。

■ comfortable
発音は [kʌ́mftəbl] で、強勢アクセントの位置に注意。カタカナ語として「コンフォータブル」が浸透しつつあるが、実際には、「カンファタブル」などが実際の発音に近い。口語表現としてcomfy（発音は [kʌ́mfi] と省略して使うこともある。

■ as rocks go
as ＋ 名詞の複数形（N）＋ goで、「平均的なNと比較して」、「Nとしては」という意味を表す。キャサリンはよくある岩と比較して、ここは座り心地がいいことをチッピングに伝えて、座るように促している。

■ Katherine
英語圏の女性名。ジャンヌ・ダルクが聞いたと証言した声の一人。キリスト教の聖人 Catherine of Alexandria（アレクサンドリアのカタリナ）から派生した名前である。アメリカで1950年代から65年間の子供の名前ランキングを調べたところ、この名前はKatherine, Catherine, Kathryn など綴りのバリエーションが多いため票が割れてしまったが、綴りが統一されていれば、国内で一番人気の女性名だったのではという調査結果もある。

■ loads
イギリス英語に多い用法で、「たくさんの〜」という意味で使われる。アメリカ英語であれば、a load of Aで「たくさんのA」という意味を表すが、イギリス英語では、loads of A で同じ意味を表す。a load of Aや loads of Aは、どちらもくだけた表現である。ここでは、loads of sandwiches の of sandwiches が省略されている。

■ so have I.
I have a friend at the inn.の意味で使われている。so ＋ 動詞 ＋ A で「Aもそうだ」という意味で用いる口語表現である。→p.161 so did...参照。

■ I'm afraid so.
残念ながらその通りです。I'mの部分を省略して、Afraid so.という表現もある。

81

CHIPPING : What happens to your dress?

KATHERINE: Oh, they breed female bicycles now, didn't you know?

CHIPPING : Ladies riding bicycles. I don't approve of all this rushing around on wheels. The other day a man passed me in a cloud of dust. He must have been doing 15 miles an hour! You know, humans were never intended to go that speed. I suppose you think I'm old-fashioned.

KATHERINE: I like men to be old-fashioned. Have another?

CHIPPING : You, you're sure? Thank you.

KATHERINE: We'll reserve these for emergencies. It's chilly, isn't it?

CHIPPING : Oh, I say, I should have thought of it. I'm so sorry. Here. Do have this. Now I'm rather too warm.

KATHERINE: I wouldn't think of it. Put it on at once.

CHIPPING : No. You must have it. Really. I insist. Please.

KATHERINE: Well, look here. Why don't we share it? It's big enough for both of us.

CHIPPING : Good heavens. No. Someone might see you.

KATHERINE: On this mountain? Well, what if they did?

CHIPPING : But I, I don't need it. Really, I don't.

KATHERINE: I insist. Look, like this. Take hold of it. There.

---

14 *Staefel speaks to Katherine's friend FLORA at the inn as search party members prepare to head up the mountain.*

breed 作り出す
bicycle 自転車 →p.85

I don't approve of all this rushing around on wheels ↻
approve of 賛成する, よいと認める
rush around 走り回る
on wheels 自転車に乗る
in a cloud of dust 砂ぼこりが立ち込める中
must have been →p.129
do 15 miles an hour 時速15マイルで走る
mile マイル ↻
you know ↻
humans were never intended to go…↻
go 動く, 移動する
old-fashioned 古い考えの, 古風な
Have another ↻
you're sure ↻
reserve とっておく
emergency 緊急事態
chilly 肌寒い
I should have thought of it ↻
I wouldn't think of it ↻
put it on 服を着る

I insist ↻
insist 主張する, 言い張る ↻

Look here いいかい, あのね

might ひょっとしたら〜かもしれない

what if 〜であったとしてもいいじゃないか ↻

take hold of 〜をつかむ

there そちら ↻

search party 捜索隊, 捜索の一行

チッピング　：服はどうなりますか？

キャサリン　：あら、今は女性用の自転車が作り出されているんですよ。ご存知なかったですか？

チッピング　：女性が自転車に乗る？　このごろ自転車であちこちに急いでいくのは全く賛成しません。先日ある男が、砂ぼこりが立ち込める中で私を追い越していきました。彼は、時速15マイルで自転車に乗っていたに違いありません！　人間はあんな速さで進むようにはできていないと思いますよ。あなたは私のことを古くさい人間だとお思いでしょうが。

キャサリン　：私は古い考え方の人が好きです。サンドイッチをもう一切れいかが？

チッピング　：いいんですか？　ありがとう。

キャサリン　：これらは非常用に保存しておきましょう。冷えますね。

チッピング　：ああ、そういえばそうでした。これは失礼。どうぞ。ぜひこれを。今私はちょっと暑すぎるんです。

キャサリン　：そんなことは思っていません。すぐに着てください。

チッピング　：いいです。あなたが着てください。本当に。是非そうさせてください。どうぞ。

キャサリン　：ええと。じゃあ、ご一緒にいかがですか？　私たち二人が着ても十分な大きさです。

チッピング　：やれやれ。だめですよ。誰かがあなたを見ているかもしれません。

キャサリン　：こんな山の上で？　だけど、もし誰かが見ていたとしてもいいじゃないですか？

チッピング　：でも、私は要らないです。本当に、要らないんです。

キャサリン　：そういわずに。ほら、こんな感じですよ。つかんでください。そちらを。

捜索隊が山に向かう用意をしているときに、シュテーフェルがキャサリンの友人であるフローラに宿で話しかける。

■ I don't approve of all this rushing around on wheels.
not approve of A 〜ingで、「Aが〜するのをよく思わない」という意味を表す。

■ mile
1 mile ＝ 1.609km。時速15マイルは、時速24キロメートルに相当する。

■ you know
「〜だよ」と自分の意見を強調している。

■ humans were never intended to go....
be ＋ intended ＋ to doで、「〜するために作られている」。主語を複数形のhumansとすることで、「人間は」と生物の種としての全体に言及している。

■ Have another?
＝ Would you like to have another sandwich?

■ you're sure?
＝ Are you sure?
「本当ですか」「本当にもう1つ食べていいのですか」という意味。平叙文の形でありながら、文末をあげる上昇調のイントネーションを用いて、疑問文と同じ働きを持たせている。

■ I should have thought of it.
should ＋ have ＋ 過去分詞で、後悔を表す表現。自分の考えが及ばなかったことを後悔している。

■ I wouldn't think of it.
I don't think of it.を控えめに丁寧に表している。キャサリンは、チッピングの上着を奪ってまで、自分だけ暖かくなることに遠慮を表している。

■ I insist.
押し問答をしたときなどに、自分の主張を通そうとして、「それは譲れません、できません」、また、「ぜひとも〜させてください」と相手への思いやりや好意を示すのに使われることも多い。
ex. If you insist.（どうしてもとおっしゃるなら）

■ insist
人が何かを強く要求または強調したり、どうしてもと言い張る際に用いられる。
ex. She insists on going to the movies.（彼女は映画に行くと言ってきかない）

■ what if
ifの後に仮定法過去が使われている。「そのようなことはありえないけど、もしあったとしても」というニュアンスが出ている。

■ there
上着の袖の反対側を指している。

STAEFEL : Don't worry. We'll find your friend as well as mine.

FLORA : If a search party is going, then I insist on be among them.

STAEFEL : But I…

FLORA : That's final.

That's final これで決まり ↵
final 最後の, 最終の, 決定的な, 確定的な

KATHERINE: A penny for your thoughts.

CHIPPING : Oh, as a matter of fact, I was thinking of you.

A penny for your thoughts
[口語]何を考えているの→p.107
a penny for...thoughts参照

KATHERINE: Kindly, I hope.

Kindly, I hope ↵

CHIPPING : I see very little of ladies at Brookfield. I was rather realizing what I'd missed.

I'd = I had

KATHERINE: If I may say so, Mr. Chipping, I think the ladies have missed a great deal too.

if I may say so そう言っては何ですが ↵
a great deal 多量に, たくさん, ずいぶんと

CHIPPING : It's very kind of you, but I'm really not a ladies' man.

I'm really not a ladies' man
→p.200

KATHERINE: Afraid of them?

CHIPPING : Terrified.

terrified [形容詞]恐れおののいている

KATHERINE: Not of me, I hope.

CHIPPING : No, not up here in the clouds. Perhaps the altitude's gone to my head, but if I'd met you at the inn…

altitude 標高, 高度 ↵
go to one's head （酒などが人を）酔わせる, ぼーっとさせる, （人）を興奮させる

KATHERINE: Because I'm a strong-minded female who rides a bicycle and wants the vote?

CHIPPING : Oh, no. No, on the contrary. Because…

KATHERINE: Because?

a strong-minded woman 男勝りの女, 気の強い女性
bicycle 自転車 ↵
the vote 選挙権 それとは逆に, それどころか, 反対に

CHIPPING : Well, because you're so very nice-looking, I think, and charming.

KATHERINE: So are you, Mr. Chipping, frankly.

So are you →p.161 so did...
参照
frankly 率直に（言って）, 正直に言うと

CHIPPING : Good heavens, no one has ever called me that! What extraordinary ideas come into one's head up here.

extraordinary 驚くべき, 途方もない, 普通ではない, 尋常ではない, 珍しい

シュテーフェル：	大丈夫、あなたのご友人も私たちの友人と一緒に必ず見つけます。
フローラ：	捜索に行くのでしたら、私もぜひご一緒します。
シュテーフェル：	だけど…
フローラ：	決まりね。
キャサリン：	何を考えているの？
チッピング：	実を言うと、あなたのことを考えてたんです。
キャサリン：	あら、良いことかしら。
チッピング：	ブルックフィールドではほとんど女性と話したことがないので。今まで貴重な機会を逃してきたんだなと思って。
キャサリン：	言わせていただくなら、チッピングさん、女性もとても貴重な機会を逃したと思うわ。
チッピング：	ご親切にありがとう。でも、女性は苦手です。
キャサリン：	怖いの？
チッピング：	とても。
キャサリン：	私のことは怖くないわよね。
チッピング：	大丈夫。こんな高い山の上だし。たぶん、高い山にいるせいで頭がどうかしたんだ。でも、もし宿で出会ってたら…
キャサリン：	自転車も乗るし選挙権も主張するような気の強い女だから？
チッピング：	いや、いや。いえ、その逆です。つまり…
キャサリン：	つまり？
チッピング：	つまり、君はとても美人だし、魅力的なので。
キャサリン：	あなたもそうよ、チッピングさん、本当よ。
チッピング：	なんとまあ、そんなこと初めて言われましたよ！こんな高い山の上にいるから、そんなこと言うんですね。

■ **That's final.**
フローラがチッピングとキャサリンの捜索に一緒に行きたいと言い、反論するシュテーフェルを遮り、「決まり」と告げている。
ex. I'm not coming and that's final.
（私は絶対に来ないわ）

■ **Kindly, I hope.**
= I hope you were kindly thinking of me.
ex. I hope you will kindly see to it.（よろしくご配慮願います）

■ **if I may say so**
ex. If I may say so, his speech was terrible.（そう言っては何ですが、彼の演説はひどかったです）

■ **altitude**
ここでは山の高いところにいることを意味している。

■ **bicycle**
bicycleという語は、1879年に商品名として使われたのが一般名詞になったという説がある。1813年にはドイツのドライス男爵がドライジーネと呼ばれる木製の足蹴り式の二輪車を発明した後、1839年にはイギリスのマック・ミランがペダル式を、1879年にはイギリスのローソンが前ギアと後ギアをチェーンで結ぶ駆動式を、1888年にはスコットランドのジョン・ボイド・ダンロップが空気入りのタイヤを実用化するなど次々と現代の自転車に近づき、1890年代に熱狂的に流行した。乗馬のように横乗りできないので、さまざまな自転車用スカートが考案された。ペダルを漕ぐバタバタとした足の動きを覆い隠しながらも合理的なプリーツ・スカートやディバイディッド・スカート（今日のキュロットスカート）などを多くの女性が着用した。自転車に乗って旅行するのは、時代の最先端の女性のすること、という思いが当時の男性一般にはあったと思われる。

■ **the vote**
イギリスでは1832年第一回選挙法改正で、それまで土地所有者に限られていた選挙権を資産をもつ戸主まで拡大したが、労働者と女性は含まれていなかった。女性はその後長い間選挙権獲得運動を展開し、1918年に戸主または戸主の妻である30歳以上の女性に選挙権（男性には21歳以上の普通選挙権）が与えられた。そして、1928年に男女（21歳以上）平等の普通選挙権が与えられた。→p.94 コラム参照。

KATHERINE: It's the altitude.

CHIPPING : Do you experience a sort of exhilaration?

KATHERINE: Definitely.

CHIPPING : As though we owned the mountain?

KATHERINE: To put it mildly.

CHIPPING : We're pretty superior persons.

KATHERINE: We're gods!

CHIPPING : Up here there's no time...no growing old ...nothing lost.

KATHERINE: We're young.

CHIPPING : We believe in ourselves.

KATHERINE: We have faith in the future.

CHIPPING : It must be the altitude. Do you suppose a person in middle-age could start life over again and make a go of it?

KATHERINE: I'm sure of it. Quite sure. It must be tremendously interesting to be a schoolmaster.

CHIPPING : I thought so once.

KATHERINE: To watch boys grow up and help them along. See their characters develop and, and what they become when they leave school and the world gets hold of them. I don't see how you could ever get old in a world that's always young.

CHIPPING : I never really thought of it that way. When you talk about it, you make it sound exciting and heroic.

KATHERINE: It is.

CHIPPING : And the schoolmaster? Is he exciting and heroic too?

experience 〔他動詞〕～を経験〔体験〕する
(a) sort of ～のようなもの，一種の～ →p.119
exhilaration 活気, 上機嫌, 刺激 ↺
definitely 確かに, そのとおり ↺
as though まるで～であるかのように ↺
own 〔他動詞〕～を所有する
to put it mildly 控え目に言えば〔言っても〕 ↺
persons ↺

believe in ～を信じる ↺

have faith in ～を信用する ↺

make a go of it 〔略式〕うまくいく, 成功する ↺
be sure of （人が）～を確信している, ～に自信がある ↺
tremendously 〔略式〕とても, 非常に（veryの強意語）, すさまじく, ものすごく

get hold of 手に入れる, 捕まえる, 理解する, 連絡をとる
see 理解する
a world （個人の見方や活動したりする場としての）世界

sound （～に）聞こえる, 見える, (～のように)思われる
heroic 英雄的な, 高潔な

キャサリン ：高い山の上にいるせいね。

チッピング ：何かワクワクしますね？

キャサリン ：ええ、もちろん。

チッピング ：私たちがこの山の主みたいだね。

キャサリン ：控えめに言ってもね。

チッピング ：私たちは偉大。

キャサリン ：神のように！

チッピング ：この山の上では、時間も感じない… 歳もとらない… 失うものもない。

キャサリン ：私たちは若いわ。

チッピング ：自分を信じよう。

キャサリン ：未来を信じる。

チッピング ：高い山の上にいるせいだ。人間は中年からでも人生をやり直して、うまくいくと思いますか？

キャサリン ：もちろんです。間違いありません。教師はとても素晴らしい職業に違いありませんわ。

チッピング ：そう思ったこともあったが…

キャサリン ：成長を見守り、生徒たちの力になれるわ。人間として成長するのを見て、社会に旅立ち、活躍する姿を見届ける。いつも若者に囲まれ、教師は歳を取らないわ。

チッピング ：そんなふうに考えたこともなかった。話を聞いてると、心がワクワクしてきて、素晴らしい仕事に思えてきたよ。

キャサリン ：そうよ。

チッピング ：教師ってのは、心がワクワクするような素晴らしい存在かな？

■ exhilaration

発音は [ɛgzɪləréiʃən]。

■ definitely

ex. "Are you going to the sumo tournament in January?" "Definitely! I won't miss it!"（「1月に相撲を見に行くつもりなの？」「もちろんだよ。それは絶対に見逃したくないんだ」）

■ as though

同じく「まるで〜のような」を表す表現にas ifがある。これら二つはどちらも「現実とは違うこと」を述べるので、仮定法過去を取るのが一般的である。またas if よりもas thoughの方が、話し手がその可能性があると考えているニュアンスがある。ex. She walks as if[though] she were a model.（彼女はまるでモデルみたいに歩く）※thoughを使った場合、「もしかしたら彼女は本当にモデルなのかも」と話し手が思っているニュアンスが含まれる。

■ to put it mildly

ex. The world is, to put it mildly, in trouble.（世界は、控えめに言っても混乱している）→p.201参照。

■ persons

personsはやや古風で硬く、現在では法律など限られた場面でしか使われないが、ここではpeopleという「集団」としてのニュアンスが強い語よりも、一人一人に焦点を当てたpersonの複数形が使われている。

■ believe in

believe + [人] は、その人の言動を「（嘘を言っているのではないと）信じる」の意味であるのに対し、believe in + [人] は、①「（その存在自体を）信じる」、②「（その人の才能・人柄・能力を一時的ではなく）信じる」、③「（もの・事の価値〔正しさ〕を）信じる」という意味になる。ex. ① believe in God（神の存在を信じる）、② I believe in you.（君（の人格）を信じる）、③ He believes in natural cures.（彼は自然治療法は良いと信じる）

■ have faith in

= put [place] one's faith in; put one's faith on [to]

■ make a go of it

ex. make a go of the business（事業を成功させる）

■ be sure of

= be sure about

ex. Are you sure about her phone number?（彼女の電話番号は確かですか）、We are not sure of him.（我々は彼を信頼していない）

KATHERINE: I've met only one, a reckless person who climbed the Glockner in a mist to... Oh, look! The mist is lifting.

CHIPPING : We can go down now.

KATHERINE: Yes. I'm almost sorry. Oh. It was an adventure, wasn't it?

CHIPPING : It was. Well, back to reality!

Flora sees Chipping and Katherine up the mountain.

FLORA : I see them! They're together, look!

STAEFEL : You are right! Hello!

CHIPPING : Hello!

KATHERINE: Hello!

FLORA : It is Kathy! Oh, thank heaven! Come on!

15 *INT. INN - NIGHT - A man raises a toast.*

MAN : And to the special health of the hero of the mist. Der hochwohlgeborene, Herr von Chipping.

MEN : Herr von Chipping!

KATHERINE: Servus!

CHIPPING : But I did nothing. Nothing at all.

STAEFEL : Modest fellow. The minute I let him out of my sight, he becomes a hero!

CHIPPING : Oh, nonsense, Staefel. This is absurd. I merely…

FLORA : You were wonderful and I'm going to kiss you.

reckless （人・行為が）向こうみずな ⊘

Glockner グロックナー山 ⊘

sorry 気の毒で，残念に思って，遺憾で ⊘

raise a toast 乾杯する

to the special health of someone ⊘
以下の明朝体はドイツ語（本欄は英語訳）
The Honorable Mr. Chipping.
The Honorable 閣下，様，殿 ⊘
Mr. Chipping!
Cheers!
Servus 〔独〕やあ，こんにちは，（別れる時に）じゃあまた，さようなら ⊘
modest 謙虚な
the minute ⊘
out of sight （…の）見えないところに（の）
absurd バカげた，バカバカしい
merely ただ単に

88

キャサリン	：一人しか知らないの。向こう見ずで、グロックナー山に登った人しか、しかも霧が深い…　あら、見て！　霧が晴れるわ。
チッピング	：さあ、下山できる。
キャサリン	：ええ、名残惜しいけど。冒険気分で楽しかったわね。
チッピング	：そうだね。さて、現実に戻ろう！

フローラが山の上にチッピングとキャサリンを見つける。

フローラ	：二人だわ！　二人一緒よ、見て！
シュテーフェル	：本当だ！　おーい！
チッピング	：おーい！
キャサリン	：ここよー！
フローラ	：キャシーだわ！　ああ、よかったわ！　行きましょう！

屋内－宿－夜－男性が乾杯の音頭を取る。

男性	：霧の中の英雄の健康を祝して乾杯！　チッピング氏に、乾杯！
男性	：チッピング氏に、乾杯！
キャサリン	：セルヴス！
チッピング	：でも、私は何もしてないよ。全く何も。
シュテーフェル	：謙遜しなくていいよ。ちょっと目を離した隙にヒーローになったな！
チッピング	：よしてくれ、シュテーフェル。バカバカしい。私はただ…
フローラ	：ご無事でなによりでしたわ。感謝のキスを。

■ reckless
ex. reckless driving（無謀運転）. It is just a reckless gamble to invest in his company.（彼の会社に投資するのは無謀な賭けにすぎない）

■ Glockner
オーストリア・アルプス（南チロル地方）にある山。グロースグロックナー山（Grossglockner）はオーストリア最高峰（標高3,798m）で、中央ヨーロッパ最大のホーエ・タウエルン国立公園内に位置し、オーストリアとドイツの国境をなす中央東アルプス山脈にある。グロースグロックナー・アルプス山岳道路（全長48km）の到達地（グロースグロックナー・フランツ・ヨーゼフスヘーエ・ビジターセンター）では東アルプス最長のパステルツェ氷河を見下ろせる。南西アルプス山脈にはアルプス最高峰のモンブラン（標高4,810m）、マッターホルン（標高4,478m）、スイスを代表するアイガー（標高3,970m）等お馴染みの山々がそびえる。

■ sorry
ex. I'm sorry that you have to go.（あなたが行かなければならないのは残念だ）, I'm sorry for your loss.（喪失されたことをお気の毒に思います＝ご愁傷様です, お悔やみ申し上げます）

■ to the special health of someone
cf. drink to someone's success; drink success to （人）（〔人〕の成功を祝って乾杯する）

■ the Honorable
イギリス英語では伯爵の次男以下の男子、子爵・男爵のすべての子。アメリカ英語では議員などに対する敬称として用いる。略は、Hon.。通例姓名を伴うが、姓だけの時は、Mr., Dr.をつける。

■ Servus
= hello
ここでは、乾杯の挨拶。南ドイツの方言。オーストリアでは全域で使われる。

■ the minute
the minute (that) S+V の形で、「～した瞬間、～するとすぐに」という表現。
ex. The minute (that) he came home, he was off again.（彼は家に帰るや否や、すぐにまた出かけてしまった）

■ out of sight
ex. The ship was out of sight soon.（船はまもなく見えなくなった）. Get out of my sight!（立ち去れ！）

CHIPPING : My dear young lady, really, I, I'm at a loss. Miss Ellis, I'll say good night. I hope you'll be none the worse.

STAEFEL : Good night, why?

CHIPPING : Yes, I'm rather tired. I think I'll go to bed.

MAN : To bed?

MAN 2 : Ach, nein.

MAN : Er will zu Bett gehen. **Oh, no, no, no, no. I have food for you. A goulash, strudel.**

CHIPPING : Perhaps you'll be good enough to send something up to my room.

FLORA : Good night, you wonderful man.

CHIPPING : Good night.

KATHERINE : Thank you again, you were very kind.

CHIPPING : Not at all. Good night.

KATHERINE : Good night.

CHIPPING : Good night, everybody.

ALL : Good night! Good night.

MAN : Good night. Let us have a song, Francis. Something gay for the Fraulein.

KATHERINE : Thank you. That's sweet of you.

EXT. INN BALCONY - NIGHT - Chipping is sitting in the shadows when Katherine comes out onto her balcony.

FLORA : Katherine, what are you doing?

KATHERINE : Looking at my mountain in the moonlight.

FLORA : I should've thought you'd seen enough of it.

KATHERINE : It's going to be a rather thrilling memory back in Bloomsbury.

FLORA : It's a pity your knight errant was such an old stick-in-the-mud.

(be) at a loss　(～するのに/～ に詰まって)困って(いる) ↻

以下の明朝体はドイツ語(本欄 は英語訳)
Oh no.

He wants to go to bed.

goulash　グーラッシュ ↻
strudel　シュトルーデル ↻

be good enough to　親切に も〜する →p.131

Fraulein　[独]〜嬢 ↻

That's sweet of you　あなた優 しいのね ↻
sweet　[形容詞](〜に)思いや りのある, 優しい

Bloomsbury　ブルームズベリー ↻
pity　残念だ, 気の毒だ →p.197
knight errant　[古語]武者修 行者 = knight-errant ↻
stick-in-the-mud　[口語]古く さい人, 旧弊な人 ↻

チッピング ：そんな、困りますよ。エリスさん、これで失礼します。もう、悪いことは起こりませんように。

シュテーフェル ：おやすみだって、どうして？

チッピング ：疲れたから、もう寝るよ。

男性 ：寝るだって？

男性2 ：だめだよ。

男性 ：寝るだって。だめ、だめ、だめ、だめ。あなたの食事だって用意してあるんだから。グーラッシュ＝シチューとシュトルーデルですよ。

チッピング ：部屋に届けてくれますよね。

フローラ ：おやすみなさい、素敵な方。

チッピング ：おやすみなさい。

キャサリン ：ありがとうございます、本当に助かりましたわ。

チッピング ：どういたしまして。おやすみなさい。

キャサリン ：おやすみなさい。

チッピング ：皆さん、失礼します。

全員 ：おやすみ！おやすみ。

男性 ：おやすみなさい。フランシス、では歌をうたいましょう。ご婦人方に何か楽しい歌をご披露しよう。

キャサリン ：まあ、嬉しいわ。お優しいのね。

屋外－宿のバルコニー－夜－チッピングが暗がりにある椅子に腰かけている。キャサリンが隣の部屋のバルコニーに出てくる。

フローラ ：キャサリン、何してるの？

キャサリン ：月明りで、登った山を眺めてるの。

フローラ ：もう、こりごりでしょ。

キャサリン ：ブルームズベリーに持って帰るスリル満点のいい思い出よ。

フローラ ：あなたを下山させてくれたけど、年寄りの古臭い男で残念だったわ。

■ (be) at a loss
「（…していいか）途方にくれて（いる）」という意味で、wh句・節を伴う。He was at a loss [as to/about] when to start.（彼はいつ発ってよいか途方にくれた）は He did not know when he should start.と言い換え可能。

■ goulash
牛肉と野菜をトマトとパプリカで味付けしたハンガリー風のシチュー。Hungarian goulashともいう。

■ strudel
果物・チーズをごく薄い生地で巻いて焼いたドイツ・オーストリアの菓子。

■ Fraulein
ドイツ語で、英語のMissと同じ意味。（略Frl.)

■ That's sweet of you.
= That's kind[nice] of you [to]
ex. It's very sweet of you [You are very sweet] to invite me to the party.（パーティーにお招きいただいてとても嬉しく思います＊しばしばto句を省略して単にYou are sweet. という）

■ Bloomsbury
ロンドン中心部カムデン・ロンドン特別区にある一地区で、ロンドン大学や大英博物館、多くの出版社などがある。17世紀から多くの広場や庭園と組み合わされて開発されたガーデン・スクウェア方式の上流住宅街である。1661年第4代サウサンプトン伯爵トマス・リズリーがブルームスベリー・スクウェアを建設したが、「スクウェア」という名前の広場はこれがロンドンで最初の例である。大英博物館やユニヴァーシティ・カレッジ・ロンドンなどのある文京区である。この地域には1905年から第二次世界大戦期まで、ブルームスベリー・グループの芸術家・知識人たちが住んでいた。この組織は、小説家ヴァージニア・ウルフと画家の姉を含む4人のケンブリッジ大学生が作り、その後、経済学者のジョン・メイナード・ケインズや小説家のE. M. フォスターなども加わる。平和主義・左派自由主義による組織の活動と共に、個々人の芸術的活動成果においても評価されている。

■ knight errant
複数形はknights-errant。諸国を回って武術の鍛練をする武士（騎士）。霧の深い高い山に登ってきたチッピングに対して言っている。

■ stick-in-the-mud
形容詞ではout of fashion（時代遅れ）と同義、動詞では「泥沼にはまる、困難に陥る」という意味で使う。

KATHERINE : Flora!

FLORA　　 : Well, he might have been young and splendid-looking. Then you would've known you'd met your fate.

KATHERINE : He isn't at all old, darling. And I think he's quite charming.

FLORA　　 : Kathy!

KATHERINE : I mean it. He's just shy, Flora. And a little difficult to know, perhaps. I'm sorry for shy people. They must be awfully lonely sometimes.

Staefel appears.

STAEFEL　 : Ah, Chipping, you should have stayed. It was quite a party.

CHIPPING : I'm not much good at that sort of thing.

STAEFEL　 : A pity. They wanted so much to give you an evening.

CHIPPING : They did? I didn't understand. I hope I wasn't rude.

STAEFEL　 : Oh, no. They understood. Miss Kathy asked me to say goodbye and to thank you again.

CHIPPING : Goodbye?

STAEFEL　 : Yes. They're going away, early in the morning on their bicycles. Well, I'm sleepy. Are you coming?

CHIPPING : Yes.

Flora ⟳

splendid-looking　とても顔立
ちのよい, とてもハンサムな ⟳
would've　= would have
you'd　= you had
meet one's fate　運命(の人)
と出会う
fate　運命
he's　= he is
Kathy ⟳
mean it　本気で言う ⟳
difficult　困難な, 難しい ⟳

quite a ～　なかなかの, 本当に
素晴らしい ⟳
be good at　～が得意である, 堪
能である ⟳
give you an evening ⟳
give　（余興・もてなしとして）提供
する, 開催する, 上演する, 演出す
る

rude　無作法な, 失礼な ⟳

go away　立ち去る, どこかへ行
く

キャサリン ： フローラ！

フローラ ： でも、若くてハンサムだったらよかったわね。そうすれば、運命的な出会いだったのに。

キャサリン ： 年寄りなんかじゃないわよ。とっても素敵な人だわ。

フローラ ： キャシー！

キャサリン ： 本気よ。内気なだけよ、フローラ。だから人柄をわかってもらえないのよ。気の毒だわ。きっと、時として孤独で寂しいと思うわ。

シュテーフェルが出て来る。

シュテーフェル： チッピング、君も居ればよかったのに。楽しかったよ。

チッピング ： ああいったことはあまり得意じゃないんだ。

シュテーフェル： 残念だ。君のためのパーティーだったのに。

チッピング ： そうか、気がつかなかったよ。皆に悪いことしたな。

シュテーフェル： いいやい、彼らはわかってるよ。キャシーさんから、改めて君にお別れの挨拶とお礼を言われたよ。

チッピング ： お別れだって？

シュテーフェル： そうだ、早朝に出発らしい。自転車でね。もう眠いよ。君も中に入るかい？

チッピング ： そうするよ。

■ Flora!
感嘆符がついているのは、ここでは「失礼でしょ」の意味合いが込められているため。

■ splendid-looking
通常、"good-looking"を使うが、"splendid"はかなり「美貌」を強調していることが窺える。
ex. He was good-looking[splendid-looking].（彼はかっこよかった〔とてもハンサムだった〕）

■ Kathy!
感嘆符がついているのは、ここでは「冗談でしょ」「本当に？」「まさか」の意味合いが込められているため。

■ mean it
"I mean it." と言えば「私は本気だ」の意味。

■ difficult
具体的に何かをすることが難しいというよりも、物事に状況や時期などの何らかの問題や面倒が生じたため対処しがたい、都合が悪い時に用いる。
ex. All things are difficult before they are easy.（簡単になるまでは何でも骨が折れる ＝ 習うより慣れろ）

■ quite a 〜
ex. He is quite a tactician.（彼はなかなかの策士だ）, It is quite an amusement.（それはなかなかいい娯楽だ）

■ be good at
I am good at swimming.は, I am a good swimmer.と言い換え可能。この表現のgoodは「熟達した、巧みな」で、skillful, cleverと同義。at, with, in, onを前置詞として使うが、通例atは技術、in, onは領域、分野、withは扱いを示す。
ex. be good with children [horses]（子供[馬]を扱うのがうまい）, be good on the organ [the American Revolution]（オルガンが上手だ[アメリカ独立戦争に詳しい]）

■ give you an evening
give you a partyで「お祝いをする」。ここでは晩にお祝いをするということで、partyではなくeveningが使われている。

■ rude
＝ impolite
ex. It is rude of you to ignore him.（彼を無視するのは失礼です）

女性参政権と女性解放史

　世界に先がけて市民革命と産業革命という二大革命を成し遂げたイギリスで、資本主義社会における性差別を批判するフェミニズムの理論化がいち早く試みられた。この言葉が使われ始めた19世紀末以降、イギリスでは本格的に女性が男性と同じ権利を求め、それを20世紀に入って勝ち取った。

　中世の時代は女性には選挙権があった。女性修道院長などで、議員であった人は何人もいる。女性は家事に専心すべきだとする意見から、しだいに女性議員はなくなるが、選挙に絶大な影響力を持っていた女性の大地主もあり、17世紀の判例に独身女性に選挙権があると記されている。地方政治の教区評議会などにも独立経営者の未亡人がメンバーになっていた例は18世紀にも見られる。17世紀後半から18世紀は人間理性が尊重され文明進歩への期待を抱いた啓蒙の時代とされ、男女平等という思想があった。

　女性の権利が剥奪されたのは19世紀においてである。1832年の第一回選挙法改正で女性の選挙権は明確に排除された。フランスの三部会でも、貴族や聖職者の女性の一部は選挙権を持っていたのが、フランス革命後に女性は完全に選挙権を奪われた。フランス革命下の報告書に、女性の政治参加を排除すると明記された。フェミニズムの先駆者メアリ・ウルストンクラフト（1759-1797）は、これを読み『女性の権利の擁護』（1792）を書いたと言われている。男女の優劣は性的差異に基づく宿命であるという見方は、古くから存在した。しかし、自然科学が発達した19世紀には、それを常識や風潮の次元にとどめず、科学の名によって立証しようとする傾向が生まれ、男女の性格や能力の優劣を説明した。

　18 世紀末から 19 世紀の福音主義は貴族の不品行を批判して貞節と節制を求め、信仰と道徳の源として家庭を神聖視した。女性をより道徳的で信心深い性だと規定し、妻や母親としての役割が女性の救いへの道と説いた。女性の築くべく家庭は、「家庭の天使」（コヴェントリ・パットモア, 1854 ～ 63）という言葉に集約される。しかし、家庭において女性の献身を重視した一方で、使用人を雇い、女主人を家事から遠ざけるようになった。産業革命によって富裕になった階層では、女性を働かせないことが社会的地位のシンボルとなり、ヴィクトリア時代の支配的家族観として定着し、中・下層階級の女性もそうした家族像を追い求めた。富裕層の女性も、イギリスの基本的な法律であるコモンローの下で結婚によって法的権利（親権や財産権）を失い、離婚の自由はなく、夫の支配下に置かれた。私的領域にいる女性を生産、営利活動、さらに家事労働からも退いた「レイディ」に仕立てることで、男性は金銭を稼ぎながらもジェントルマンとしてのステイタスを求めたのである。

　メアリ・ウルストンクラフトの後を受け継ぎ、多くのフェミニストたちが男女平等の権利獲得実現を目指し、様々な組織を作り粘り強く運動を展開した結果、女性選挙権を獲得する。1918 年に戸主または戸主の妻である 30 歳以上の女性に選挙権（男性には 21 歳以上の普通選挙権）が与えられた。1928 年、男女（21 歳以上）平等の普通選挙権が与えられた。

武藤 美代子（愛知教育大学）

The Blue Danube

 Staefel whistles as he and Chipping walk.

Blue Danube 青きドナウ ↻

STAEFEL : You are so silent. What are you thinking?

CHIPPING : That was a very intelligent young woman, Staefel.

intelligent 頭の良い、聡明な

STAEFEL : She was a very pretty one, Chipping.

pretty （女性・子供など）かわいらしい、美しい
one チッピングが言ったwomanのこと

CHIPPING : I wonder if we might run into them again on our travels.

wonder if 〜かしらと思う →p.169 I'm wondering whether 〜 参照
run into 偶然出会う

STAEFEL : Well, we must look out for two bright new bicycles.

look out for 〜を探す

EXT. CAFÉ - DAY - Chipping and Staefel have come across two bicycles outside a café.

come across （偶然に）見つける

以下の明朝体はドイツ語（本欄は英語訳）
Yes sir.

PORTER : Jawohl, mein Herr, **English ladies, quite English.**

STAEFEL : It is them.

PORTER : Mm-hm.

CHIPPING : They're acquaintances of mine. Will you give them my card, please? Tell them I'd like to have a word with them.

acquaintance 知り合い ↻
I'd like to 〜したいのですが →p.117 would so like to参照
have a word with 〜と話をする、〜と言葉を交わす

PORTER : **Certainly,** mein Herr. Nehmen Sie doch bitte Platz!

certainly もちろん、その通り、承知しました ↻
sir. Take a seat, please!

CHIPPING : Thank you. Hardly dressed for ladies, are we?

hardly ほとんど〜ない ↻

STAEFEL : Shall we not ask them to lunch with us?

Shell we not... 〜しないでおこうか? ↻

CHIPPING : I don't see any objection.

objection 異論 ↻

PORTER : The ladies are here.

青きドナウ

シュテーフェルはチッピングと歩きながら口笛をふく。

シュテーフェル：ずいぶん静かなんだね。何を考えているんだい？

チッピング：とても知的なお嬢さんだったねえ、シュテーフェル。

シュテーフェル：とても美しい女性だったね、チッピング。

チッピング：また彼女たちにばったり会えるだろうか、この旅行中に。

シュテーフェル：そうだね、新しい二台の自転車を探さなくちゃな。

屋外－カフェー昼－チッピングとシュテーフェルはカフェの外で二台の自転車を見つける。

ポーター：はい、イギリス人の女性です。本当のイギリス人です。

シュテーフェル：彼女たちだ。

ポーター：そうです。

チッピング：私の知り合いなんです。私の名刺を渡してもらえますか。少しお話ししたいと伝えてください。

ポーター：承知しました。どうぞお座りください。

チッピング：ありがとう。女性に会うような服装ではないかな？

シュテーフェル：ランチに誘うのはやめておくかい？

チッピング：反対はしないよ。

ポーター：ご婦人たちをお呼びしました。

■ Blue Danube
日本語の「美しく青きドナウ（のほとりで）」は、ドイツ語原題はAn der schönen, blauen Donau、英語では（By）The Beautiful Blue Danube。これはJohann Strauss II（ヨハン・シュトラウス2世、1825年-99年）作のワルツである。父も同名Johann Strauss I（1804年-49年）。父は「ワルツの父」と呼ばれ、子は「ワルツ王」と呼ばれる。1866年のプロイセン王国との戦い（普墺戦争）に7週間で大敗して失望したウィーンの人々のために1867年に作曲された。ドナウ川の美しさを奏でたオーストリア第二の国歌とも呼ばれる名曲で「ウィーンの森の物語」、「皇帝円舞曲」と並んでシュトラウスの三大ワルツと呼ばれる。曲名に関してはハンガリーの詩人カール・イシドール・ベックのドナウ川を舞台にした詩の一節から初演直前につけられたといわれる。→p.112コラム参照。

■ acquaintance
friendほど親しい関係ではない。

■ certainly
= definitely; of course.
質問・依頼への返答として「もちろん、その通り、承知しました」→p.117Certainly not.参照。

■ hardly
hardlyはnotと同様、否定語なので、付加疑問は肯定文を用いる。
ex. He hardly ever shows up, does he?（彼はほとんど姿を見せないよね？）

■ Shall we not...?
ここでは服装が女性を食事に誘うのに適していないのではないかと思い、shall we not〜？（やめておこうか）と言っている。また、文末につける shall we? は、Let's〜の付加疑問に用いる。
ex. Let's do that, shall we?（それをしようね）

■ objection
シュテーフェルが女性たちをランチに誘うのはやめようかと言ったのに対し、異論がないということは誘わないことに同意している。映画の字幕では、より彼らの本心に近い「誘おうか」、「いいね」としている。

Two stern-looking WOMEN step outside.

WOMAN : Is this the person? Well, you stated that you knew me.

CHIPPING : Madam, the fact is…

WOMAN : Did you or did you not inform the porter that we were acquainted?

CHIPPING : No, not exactly.

WOMAN : Not exactly! Did he or did he not?

PORTER : Jawohl, gnädige Frau! Jawohl.

WOMAN : Young man, what is your purpose in accosting us?

CHIPPING : Madam, I had hoped…

WOMAN : You had hoped, huh? Well, this isn't the first time since we've left Calais that my companion and I have been subjected to unwelcome attentions.

: But I warn you, young man! If I so much as set eyes on you again, I shall place myself and my friend under the protection of the British Consul!

17 EXT. BOAT - DAY - Chipping and Staefel look down into the water of the Danube River.

STAEFEL : Why do they call it the Blue Danube? It looks brown to me.

CHIPPING : There's a legend, you know. Yes. The Danube is only blue to the eyes of…well, to people in love, you know.

STAEFEL : How so. You surprise me.

---

stern いかめしい

state [他動詞]～と述べる

madam ご婦人 ↺

acquainted [形容詞]知り合いで

以下の明朝体はドイツ語（本欄は英語訳）
Yes sir, madam! Yes.
Frau ↺
purpose 目的, ねらい
accost 人に近寄って声をかける

this ↺

Calais カレー ↺

companion 友人 ↺
subject （人・ものに）(批判・侮辱などを)受けさせる(to) ↺
so much as さえも, すらも

set eyes on を目にする, を見掛ける
shall するつもりです
place [他動詞]～を置く →p.173
British Consul イギリス領事
Consul 領事 ↺

boat 船, ボート →p.101

the Danube River ドナウ川 ↺

legend 伝説

98

二人のいかめしい女性が外に出てくる

女性 ：この方なの？　私をご存じだそうね。

チッピング ：ご婦人、実は…

女性 ：私たちが知り合いだとポーターに言ったの？
　　　　言わなかったの？

チッピング ：いえ、はっきりとは。

女性 ：はっきりとは？　彼は言ったの？　言わなかったの？

ポーター ：言いました。

女性 ：お若い方、どういう目的で私たちに声をかけるの？

チッピング ：ご婦人、私はただ…

女性 ：ただ何？　まあ、私たちがカレーを出てから、友人と私が嬉しくないふるまいを受けたのはこれが初めてではないけれど。

　　　　：でも言っておくわ、お若い方！　今度あなたを見かけたら、私と友人はイギリス領事の保護下に置いてもらいます！

屋外－船－昼－チッピングとシュテーフェルはドナウ川の水を見下ろす。

シュテーフェル：なぜ人々はこれを青きドナウというんだろう？
　　　　　　　　僕には茶色に見える。

チッピング ：伝説があるんだよ、そう。ドナウ川は限られた人だけに青く見える…　よ。恋している人の目にだけにね。

シュテーフェル：そうなのか。驚いたなあ。

■ **madam**
既婚、未婚を問わず、知らない女性に対する丁寧な呼びかけ。短縮形はma'am。相手の名前や性別がわからない手紙の書き出しに Dear Sir/Madam, というのがある。ただし、口語でmadam[ma'am]と呼びかけると、「おばさん扱いをされた」と気分を害する人もいる。

■ **Frau**
ドイツ語で、英語のMrs.と同じ意味。(略 Fr.)

■ **this**
具体的に指しているのはthat以下（my companion and I have been...）のこと。

■ **Calais**
フランス北部のDover海峡に臨むイギリスに最も近いフランスの港市。1347年から1558年までイギリス領だった。1994年5月にイギリスのフォークストンとカレーの間に英仏海峡トンネルが開通し、同年11月に高速列車ユーロスターが開通した。ちなみにユーロスターはイギリスのロンドンからフランスのカレー、リール・ウルップを経てパリへ行く線とリール・ウルップからベルギーのブリュッセルへ行く線がある。2018年4月にはブリュッセルからさらにオランダのアムステルダムまでの直通運転が開始された。ユーロスターを使うとロンドンからカレーまでは最速1時間未満、ロンドンからブリュッセルまででも2時間10分ほどで行ける。長期休暇をのんびりと楽しんでいた『チップス先生さようなら』の時代には考えられなかったような時間の短縮である。

■ **companion**
friendほど心の繋がりはないが、一緒にいることを強調する。友人、気の合った友。動物や本など、旅先で人の心を慰めるものを指すこともある。

■ **subject**
しばしば再帰的または受身で用いる。

■ **Consul**
外国に駐在して、自国の通商促進や自国民の保護、その他の証明事務などの業務を行う外交官の一種。階級としては総領事、領事、副領事の区別がある。領事が職務を行うのが領事館 → p.141 ambassador参照。

■ **the Danube River**
ドイツ語ではDonau。ヨーロッパ第二の大河。ドイツ南西部に源を発し東流して黒海に注ぐ。長さ2,860km。ちなみにヨーロッパ第一の大河はロシアのヴォルガ川で長さ3,690km。

CHIPPING : Vienna's a pretty big city, isn't it?

STAEFEL : Pretty big.

CHIPPING : Lots of tourists go there, I suppose.

STAEFEL : Droves of them. Chipping?

CHIPPING : Hmm?

STAEFEL : The Danube doesn't by any chance look blue to you, does it?

CHIPPING : What do you mean? What nonsense! You do talk the most infernal rot sometimes, really.

Katherine and Flora chat on an upper deck of the same boat.

KATHERINE : Only two weeks more. It seems such a little while.

FLORA : Oh, let's not think about the end till it comes.

KATHERINE : It has been fun. And now Vienna. Don't you hope it's gay and romantic?

FLORA : Well, they say it is. But then they said the Danube was blue.

KATHERINE : But, Flora, dear. It is blue.

MAN : Wien in zehn Minuten.

Chipping notices two bicycles after he and Staefel gather their belongings at the pier. Chipping walks up the gangplank in search of Katherine.

CHIPPING : Thank you. Thank you. Thank you. Miss Ellis, well! And Miss... Oh, well of all the... Well, how do you do?

droves （集団で動く）人や動物の群れ ↻

The Danube doesn't look blue, does it ↻
by any chance ひょっとして

What do you mean どういう意味だい？ ↻
What nonsense ばかな！, なんとばかげた！ ↻
infernal むかつく，ひどい
rot たわ言，ばかなこと，くだらない話 ↻

boat 船，ボート ↻

a little while 短い時間 ↻

They say it is ↻

It is blue ↻
以下の明朝体はドイツ語（本欄は英語訳）
Vienna in ten minutes.

notice 気づく

belongings 所持品
pier 埠頭，桟橋
gangplank 船のタラップ ↻

Thank you ↻

チッピング ：ウィーンはかなり大きな町なんだね？

シュテーフェル：かなり大きいね。

チッピング ：たくさんの観光客が行くんだろうね。

シュテーフェル：群れをなしてね。チッピング？

チッピング ：なんだい？

シュテーフェル：ひょっとして、君にはドナウ川が青く見えてるわけじゃないよね？

チッピング ：どういう意味だい？　なんてバカげたことを！君は時々ひどいたわごとを言うね、本当に。

キャサリンとフローラが同じ船の上階のデッキでおしゃべりをしている。

キャサリン ：あともう2週間しかないのね。ほんとに短いわ。

フローラ ：まあ、終わりは来るまで考えないことにしましょうよ。

キャサリン ：これまで面白かったわね。そして今度はウィーンよ。楽しくてロマンティックだと思わない？

フローラ ：そうね、みんなそう言うわね。でもみんな、ドナウ川は青いと言ったわ。

キャサリン ：あら、フローラ。青いわよ。

男性 ：ウィーン到着まで10分です。

チッピングはシュテーフェルと桟橋で持ち物を取り集めている時に、二台の自転車に気づく。チッピングはキャサリンを探してタラップを上がっていく。

チッピング ：どうも、どうも、どうも。エリスさん、ああ！それからええっと…　ええっと、偶然ですね。

■ droves
通例、ここでのように複数形で用いる。

■ The Danube doesn't look blue, does it?
文字通りに取ると「青く見えているのではないよね？」だが、実は「青く見えているのではないか」を意図していて、チッピングをからかっている。

■ What do you mean?
シュテーフェルの問いかけに対して、チッピングはむきになって反論している。

■ What nonsense!
= poppycock (p.152)
このセリフのように感嘆符をつけると「くだらない」「ばかばかしい」となる。間投詞として Nonsense! や Nonsense, nonsense! などとも使う。

■ rot
= nonsense

■ boat
通常、川や湖用の比較的小型の船をboat、海や大きな湖用の大型の船をshipとして使い分ける。ここではドナウ川を運行する船を指しているので、boatが使われている。その二つの違いを覚える方法として"A ship can carry a boat, but a boat cannot carry a ship."（船は舟を運べるが、舟は船を運べない）というものがある。大きなクルーズ船に救命ボートが吊られているイメージである。またvesselは船全般を指す形式張った語である。

■ a little while
不定の時間を表すので、long, short, little などの形容詞で修飾する。

■ They say it is.
このあとにgay and romanticが省略されている。

■ It is blue.
恋している人の目には青く見えるというドナウ川について、シュテーフェルにからかわれてむきになったチッピングと違い、キャサリンは素直に自分から青いという。この後も、チッピングに対してキャサリンの方が積極的な態度をとる。

■ gangplank
船と埠頭、または、はしけを連絡する板。gangboard、gangwayともいう。タラップはオランダ語から。飛行機のタラップはrampという。

■ Thank you.
感謝を表す幅の広い言葉で多くの場面で気軽に用いる。「すみません」と訳せることも多い。

101

KATHERINE: Why, Mr. Chipping.

CHIPPING : And, miss, how are you? I'd just about given you up. I hoped I might run into you.

KATHERINE: And now we have.

CHIPPING : Extraordinary, isn't it?

KATHERINE: We always seem to meet in a mist.

CHIPPING : We do, don't we?

MAN : *Bitte, bitte, mein Herr!*

CHIPPING : Oh, yes, of course. I'm so sorry. We'd better move on, eh? Staefel, I say. Staefel! Look! I found Miss Ellis. And Miss... on the boat all the time.

STAEFEL : Well, what a surprise.

The passengers in the back rush them.

CHIPPING : Oh, yes, of course. Come along.

18 *INT. BALLROOM - NIGHT - Katherine and Chipping watch the people dancing.*

KATHERINE: Just think, it was in this very ballroom that Prince Metternich drew up the treaty of the five kingdoms, nearly a hundred years ago. Doesn't that impress you?

CHIPPING : I must confess, Miss Kathy, the historical significance of the ballroom doesn't impress me at all. Whenever in days to come I think of this place, and I shall think of it, I shall say that's the place where I dined with...well, with you.

KATHERINE: Thank you, Mr. Chipping.

why [間投詞]〔意外, 驚きを表して〕まあ, おや, あら, だって, でも ⊙

I'd just about given you up ⊙

give up あきらめる
run into 偶然出会う

以下の明朝体はドイツ語（本欄は英語訳）
Please, please, sir.

We'd better ⊙

ballroom 舞踏室 ⊙

very 〔強調して〕まさに

Prince Metternich ⊙
draw up 文書などを作成する
treaty of the five kingdoms 5国協定 ⊙
nearly a hundred years ago 約100年前 ⊙

significance 重要性, 意義
not at all 全く~ない
whenever ~するときはいつでも
in (the) days to come 今後

キャサリン ：あら、チッピングさん。

チッピング ：お嬢さん、ご機嫌いかがですか？　あなたのことをあきらめかけていましたよ。あなたにばったり会えるかと期待していたんですけどね。

キャサリン ：そしてお会いできました。

チッピング ：驚くべきことですよね。

キャサリン ：私たちはいつも霧の中でお会いするみたいですね。

チッピング ：ほんとですね。

男性 ：どいてください。

チッピング ：ああ、そうですね。もちろんです。すみません。移動したほうが良いですね。シュテーフェル、ねえ、シュテーフェル！　ほら！　エリスさんを見つけたよ。そしてええっと… ずっと船に乗っていたんだって。

シュテーフェル：おやまあ、なんて驚きだろう。

後ろの乗客たちが彼らに動くよう催促する。

チッピング ：ああ、そうですね。もちろん。さあ、一緒に。

屋内－舞踏室－夜－キャサリンとチッピングは人々が踊っているのを見る。

キャサリン ：考えてみて、メッテルニヒが5国協定を結んだのはまさにこの舞踏室だったのね、100年近くも前に。感銘を受けない？

チッピング ：白状すると、キャシーさん、舞踏室の歴史的な重要さに、私は全く感銘を受けないのですよ。これから先、私がこの場所のことを考えるときはいつでも、そしてきっと思い出すことになるでしょうけど、私は食事をした場所だというでしょう。…その、あなたとね。

キャサリン ：ありがとう、チッピングさん。

■ why
「あら」「まあ」と驚きや「もちろん」と承認、「何だって」と苛立ちなどを表す他、「でも」と戸惑いや躊躇する気持ちを表すことも。

■ I'd just about given you up
I had given you up にjust aboutが挿入されて「もう少しであきらめてしまうところだった」の意。

■ We'd better
We had better の略。shouldも「した方がいい」という意味で用いるが、had better には「しないと大変なことになる」というニュアンスが含まれ、警告や脅しの意味で使われることも多い。→p.195 better参照。

■ ballroom
映画で楽団によって演奏され、人々が踊っているワルツはヨハン・シュトラウス2世作曲の「美しく青きドナウ」→p.97, 112参照。

■ Prince Metternich
メッテルニヒ（1773年-1859年）は、オーストリアの政治家、外交官。外相（1809年-）の時にウィーン会議議長を務め（1814年-15年）、後に宰相（1821年-48年）。ウィーン会議はフランス革命（1789年-99年）とナポレオン戦争（1799年-1815年）終結後のヨーロッパの秩序再建と領土分割を目的に開かれた国際会議。シェーンブルン宮殿で開催されたが、各国の利害が折り合わず、話し合いは進まず、舞踏会などで時間を浪費したため、「会議は踊る、されど進まず」とも評された。1816年にようやくウィーン議定書が締結されてウィーン体制が成立した。ちなみに1931年のドイツ映画『会議は踊る』はトーキー初期のオペレッタで、主人公はナポレオンを撃退したロシア皇帝のアレクサンドル1世である。

■ treaty of the five kingdoms
5国とは、1815年にできた、オーストリア、ロシア、プロシア、イギリスの4国に、ナポレオン戦争後、王政復古に落ち着いたフランスが加わって1818年にできた軍事同盟。ウィーン会議の時にはフランスはまだ加わっていない。

■ nearly a hundred years ago
1888年（ウェザビー校長の死後、チッピングが舎監になれず落胆し、夏の山歩きをした夏）と1816年（ウィーン体制が整った年）を考えると72年前になる。

CHIPPING : Tell me, are those two...? Do you think they're...?

KATHERINE: In love? No.

CHIPPING : Well, I wouldn't know.

KATHERINE: Have you never been in love, Mr. Chipping?

CHIPPING : No. Oh, yes. Yes, I was once.

KATHERINE: Oh, I thought so.

CHIPPING : Rather a long time ago. I was 14 at the time. She was the greengrocer's daughter.

KATHERINE: And Papa and Mama intervened, I suppose.

CHIPPING : Yes. So did the greengrocer. Pity this all has to end tomorrow.

KATHERINE: For us, but not for you. You have three weeks more.

CHIPPING : Oh, yes, yes. That's true, but...

KATHERINE: It's been wonderful.

CHIPPING : For me too. What will stand out in your memory?

KATHERINE: Oh, I don't know. Schonbrunn and the emperor driving by, the whipped cream. The music. What will you remember?

CHIPPING : I really can't say.

KATHERINE: Shall I tell you?

CHIPPING : Can you?

KATHERINE: The waltz you danced in Vienna.

CHIPPING : The waltz I danced... What? When?

KATHERINE: Tonight. Now.

CHIPPING : Oh, but I couldn't possibly. I don't dance. Good heavens, I haven't danced since my college days.

KATHERINE: Are you turning me down?

CHIPPING : But... In front of all these people? Oh, no, no, no...really. It's quite out of the question.

---

in love (with) ～　〔～に〕ほれて, 〔～が〕好きで

Have you never been in love　あなたは恋をしたことがないですか？ ↺

at the time　その時は

greengrocer　青物商，八百屋

intervene　邪魔をする，妨げる

So did the greengrocer ↺

It's　= It has

stand out　際立つ

Schonbrunn　シェーンブルン宮殿 ↺

the emperor　オーストリア皇帝 ↺

drive by　車で～の近くを通り過ぎる

waltz　ワルツ ↺

I don't dance ↺

days　時代 →p.195

turn down　（申し出を）断る ↺

in front of　～の前に〔で〕 ↺

104

チッピング ：ねえ、あの二人は…？　あなたは、彼らはどうだと思う…？

キャサリン ：恋をしていると？　いいえ。

チッピング ：そうかなあ。

キャサリン ：あなたは恋をしたことがないの？　チッピングさん。

チッピング ：ないですよ。あ、あります、あります。一度。

キャサリン ：あら、そうだと思ったわ。

チッピング ：かなり昔のことですが。私はその時14歳でした。彼女は八百屋の娘でした。

キャサリン ：そしてお父様とお母様が邪魔をなさったのね。

チッピング ：そうです。そして八百屋も。残念なことに明日で、終わりですね。

キャサリン ：私たちにとってはね。でもあなた方は違いますわ。もう3週間あるのでしょう。

チッピング ：ああそうそう、その通りです。でも…

キャサリン ：素晴らしかったわ。

チッピング ：私にとってもそうです。あなたの記憶の中では何が一番際立っていますか？

キャサリン ：さあ、何かしら。シェーンブルン宮殿と、そばを車で通られた皇帝、ホイップクリーム。音楽。あなたは何を覚えておいで？

チッピング ：何だろう。

キャサリン ：私が言ってあげましょうか？

チッピング ：あなたが？

キャサリン ：ウィーンであなたが踊ったワルツ。

チッピング ：私が踊ったワルツ？　何ですか？　いつ？

キャサリン ：今夜、今よ。

チッピング ：あ、でもおそらくできない。踊りはしないのです。とんでもない。大学時代以来踊っていないんです。

キャサリン ：私の申し出を断るの？

チッピング ：でも… この大勢の人たちの前でですか？　いや、いや、いや… ほんとに。全く考えられない。

■ Have you never been in love?
= Have you ever been in love?
否定文で聞かれても肯定文で聞かれても, どちらの問いに対しても, 恋したことがあればYes, なければNoという答えになる。

■ So did the greengrocer.
didはintervenedの置き換え。チッピングの親同様, 彼女の親も彼らの恋に反対をした。Soを強調して文頭に置いたので, SVが倒置してVSの語順になる。→p.161 so did...参照。

■ Schonbrunn
ウィーンにある宮殿。彼らは今, ここの宮殿にあるダンスホールにいる。前述のウィーン会議 (1814年-15年) が開催された宮殿。17世紀半ば, フランスのベルサイユ宮殿 (1624年にルイ13世の狩猟の館として建てられた) を凌駕する宮殿が計画されたが, 18世紀半ばに計画を縮小して作られ, マリア・テレジア以降のハプスブルク王朝の歴代の君主が夏の離宮として使用した。1918年に最後のオーストリア皇帝カール退去のあと, オーストリア共和国政府の所有になった。1996年ユネスコの世界遺産に登録された。

■ the emperor
フランツ・ヨーゼフ1世 (1830年-1916年), 在位 (1848年-1916年)。ハンガリー国王も兼ねた。在位が68年と長く, 国民からも敬愛を受け, オーストリア＝ハンガリー帝国の国父と呼ばれ, オーストリアの象徴的存在だった。後継者のカール1世は在位2年 (1916年-18年) と短く, 実質的に最後の皇帝と呼ばれた。

■ waltz
社交ダンスで最初に登場したのがワルツである。3/4拍子のテンポのダンスで, 競技ダンスではスローワルツのことをワルツと呼ぶが, 一般的にはアップテンポのウィンナ・ワルツをワルツと呼ぶことが多い。この名称は1814年のウィーン会議でワルツが国際的にも有名になったためについた名である。

■ I don't dance.
I can't dance. (私は踊れない〔踊る能力がない〕) ではなく, don'tを使い, 踊る意思がないということを伝えている。

■ turn down
= decline
reject, refuseより婉曲な表現。

■ in front of
ex. I stood in front of the teacher's desk. (私は先生の机の前に立った)

KATHERINE: Well, of course, if you'd really rather not. It would have been fun just once before going home.

CHIPPING : Miss Kathy, may I have the pleasure of this dance?

KATHERINE: I shall be happy, Mr. Chipping.

Staefel and Flora are surprised to see Chipping dancing with Katherine.

STAEFEL : Himmel! Did I drink too much wine?

CHIPPING : Liking it?

KATHERINE: Loving it!

CHIPPING : As much as you'd hoped?

KATHERINE: And more. You're doing splendidly. Now reverse.

CHIPPING : Reverse?

KATHERINE: Round the other way.

: Evening dress is very becoming to you, Mr. Chipping.

CHIPPING : You approve?

KATHERINE: Heartily.

CHIPPING : Wonderful, isn't it? Reverse.

Chipping notices Katherine looks somber.

CHIPPING : Miss Kathy, a penny for those solemn thoughts.

KATHERINE: I was thinking of tomorrows and railway stations, and goodbyes.

---

if you'd really rather not ↺
It would have been ↺
before going home ↺

may I have...this dance ↺
pleasure 喜び

I shall be happy ↺

以下の明朝体はドイツ語(本欄
は英語訳)
Good heavens!

Liking it? Loving it →p.201

splendidly 立派に, うまく ↺

round 回る
become to you ～はあなたに
似合う ↺

approve 認める, 同意する

Heartily 心から, すっかり

Wonderful, isn't it ↺

somber 悲しそうな, 憂鬱な

a penny for those solemn
thoughts ↺

tomorrows and railway
stations, and goodbyes ↺

キャサリン ： そうね、もちろん、あなたが嫌なのであれば。帰る前に一度でも踊れたのなら楽しかったでしょうに。

チッピング ： キャシーさん、踊っていただけますか？

キャサリン ： 喜んで、チッピングさん。

シュテーフェルとフローラは、チッピングがキャサリンと踊っているのを見て驚く。

シュテーフェル： なんてことだ！　ワインを飲みすぎたかな？

チッピング ： お気に召しましたか？

キャサリン ： とっても！

チッピング ： お望み通りで？

キャサリン ： それ以上よ。上手にやれているわ。さぁ、リバースよ。

チッピング ： リバース？

キャサリン ： 反対方向へ回るの。
　　　　　　： 夜会服、とってもお似合いよ、チッピングさん。

チッピング ： そう思われますか？

キャサリン ： 心からそう思うわ。

チッピング ： 素晴らしいですね。リバース。

チッピングは、キャサリンが憂鬱な表情をしているのに気づく。

チッピング ： キャシーさん、何をお考えで？

キャサリン ： 明日のこと、駅のこと、そしてさよならしなくてはならないことを考えていましたの。

■ if you'd really rather not.
ここでのnotの後にはlike to danceのような、「踊りたい」という意味の表現が省略されていると考えられる。

■ It would have been
ここでのItは、チッピングと一緒にダンスをすることを受けている。

■ before going home
キャサリンの言うhomeは、ロンドンのこと。

■ may I have...this dance?
誰かをダンスに誘う際によく使われる表現。

■ I shall be happy
shallは用途が限られつつある助動詞で、とてもフォーマルな印象を与える。「そうなる他ない」くらいの強い意味が込められる。

■ splendidly
ここでは副詞だが、形容詞形にも類義語がたくさんあるので、その区別に注意。splendidは「輝きを放つもの」、magnificentは「壮大なもの」、gorgeousは「（華やかさで）賞賛を浴びるもの」、superbは「才能が秀でているもの」に対してそれぞれ用いられるとされている。

■ become to you
ex. the coat becoming to you（君に似合うコート）

■ Wonderful, isn't it?
このテキストのみからではわかりづらいが、チッピングはキャサリンとのダンスを心から楽しんでおり、その二人の時間をwonderfulという語で表現している。ちなみに、覚えたてのReverseを楽しげに行う様子が、この発言後に挿入されている。

■ a penny for those solemn thoughts.
通常はp.84のようにA penny for your thoughts.の形で使う。（黙って考え込んでいる人に向かって）「何を考えているの？」といったような意味。16世紀半ばにすでに見られたとされる古い表現。元は「1ペニーあげるから、何を考えているのか教えて」が由来であるとする説などがある。ペニーはイギリスで一番下の通貨、日本の一円に相当する。

■ tomorrows and railway stations, and goodbyes
似たようなものや事柄の繰り返しを強調する複数形の特殊な使い方。例えばtomorrowは不可算名詞だが、いくつもの可能性がある明日というような文学的な感覚で使っていると言える。チッピングとの別れを前に、あれやこれやと考えがまとまらない自身の様子を相手に伝える表現になっている。

107

EXT. RAILWAY STATION - DAY - The bikes are loaded onto the train.

bike 自転車 ↺
load 積む, 積み込む ↺

CHIPPING : I do hope you'll have a comfortable journey.

I do hope ↺

KATHERINE: I hope so too.

CHIPPING : What time do you get to London? Oh, I asked you that before, didn't I?

KATHERINE: Yes. Isn't saying goodbye awful?

CHIPPING : Yes. It's awful.

It's awful ↺

KATHERINE: Know what I mean? It's so, so…

Know what I mean ↺
It's so, so … ↺

CHIPPING : Oh, it is. Very, very. Oh. Rather a crowded train, isn't it?

Rather かなりの
crowded 混んだ

KATHERINE: You said that before too.

You said that before too ↺

CHIPPING : Oh, did I? It's saying goodbye, you know.

KATHERINE: I know. It's awful.

CHIPPING : Miss Kathy?

KATHERINE: Yes?

CHIPPING : I wanted to say something to you.

以下の明朝体はドイツ語(本欄は英語訳)

MAN : Bitte Platz nehmen!

Please take a seat.

CHIPPING : Dear, it's time.

dear ああ, まあ ↺

FLORA : Come along, Kathy. Goodbye, Mr. Chipping.

CHIPPING : Goodbye.

KATHERINE: Can't you remember?

CHIPPING : I just wanted to say that you made this the most wonderful holiday of my life. And…

you made this…my life ↺

FLORA : Kathy!

STAEFEL : Miss Kathy?

CHIPPING : You must go. Goodbye, Miss Kathy.

You must go 行かなければ ↺

KATHERINE: Goodbye, Mr. Chips.

屋外−鉄道の駅−昼−自転車が列車に積み込まれる。

チッピング ： 快適な旅になるよう、切に願っております。

キャサリン ： そうなるといいですわ。

チッピング ： ロンドンへは何時にご到着で？　ああ、同じことを以前も伺いましたね？

キャサリン ： ええ。お別れを言うのって、辛いことね。

チッピング ： ええ。辛いことです。

キャサリン ： 私の言う意味わかるかしら。それって、とても、とても…

チッピング ： ええ。そう。とても、とても。ああ、ずいぶん混んでいますね。

キャサリン ： 前にもそうおっしゃいましたわ。

チッピング ： ああ、そうでしたか？　もうお別れですね。

キャサリン ： そうね。辛いわ。

チッピング ： キャシーさん？

キャサリン ： はい？

チッピング ： あなたに一言申し上げたかったのです。

男性 ： どうぞ座席にお座りください。

チッピング ： ああ、もう時間です。

フローラ ： 行きますよ、キャシー。さようなら、チッピングさん。

チッピング ： さようなら。

キャサリン ： 思い出されました？

チッピング ： 私が言いたかったのは、あなたがこの休日をこれまでの人生の中で最高のものにしてくれた、ということです。それと…

フローラ ： キャシー！

シュテーフェル： キャシーさん？

チッピング ： もう行ってください。さようなら、キャシーさん。

キャサリン ： さようなら、チップスさん。

■ bike
日本語で「バイク」といえば、オートバイのことを表すことが多いが英語で「バイク」といえば自転車のこと。ちなみに英語でオートバイはmotorcycleなど。

■ load
コンピューター用語では「読み込む」という意味。下位のPCから中央・上位のPC（ホストコンピューターやサーバー）にデータを上げる（up）ことからupload（アップロード）また、逆に下位のPCにデータを下ろす（down）ことからdownloadなどという語が生まれた。

■ I do hope
ここでのdoは強調の意味。
ex. I do apologize.（心から謝ります）

■ It's awful
ここでの It は、saying goodbyeを受けている。

■ Know what I mean?
= Do you know what I mean?

■ It's so, so …
次のチッピングのセリフに出てくるveryとの違いに注意。共に「とても〜」という意味であるが、soの方は、「とても〜だから、…だ」というような、その続きを匂わせる語。

■ You said that before too.
少なくとも映画の中ではチッピングはRather a crowded trainとは言っていない。二人の会話が上の空で行われていることがわかるセリフ。

■ dear
「困惑・落胆・驚き・後悔」を表す際に用いられる語。Oh, dear me!, Oh, dear!, Dear me!などのフレーズでも使われる。

■ you made this...my life.
ここでのthisは、チッピングのオーストリアへの旅行のことを指している。

■ You must go.
have to と must は似たような表現であるが、mustはより主観的な意味合いが強い。ここでmustを使うことで、本当は行ってほしくないチッピングの想いが強調される。

Katherine kisses Chipping before she boards the train.

CHIPPING : Miss Kathy! Kathy! Kathy! You, you kissed me!

KATHERINE: I know. It was dreadful of me.

CHIPPING : Oh, no, no. But do you…? Are we…? Oh, this is awful. Look here, you, you'll have to marry me now, you know.

KATHERINE: Do you want to?

CHIPPING : Do I want to? Do you?

KATHERINE: Dreadfully!

CHIPPING : Oh.

KATHERINE: Goodbye, my dear.

CHIPPING : Kathy! Oh, you can't go now, my dearest!

KATHERINE: Goodbye, my dearest.

CHIPPING : Bye! She's gone. I don't know where she's gone. I may never see her again.

STAEFEL : I shouldn't worry, Chipping. Miss Flora has selected the church already, and I'm to be best man. My good fellow, do you imagine that we were both blind and deaf? We are going to open a bottle of champagne at the first cafe that we come to.

board 乗る, 乗車する

It was dreadful of me ⟳
dreadful 恐ろしい, ひどい

this is awful ひどいことだ ⟳
you'll have to marry me now
⟳

Dreadfully もちろん, 当然 ⟳

my dear お前, 君, あなた
→p.119
my dearest 愛おしいあなた ⟳

may ～かもしれない, ～する可
能性がある →p.179

I'm to be →p.181 if I'm to
catch...参照
best man (主たる)花婿付添
人 →p.139 maid参照
fellow 仲間, 同志 →p.115
we were both blind and deaf
⟳
blind 目が見えない
deaf 耳が聞こえない
We are going to open a
bottle... ⟳

キャサリンは列車に乗る前にチッピングにキスをする。

チッピング：キャシーさん！　キャシー！　キャシー！　あなた、私にキスをされました！

キャサリン：そうよ。ひどいことしました。

チッピング：いいえ、まさか、まさか。けど、あなたは…？　私たちは…？　ああ、どうしたらいいんだ。ねぇ、キャシーさん、あなたは私と結婚しなければなりません。

キャサリン：そうされたいの？

チッピング：私がですか？　あなたは？

キャサリン：もちろんしたいわ！

チッピング：ああ。

キャサリン：もうお別れよ。

チッピング：キャシー！　だめです、行ってはなりません！

キャサリン：さようなら！

チッピング：さようなら！　行ってしまった。彼女の行き先を私は知らないんだ。もう二度と会えないかもしれない。

シュテーフェル：私はそう思わないよ、チッピング。フローラさんはすでに教会を選ばれているし、それに私が付添人になるんだし。ねぇ、我々2人が何も見えず、何も聞こえていなかったと思ってるのかい？　行き当たった最初のカフェで、シャンペンでも開けよう。

■ It was dreadful of me.
一人で山登りをしたり自転車に乗ったりするなど、それまでの慣習に捕らわれない女性のキャサリンであるが、女性の方から男性にキスをすることには、まだ抵抗があることを感じさせるセリフ。

■ this is awful.
このセリフを言うチッピングは、一瞬キャサリンから目を離して何かを考えるような表情をしている。そこから考えると、今自分が置かれている状況を鑑みながら「どうすればいいのだ」と呟いているように思われる。

■ you'll have to marry me now
ここでは客観的な意味合いの強いhave toが使われていることから、「二人が結婚する事は必然のことであって、そうしなければならない」というチッピングの気持ちが読み取れる表現。

■ Dreadfully!
否定的にも使われる表現であるが、今回のように必ずしもそうではない。

■ my dearest
この表現が使われている前後で二人は、my dearとmy dearestを使っているが、dearの方はlikeやloveの相手にも使われるが、dearestの方はloveな相手にのみ使われるようである。つまり別れ際になって、お互いがお互いを思う気持ちが高まってきたことが窺える語の使い分けとなっている。

■ we were both blind and deaf
ここでのweは、シュテーフェルとフローラのことを指している。

■ We are going to open a bottle...
ここでのWeは、チッピングとシュテーフェルを指している。

美しく青きドナウについて

　キャシーとウィーンで再会したチップスは、とある舞踏会で彼女と一緒にダンスを踊るわけだが、そのバックにはヨハン・シュトラウスが作曲した「美しく青きドナウ」が流れている。第二の国歌とも称されるこの曲は、紆余曲折を経て現在のかたちに落ち着いた来歴をもつ。ここでは作曲された当時の歴史を紐解きながら、その成立過程をみていきたい。

　ヨハン・シュトラウスは 1825 年にウィーンで生まれた。当時ウィーンはハプスブルク帝国の首都であり、その帝国の力はまだまだ強大なものであったが、やがてフランスで革命が起きたり、隣国プロイセンも力を伸ばしてきたりするなど、ヨーロッパのパワー・バランスは徐々に変化の兆しを見せ始めていた。

　ハプスブルク帝国はその巨大さ故か、ヨーロッパに胎動しつつある動きに素早く対応する事が出来なかった。その対応の鈍さの一例が、プロイセン相手に戦った「ケーニヒグレーツの戦い」であった。当時のプロイセンには、国王ヴィルヘルム一世と宰相ビスマルクがおり、この二人のもとプロイセンはハプスブルク帝国に戦いを挑んだ。国力からすれば圧倒的な差のあった両者であったが、プロイセンは知力を使い戦いを進めた。

　結局この戦いはプロイセンの勝利で終わるわけだが、そこには二つの大きな要因があった。一つ目はイタリアを味方につけたこと。プロイセンは、ハプスブルク帝国からの独立運動が盛んになっていたイタリアを自陣に取り込み、北と南から挟み撃ちにしたのである。そのおかげで、兵力を分散することになった帝国軍は、ケーニヒグレーツでプロイセン軍に完敗してしまったのである。

そしてもう一つは、ハプスブルク側の時代の趨勢に対する認識の甘さであった。軍事の面でも近代化が進む世界の中で、ハプスブルクが抱える軍隊はと言えば、一時代前の（悪い意味で）艶やかな、実戦向きとはとても言えない代物だった。そんな軍隊でビスマルク率いるプロイセンと戦ったのでは、結果は火を見るよりも明らかであった。

　この敗北で受けた傷をなんとか癒そうと、ウィーンでは様々な音楽会が催された。その中にウィーン男声合唱協会の演奏会があった。以前からこの協会と付き合いのあったシュトラウスは、協会のためにワルツを一つ提供する。その曲にはまだ歌詞が付いていなかったため、アマチュア詩人であり協会関係者のヨーゼフ・ヴァイルが歌詞を書いた。それは、「歌でも歌って、あの敗北を忘れようじゃないか」といったような内容で、当時のウィーンの人々の心をつかみ、絶大な人気を誇った。

　このワルツをオーケストラ用に改訂したのが「美しく青きドナウ」なのである。戦いに敗れ、内政に力を入れるようになった皇帝フランツ・ヨーゼフは、ドナウ川の整備を行った。その完成を受け、歌詞がヴァイルのものからドナウ川を謳った格調高いものに変更され、現在のかたちとなったのである。（ちなみに題名は、ハンガリーの詩人カール・イシドール・ベックの作品の一節から取られている）。変更後、ワルツは一層ウィーンの人々の心を打ち、やがて「第二の国歌」と呼ばれるほど愛されるようになった。

井土　康仁（藤田医科大学）

Kathy's Revolutions

20 *INT. TEACHER'S LOUNGE - DAY - Raven reads the marriage notice in the newspaper.*

RAVEN : "Married at St. James' Church, Bloomsbury. Katherine Mary, only daughter of the late Henry Forbes Ellis to Charles Edward Chipping of Brookfield School."

BAUCOVY : Brookfield School?

MURDOCH : Chipping? Why, it's not possible.

HILDERSLEY : Old Chipping? It can't be!

RAVEN : Well, see for yourself.

BAUCOVY : Fantastic!

HILDERSLEY : Hey, Staefel, you sly old dog, did you know about this?

STAEFEL : Of course I know.

McCULLOCH : I suppose she's elderly.

STAEFEL : Well, I would hardly call her that.

PORTER-WATSON : As plain as a post, I suppose.

STAEFEL : My dear fellows, please, she's Chipping's choice.

BAUCOVY : Is it as bad as that?

STAEFEL : No, no. Do I give a wrong impression? She's a good creature. Her nose is perhaps a little red.

McCULLOCH : Good Gad! Does she drink?

STAEFEL : No, no. It is only indigestion. She…

McCULLOCH : Well, I'm off.

notice 告知

St. James' Church セントジェームズ教会
late 故

it's not possible そのようなことはない ↺

fantastic 素晴らしい, 馬鹿げている ↺
sly old dog ずるいやつ ↺

elderly 年配の, 歳を取った

as plain as a post ↺
plain 不器量な ↺
fellows 同志, 仲間 ↺

impression 印象

a good creature いい人 ↺
creature 生き物, 動物, 人間

Gad とんでもない ↺
Does she drink 彼女は酒を飲むのか ↺
indigestion 消化不良

I'm off 行きますね

キャシーの改革

屋内−教員ラウンジ−昼−レイヴンが新聞の結婚記事を読み上げる。

レイヴン　　：「ブルームズベリーのセントジェームズ教会で結婚。故ヘンリー・フォーブス・エリスの一人娘であるキャサリン・メアリーのお相手はブルックフィールド校のチャールズ・エドワード・チッピング」

ボーコヴィー：ブルックフィールド校？

マードック　：チッピング？　なぜだ、そんなわけない。

ヒルダースリー：あのチッピングが？　ありえない！

レイヴン　　：それじゃ、自分の目で見てみろよ。

ボーコヴィー：なんてこった！

ヒルダースリー：おい、シュテーフェル、お前、知っていたのか？

シュテーフェル：もちろん、知っていたさ。

マカロック　：相手は年増じゃないのか。

シュテーフェル：うーん、年増とは言えないかな。

ポーターワトソン：不器量ってことだろ？

シュテーフェル：ねぇ、みんな、たのむよ、彼女はチッピングが選んだんだからさ。

ボーコヴィー：そんなにヒドイのか？

シュテーフェル：いや、そうじゃないよ。間違った印象を与えているのかな？　彼女はいい女性だよ。鼻がちょっと赤いかな。

マカロック　：なんだよ、それ！　彼女、酒飲みなのか？

シュテーフェル：いいや、違う。消化不良のせいなんだ。彼女は…

マカロック　：わかった、もう行くよ。

■ it's not possible.
ここでのitは、チッピングとキャサリンの結婚のことを受けている。マードックの表情を見る限りでは、彼は二人の結婚を喜びや驚きと共に受け止めているように思える。

■ fantastic
fantasticには、「素晴らしい、素敵な」のような肯定的な意味もあるが、「根拠のない、馬鹿げた、非現実的な」のような否定的なものもある。ここではボーコヴィーの表情が見えづらく、どちらの意味で言っているのか判断は難しい。

■ sly old dog
sly dogのようにも使われる。人に対して用いられ、「ずるいやつ」のような意味。

■ as plain as a post
直喩表現。as deaf as a post（全く耳が聞こえない）というフレーズがあるが、それに見られるように、人を物に例えており、軽んじるニュアンスが感じられる表現である。

■ plain
「単純な、質素な、地味な」という意味のこの形容詞を女性に対して使うと、「美しくない、不器量な」のような意味になる。
ex. a plain woman（不美人）

■ fellows
ここで使われているように、複数形になると通常「（男性の）仲間、同僚」といったような意味になる。

■ a good creature
日本語の文脈で人に対して「クリーチャー」を使うと、あまりいい印象を与えない単語ではないが、英語の文脈ではここで使われているような愛情、軽蔑などといった形容詞と一緒に「人」の意味で使われることもある。

■ Gad
Godの婉曲的な表現。

■ Does she drink?
前文に、Her nose is perhaps a little red.とあるので、ここではキャサリンが大酒飲みで、所謂「酒やけ」の一つの症状として「鼻が赤い」のか？と聞いている。

STAEFEL : No, please. I told Chipping to bring her in to meet you this afternoon. They will be here any minute. You must be kind to her, for Chipping's sake.

RAVEN : He's bringing her here?

McCULLOCH: Well, he might have had the good sense to keep the good woman to himself!

BAUCOVY : Women aren't allowed in this room in any case.

STAEFEL : Shh. I hear them.

HILDERSLEY: Well, I must say, this is a nice start to a term.

MEN : Hello, Chipping. Congratulations, Chipping! Congratulations, Chipping!

CHIPPING : Thank you. My wife would so like to meet you. May I bring her in? We'll only stay a moment. Kathy.

Chipping escorts Katherine inside.

CHIPPING : These are my colleagues. Mr. McCulloch, Mr. Baucovy, Mr. Raven, Mr. Porter-Watson, Mr. Hildersley, Mr. Murdoch.

KATHERINE: It's so nice to meet you all, and just a little terrifying.

HILDERSLEY: Well, won't you sit down?

MURDOCH : Yes, yes. Do, do.

KATHERINE: I'm afraid I oughtn't to break in to a private room.

RAVEN : No, no. Not really.

BAUCOVY : This isn't at all private.

HILDERSLEY: Certainly not. No, no, no.

---

bring （相手のところに）連れて行く

any minute すぐにでも

for one's sake ～のために

good sense 分別

keep the good woman to himself ♪
Women aren't allowed in ♪
in any case どんな場合でも
Shh しーっ ♪
I hear them 彼らの足音が聞こえる ♪
this is a nice start to a term ♪

would so like to ～したいです ♪

escort エスコートする，～に付き添う

terrifying 恐ろしい，♪

oughtn't ＝ ought not
break in 押し入る，侵入する，乱入する
private 私的な，非公開の，会員制の ♪
This isn't at all private ♪

Certainly not そうではない ♪

シュテーフェル： 行くな、ちょっと待って。チッピングに今日の午後彼女を連れて、君たちに会いに来るよう言ってあるんだ。もう直にやって来るよ。彼女に優しくするんだぞ、チッピングのためにも。

レイヴン　： あいつが彼女をここに連れて来るって？

マカロック： 確か、お気に入りの女性を自分のものだけにしておく分別くらい、彼にはあったはずなのに！

ボーコヴィー： どんな場合であれ、この部屋は女人禁制だ。

シュテーフェル： しーっ、二人が来た。

ヒルダースリー： 全く、素敵な学期の始まり方じゃないか。

男性たち　： やぁ、チッピング。おめでとう、チッピング！おめでとう、チッピング！

チッピング　： どうもありがとう。妻はみんなに会いたがっていたんだ。彼女を連れてきていいかな？　少しの間いるだけだから。キャシー。

チッピングがキャシーを部屋に招き入れる。

チッピング　： この方たちが私の同僚だよ。マカロック先生、ボーコヴィー先生、レイヴン先生、ポーターワトソン先生、ヒルダースリー先生、マードック先生。

キャサリン　： みなさんにお会いできてとても嬉しいです、少し緊張していますが。

ヒルダースリー： とにかく、お座りになっては？

マードック　： そう、そうですよ。さぁ、どうぞ。

キャサリン　： 控室に入るなんてお邪魔になるんじゃないかって、心配していましたの。

レイヴン　： まさか、そんな。全然そんなことありません。

ボーコヴィー： 我々だけの場所じゃないですから。

ヒルダースリー： そんな場所じゃありません。全然違います。

■ keep the good woman to himself
keep A to oneselfで、「Aを独り占めにする」といった意味。
ex. He kept the news to himself.（彼はその知らせを誰にも教えなかった）

■ Women aren't allowed in
この部分を直訳すると「女性は入ることを許されていない」。つまり「女人禁制」ということ。

■ Shh
周りの人に静かにしてもらうよう、求める表現。shやshhhのようにも表記される。

■ I hear them.
ここでのthemは、チッピングとキャサリンのこと。

■ this is a nice start to a term.
チッピングとキャサリンがやって来る事に対し、「迷惑である」と皮肉っぽく言っているセリフ。

■ would so like to
would like toは、want toの丁寧な表現。現在形では生々しい感じが出てしまうが、それを過去形が和らげている。

■ terrifying
辞書には「恐ろしい、怖い」といった意味が表記されているが、ここではそのような否定的な意味合いは強くなく、「緊張している」といったような表現が妥当なように思われる。

■ private
⇆ public（公的な）; official（公式の）
「ここでは関係者や特定の人しか入れない・利用できない」ことを指す。
ex. "PRIVATE"（「関係者以外立ち入り禁止」）
cf. personal（個人的な）⇆ social（社会的な）

■ This isn't at all private.
この前のボーコヴィーの発言には、「女人禁制」という言葉があったにもかかわらず、キャサリンの美しさに思わず飛び出してしまったセリフ。

■ Certainly not.
ヒルダースリーもまた、前のセリフではチッピングが妻を連れてくることを、婉曲的に迷惑がっていたが、掌を返したようなセリフを述べている。ここでのように否定文に賛同する場合、certainly not（全くその通り）を用いる。
ex. "This book is not worth reading." "Certainly not."（「この本は読むに値しない」「全くその通り」）

KATHERINE: Why, Chips told me it was terribly private.

HILDERSLEY: Chips?

CHIPPING : Oh, my dear, I told you not to. It's just a sort of nickname she's given me.

MEN : Chips!

McCULLOCH: Why didn't we think of that?

MURDOCH : You will stay and have some tea with us, Mrs. Chips?

KATHERINE: Well, thank you. I don't believe…

MEN : Really, you must. I insist. Do.

KATHERINE: Well, then I'd better pour it out, hadn't I?

BAUCOVY : I'll get some more cups.

RAVEN : May I?

KATHERINE: Thank you. Thank you.

RAVEN : McCulloch doesn't drink tea, Mrs. Chipping.

McCULLOCH: Why, what nonsense! Of course I do. Very frequently.

Boys are eavesdropping outside the door.

BOY : Can you see her? Is she old?

BOY : Shut up!

BOY : Can't see a thing if you keep shoving me.

BOY : Who's shoving?

BOY : What's all this, you kids?

BOY : Shh! Mrs. Chipping's in there.

BOY : What's she like?

BOY : She's not much older than some of us, and she calls him "Chips."

BOY : She's made him buy a new suit and had his mustache trimmed.

---

terribly ものすごく, 非常に, ひどく

my dear お前, 君, あなた ↺
I told you not to ↺
(a) sort of ～のようなもの, 一種の～ ↺

really 本当に, 全くだ ↺
you must ↺

pour out 人に(飲み物)を注ぐ

May I ↺

frequently たびたび, 頻繁に ↺

eavesdrop 盗み聞きする, 盗聴する ↺

shove 押す, 突き飛ばす

Who's shoving ↺

What's all this 何事だ, どうしたんだ ↺

mustache 〔米〕口髭 →p.165 beard参照
trim ～の手入れをする, (髭や爪を)短く切りそろえる ↺

キャサリン	：でも、チップスが関係者に固く限られていると言っていました。
ヒルダースリー	：チップス？
チッピング	：もう君、言わないようにと言ったのに。彼女が付けたあだ名のようなものです。
男性たち	：チップス！
マカロック	：どうして考えつかなかったんだろう？
マードック	：我々とお茶でも飲んでいかれたらいかがかな、チップス夫人？
キャサリン	：ええ、ありがとうございます、でも確か…
男性たち	：そうですよ、ぜひそうしてください。ぜひとも。そうしてください。
キャサリン	：そうですか、では私がお茶をお入れした方がよろしいですわね？
ボーコヴィー	：カップを取ってきます。
レイヴン	：よろしいですか？
キャサリン	：どうも。ありがとうございます。
レイヴン	：マカロックはお茶を飲まないのですよ、チッピング夫人。
マカロック	：おい、何を言う！　もちろん飲みますよ。頻繁に飲みます。

少年たちがドアの外で、盗み聞きしている。

少年	：見える？　年寄り？
少年	：黙ってろ！
少年	：お前が僕をぐいぐい押してきたら何も見えないだろ。
少年	：誰が押してるって？
少年	：お前ら、何事だ？
少年	：シーッ！　チッピング夫人が中にいるんだ。
少年	：どんな感じの人？
少年	：僕らの何人かよりそんなに年上ってわけでもないよ、それと先生を「チップス」って呼んでる。
少年	：先生に新しいスーツを買わせて、口髭の手入れもさせてる。

■ my dear
ここでは、愛する人への親しみを込めた呼びかけ。イギリスでは特に親しい関係でない場合でも使われることも多く、年配の女性などにその傾向がある。

■ I told you not to.
= I told you not to call me by that nickname.

■ (a) sort of
ex. He is a sort of politician.（彼は、なんというか一種の政治屋ですね）
→p.161kind of参照。

■ really
ここでは、「そうだ」「その通り」と同意を表す。

■ you must.
ここではmustは「ぜひ〜して」「ぜひ〜すべき」という勧誘を表す。have to よりも好意的な響きがある。

■ May I?
相手が話者の伝えたい内容を理解している状況では、簡潔にこの2語だけで「（〜しても）よろしいでしょうか」の意味になる。

■ frequently
やや硬い響きがある。頻度の程度はoftenとともに60〜70%ほどで、sometimes（50%）とusually（80%）の中間程度。ちなみに100%はalways、0%はnever。
ex. FAQ = Frequently Asked Questions（よくある質問）

■ eavesdrop
eavesは家の軒先やひさしを意味し、eavesdropは元々、軒やひさしから落ちる雨垂れ、またその雨垂れが落ちる地面の意味である。それほどの近距離、つまり軒下に隠れて家の中の会話を盗み聞きしようとする人をeavesdropperと呼ぶようになり、意図的に聞き耳をたてることをeavesdropというようになった。
cf. overhear（偶然耳に入る、立ち聞きする）

■ Who's shoving?
ここでは「押していないぞ」「お前こそ」などの反語的な意味合い。

■ What's all this?
何が起きているのか、なぜ（どのような経緯で）そうなったのかを尋ねる表現。

■ trim
他に、髭を「剃る」はshave、「生やす」はgrow、「生やしている・たくわえている」はhaveを用いる。

BOY	: Poor old Chipping, it'll kill him.	poor 可哀想な, 気の毒な old [口語]とても ↩ kill [口語]参らせる, 打ちのめす ↩
BOY	: Quick, they're coming!	
KATHERINE:	Goodbye.	
CHIPPING	: Bye, bye. Thank you so much.	
BOY	: Hello, sir.	
KATHERINE:	Good evening. Are these some of your boys, dear?	
CHIPPING	: Yes. Hello, Matthews, Winthrop…	
COLLEY	: Colley, sir.	
CHIPPING	: Colley. There's always a Colley here. Brown and the rest of you, this is Mrs. Chipping.	a Colley ↩ the rest of 残りの人[もの], そのほかの人[もの] ↩
BOYS	: How do you do, Mrs. Chipping?	
KATHERINE:	I hope we're going to meet again quite soon. In fact, I know we are. Mr. Chipping wants to give a tea party for his boys every Sunday.	in fact 実際には, 実は ↩
CHIPPING	: What is that you say, my dear?	What is that you say ↩
KATHERINE:	So I think it would be nice if you boys started the ball rolling by coming along next Sunday.	start the ball rolling 事を(うまく)始める ↩
BOYS	: Oh, thank you very much. Thank you. Thank you.	
KATHERINE:	You, you said four o'clock, didn't you, dear?	
CHIPPING	: Oh, yes, of course. Yes.	of course ↩
KATHERINE:	Four o'clock then. We shall look forward to it. Good night.	look forward to 楽しみに待つ, 心待ちにする ↩
BOYS	: Good night, Mrs. Chipping.	
BOY	: Goodbye, Mrs. Chipping.	

21 *Boys make an evaluation of Katherine as soon as the two leaves.*

make an evaluation of ～を評価する, 見定める
evaluation 評価, 評定

少年　　　　：かわいそうなチッピング！　先生も大変だ。

少年　　　　：早く、来るぞ！

キャサリン　：さようなら。

チッピング　：じゃ、また。どうもありがとう。

少年　　　　：先生、こんにちは。

キャサリン　：こんばんは。あなたの生徒たちなの？

チッピング　：ああ。やあ、マシューズ、ウィンスロップに…

コリー　　　：コリーです。

チッピング　：コリー。必ずここには「コリー」という名前の子がいるな。ブラウンにほかのみんな、こちらはチッピング夫人だ。

少年たち　　：初めまして、チッピング夫人。

キャサリン　：近いうちにまた会えるといいわね。実は、会えるのよ。チッピング先生が毎週日曜日に、生徒のためにお茶会を開きたいんですって。

チッピング　：君、何のことを言っているんだい？

キャサリン　：だから今度の日曜、みんなが来てくれて、お茶会を始められたらいいと思うの。

少年たち　　：うわぁ、どうもありがとうございます。ありがとうございます。ありがとうございます。

キャサリン　：あ、あなた４時っておっしゃったわよね？

チッピング　：ああ、そう、そうだったね。そうだ。

キャサリン　：それでは４時に。楽しみにしていますからね。おやすみなさい。

少年たち　　：おやすみなさい、チッピング夫人。

少年　　　　：さようなら、チッピング夫人。

二人が去るとすぐに、少年たちはキャサリンの品定めをする。

■ old
前に置いたpoorやgood, bigなどの形容詞を強調する。

■ kill
ここでは「（人に）ひどい苦痛[苦難]を与える」「大変な思いをさせる」の意味。また、It won't kill 〜 は「〜にとって大したことではない」の意味になる。

■ a Colley
固有名詞である人名や、企業名の前に不定冠詞 a をつけることによって「（よく知らない）〜という名前の人」、「〜という企業、またはその企業の製品」という意味になる。ここではColleyという苗字についているので、「〜家の人」という意味である。→p.181 The Colleys参照。
ex.　A　Toyota（トヨタ車）, A　Mr. Tanaka has left you a message.（田中様という方から伝言がございます）

■ the rest of
the rest of ＋ 名詞で、「〜の残り」として使われることが多く、for the rest of one's livesで、「〜の残りの人生、その後死ぬまで」という意味。Will you spend the rest of my life?（残りの人生を一緒に過ごしてくれないの？）と求婚の言葉として使われることもある。p.60にあるような「休息、休養」と間違えやすいため注意。

■ in fact
前言を補足・強調したり、否定・訂正したりするつなぎことばとしての働きを持つ。ここでは、急に思いついたことを付け加えた形で、具体的な内容で補足している。

■ What is that you say?
「聞き間違いではないよね」「君そんなこと考えていたの？」という驚きのニュアンス。

■ start the ball rolling
= set[get] the ball rolling
他にget (it) startedやget goingも「始める」の意味。

■ of course
ここでは、相手に言われて思い出したり、気がついたりした時の「ああ、そうそう」「そうだった」という反応。実際にはチッピングは妻に合わせてそのように取り繕っている。

■ look forward to
toは前置詞。後に続くのは名詞、動名詞、代名詞。

■ make an evaluation of
= evaluate

BOY	: Not bad, eh?	eh ↻
BOY	: She's pretty.	
BOY	: Pretty? She's wonderful.	

INT. CHIPPING'S HOUSE - DAY - Katherine serves the boys some food.

KATHERINE: Now, Bullock, you don't mean to tell me that you can't find room for just one more muffin?

mean to ～するつもり

room 余地, 可能性 ↻

BULLOCK : No, thank you. Really, Mrs. Chipping.

KATHERINE: Well, last muffin means a handsome wife and 10,000 a year, you know. I should risk it for the sake of the future Mrs. Bullock.

handsome ↻

10,000 a year ↻
risk it 思い切ってやってみる, 一か八かやる, (危険や不快な結果を覚悟の上で)敢えて試みる
for the sake of ～のために ↻

BOYS : Mrs. Bullock! Mrs. Bullock!

KATHERINE: Why, Martin, you hardly ate anything.

MARTIN : I'm in training, Mrs. Chipping.

be in training トレーニングを受けている, 練習〔訓練〕を受けている ↻

CHIPPING : Martin's one of our best footballers. He ought to get his colours next term.

get one's colours 〔英〕レギュラー〔正規の〕選手になる ↻
colour ↻

KATHERINE: Oh, really?

CHIPPING : Oh, yes.

KATHERINE: Do you think we'll beat Sedbury?

BOY : We ought to.

MITCHELL : The Sedbugs are funks anyway.

Sedbugs ↻

KATHERINE: The what, Mitchell?

MITCHELL : Sedbugs. That's our name for them.

KATHERINE: Oh, I see. What do they call you, the Brookfleas? Well, if you do win the match, Mr. Chipping and I must give you a feast of victory. You'll all have to wear vine leaves in your hair and eat your muffins lying on couches like the ancient Romans.

Brookflea ↻

vine leaves ブドウの葉, つる草 ↻

122

少年	：悪くないよね？
少年	：綺麗だ。
少年	：綺麗？　最高さ。

屋内－チッピングの家－昼－キャサリンが少年たちに食べ物を出す。

キャサリン	：ブロック、あとたった一つのマフィンすら入らないなんて言うつもりじゃないわよね？
ブロック	：もう結構です。本当です、チッピング夫人。
キャサリン	：最後に残ったマフィンは、素敵な奥さんと年収1万ポンドを意味するの。未来のブロック夫人のために私はあえてすすめているのよ。
少年たち	：ブロック夫人！　ブロック夫人！
キャサリン	：あら、マーティン、ほとんど何も食べていないのね。
マーティン	：体調管理中なんです、チッピング夫人。
チッピング	：マーティンは我が校のサッカーチームのもっとも優れた選手の一人なんだよ。来期はきっとレギュラーになるはずだ。
キャサリン	：まあ、本当？
チッピング	：ああ、そうさ。
キャサリン	：セドベリーに勝てると思う？
少年	：勝つに決まっています。
ミッチェル	：セド虫（バグ）はとにかく腰抜け連中だから。
キャサリン	：ミッチェル、何て？
ミッチェル	：僕たちが付けたやつらの名前です。
キャサリン	：あら、そうなのね。相手はあなたたちのことを何て呼んでいるの？　ブルック蚤（フリー）？　じゃあ、もし試合に勝てば、チッピング先生と私が祝勝会を開かなきゃ。古代ローマ人のように、あなたたちみんな、髪にツル草の葉を付けてカウチで寝転んでマフィンを食べなきゃだめよ。

■ eh?
＝(米) huh?
eh[huh]?には「何だって?」と聞き返すだけでなく、「(確認のため[同意を求めるため])だよね?」「(驚いて)えーっ」などの働きもあるが、ここでは付加疑問文のように同意を求める働き。

■ room
ここでは room for で「～の余地[余裕]がある」の意味。
ex. There's always room for dessert.
(いつでもデザートは別腹です)

■ handsome
いわゆる男性の「ハンサムな」「顔立ちの整った」という外見や容姿の他に、特に女性に対しては「凛とした、堂々とした」の意味も表す。

■ 10,000 a year
おそらく£10,000 (1万ポンド) の年収を指すものと思われる。つまり当時でいう「億万長者」のニュアンス。

■ for the sake of
＝ for ～'s sake

■ be in training
スポーツ選手などがコンディションを整えている状態。ここでは、体調管理の一環としての食事制限を意味している。

■ get one's colours
＝ win one's colours
coloursは「象徴となる色」のことで、ここではチームやクラブ、学校などを象徴する色のついた記章や制服などをさす。競技などのチームでは正規の選手がチームの色の付いたユニフォームを着ることから、get[win] one's colourで「レギュラー(選手)になる」の意味。

■ colour
＝(米) color

■ Sedbugs
相手校 Sedbury のbury を同じ[b]の音で始まるbug (虫・ばい菌) に変えて揶揄した表現。

■ Brookflea
少年たちの学校名 Brookfield のfieldを同じ[f]と[i:] の音を含むflea (蚤) に変えたSedbugsと同様のジョーク。

■ vine leaves
ここでは古代ギリシャやローマで、競技の勝者が身につけた月桂樹やオリーブ、シュロなどの植物で作られた王冠をイメージしたものと思われる。

CHIPPING : I, I'm sorry to interrupt your classical lesson, dear, but there's the bell and these ancient Romans will be late for chapel.

KATHERINE: I haven't enjoyed a party so much for ages. You shall all come again soon.

BOY : Oh, thank you.

BOYS : Thank you, Mrs. Chipping.

KATHERINE: Now, don't be late for chapel, or you'll get us both into trouble with the head.

BOYS : No, we won't.

BOY : Thank you very much. Goodbye, sir.

BOY : Goodbye, Mrs. Chipping.

CHIPPING : Goodbye.

BOY : Thanks awfully, Mrs. Chipping. Goodbye, sir.

CHIPPING : Goodbye.

BOY : Goodbye, sir.

CHIPPING : Goodbye.

KATHERINE: What a nice lot they are.

CHIPPING : They certainly are when you get to know them like this. Though what authority I shall have in class after these orgies.

KATHERINE: Ten times more because now they look on you as a friend.

CHIPPING : What a revolutionary you are.

KATHERINE: Try one of those jokes that you've always kept hidden away, see what happens.

CHIPPING : No, Kathy. There's a limit, even to revolutions.

INT. CLASSROOM - DAY - A boy reads from the textbook.

---

interrupt ～を遮る, 妨げる ⊙
classical 古典派の, 古典的な ⊙
lesson 〔英〕授業(時間) ⊙

for ages 長い間, 久しく ⊙

or さもなければ, そうでないと ⊙
get ～ into trouble ～を揉め事に巻き込む ⊙
us both ⊙
the head 校長 ⊙

lot 〔英〕ひとまとまりの人〔もの〕, 連中 ⊙
get to know 知るようになる, 知り合いになる

orgy (暴飲暴食の)どんちゃん騒ぎ, ばか騒ぎ, やりたい放題 ⊙
ten times 10倍 ⊙
look on ～ as … ～を…とみなす〔考える〕
revolutionary 革命児〔家〕, 革命的な, 画期的な

see what happens 様子を見る, 状況を見る

revolution 改革, 大変革, 回転

read from ～ ～の一部を読む

124

チッピング	:	君の歴史の授業中に申し訳ないが、ベルも鳴ったので古代ローマ人諸君が礼拝に遅れてしまうよ。
キャサリン	:	こんなにパーティーを楽しんだのは久しぶりだわ。近いうちにまた来てね。
少年	:	あっ、ありがとうございます。
少年たち	:	ありがとうございました、チッピング夫人。
キャサリン	:	さあ、礼拝に遅れないでね、でないと私たち、校長先生に叱られるわ。
少年たち	:	いいえ、大丈夫です。
少年	:	どうもありがとうございました。先生、さようなら。
少年	:	さようなら、チッピング夫人。
チッピング	:	さようなら。
少年	:	どうもありがとう、チッピング夫人。さようなら、先生。
チッピング	:	さようなら。
少年	:	先生、さようなら
チッピング	:	さようなら。
キャサリン	:	なんていい子たちなのかしら。
チッピング	:	こんな風に知り合えたら確かにそうなんだけれどね。こんなどんちゃん騒ぎの後、授業でどんな睨みをきかせたらいいものか。
キャサリン	:	もう彼らはあなたを友達としてみているのだから、10倍の睨みは必要よ。
チッピング	:	全く君は革命家だよ。
キャサリン	:	いつも隠してきた冗談の一つでも言って、様子を見てみたら。
チッピング	:	いや、キャシー、革命にも限度ってものがあるよ。

屋内－教室－昼－一人の生徒が教科書の一節を読む。

■ interrupt
会話や仕事など相手が継続的に行なっていることを「中断させる」こと。また、disturbは平常の状態や、睡眠や休息などの平穏を乱す、混乱させることを意味する。
ex. Don't disturb.（ホテルのドアノブにかけるサイン：起こさないでください）

■ classical
日本語で言う「クラシック音楽」はclassical music、「クラシックバレエ」はclassical ballet。一方、classicは主に「見事な」「典型的な」あるいは「傑作・名作」などの意味で使われる。

■ lesson
＝（米）class

■ for ages
＝ for a long time

■ or
命令文などの後に用いて好ましくない事態への警告を表すくだけた表現。同様に話し言葉では、やや強めの意味合いのor elseもよく使われる。

■ get ～ into trouble
with…を加えると「…に叱られる」「…に処罰される」の意味になる。

■ us both
＝ both of us
usのような代名詞とともに使う時、bothはこのように後置することができる。普通名詞の場合はこの語順にはできず、both (of)～として使う。

■ the head
＝（英）the headteacher；（米）principal
→p.173 headmaster参照。

■ lot
ex. a fine lot of boys（素晴らしい少年たち）→p.170 a dreadful lot参照。

■ orgy
由来はorgies（「古代ローマの酒神祭」）。ローマ神話において「酒の神」として知られるBacchusなどを崇拝する儀式を指す。ここでは「古代ローマ」に言及した会話を意識したものでもある。

■ ten times
timesは、(twice：2倍を除いて)「～倍」を表す表現に使う。
ex. three times（3倍）、one and a half times（1.5倍）、4.5 times（4.5倍 *four point five timesと読む）
cf. 分数は、分子を数字、分母に序数詞を使って表す。
ex. one third（3分の1）、five eighth（8分の5）

BOY : Mulierem... **A woman...** plebeii generis... **of the plebeian class.**

CHIPPING : Can anyone tell me what is the lex canuleia?

: It was the law that allowed patricians to marry plebeians.

: As a matter of fact, it was a very handy law, it was very handy, because if Mr. Patrician told Miss Plebs he was very sorry that he couldn't marry her, after they'd made the lex canuleia **she probably replied, "Oh, yes, you can, you liar."**

Bullock burst out laughing, which causes everyone else to laugh too.

BULLOCK : Canuleia!

CHIPPING : That's enough. That's enough. That's enough. Thank you. Bullock! It's very kind of you to show such violent appreciation of my little joke, but we mustn't return you to your parents with a broken blood vessel.

INT. CHIPPING'S HOUSE - EVENING - Katherine reads to Chipping.

KATHERINE: "Mr. Pickwick was sufficiently fired with Mr. Pott's enthusiasm to apply his whole time and attention to the proceedings..." Lights out. Are you taking dormitory inspection, dear?

plebeian 〔古代ローマの〕平民の, 〔古代ローマの〕平民・庶民の, 庶民

class 階級, 社会階層

lex canuleia カヌレイウス法 ↺

allow someone to ～ （人）に～することを許す ↺

patrician 古代ローマ貴族(の), 上流階級(の)

handy 便利な, 使いやすい, 役に立つ

"Oh, yes, you can, you liar." ↺

burst out laughing ↺

burst out ～ing 突然～し始める

cause ↺

violent 激しい, 猛烈な

appreciation 謝意, 理解, 鑑賞(力)

blood vessel 血管 ↺

"Mr. Pickwick... proceedings" ↺

sufficiently 十分に, 足りて

be fired with ～にかき立てられる, ～に熱狂する

fire 興奮させる, 煽る

enthusiasm 熱意, 情熱

apply to ～に専念する, 心を向ける

proceedings 事の成り行き〔展開〕, (一連の)出来事 ↺

lights out 消灯, 消灯時刻, 停電 ↺

dormitory 共同寝室, 寄宿舎, (学校などの)寮 ↺

inspection 立入調査, 検査, 視察

少年	：平民階級の… 女性。
チッピング	：カヌレイウス法が何か、誰かわかるかな？
	：貴族が平民と結婚するのを許す法律だ。
	：実のところ、とても便利な法律で、とても役に立った。なぜなら、もし貴族氏が平民嬢に彼女と結婚できず申し訳ないと言ったとすると、このカヌレイウス法ができた後なら彼女はおそらく、「あら、ええ、あなたはできるわ、この嘘(ライアー)つき」と答えたから。

ブロックが突然笑い出すと、他の皆も笑い出す。

ブロック	：カヌレイウス(カヌーライアー)だって！
チッピング	：もういい。もう十分だ。十分だよ。ありがとう。ブロック！ 私のささやかな冗談を君がそんな風に熱烈に喜んでくれるのはありがたいが、血管が破裂した君をご両親のもとへ返すわけにはいかないんだ。

屋内－チッピングの家－晩－キャサリンがチッピングに本を読んで聞かせる。

キャサリン	：「ピックウィック氏はポット氏の熱意に掻き立てられ、そのすべての時間と注意を一連の出来事に向けた…」消灯よ。寮の見回りに行くの？

■ lex canuleia
紀元前445年に古代ローマで制定された法令。これにより、それまで禁止されていた貴族と平民の婚姻が認められた。lexはラテン語でlaw（法律）のこと。canuleiaは護民官の名前。発音は「カヌレイア/カヌライア」。

■ allow someone to ～
ex. Mr. Chipping allowed the student to be absent.（チッピング先生はその生徒に欠席を許した）

■ "Oh, yes, you can, you liar."
can, you liar 部分は「カンユーライアー」→「カヌライア（＝canuleia）」にかけたジョーク。

■ burst out laughing
＝ burst into laughter

■ cause
cause 人 to do で、「人に～させる、人が～する原因となる」の意味。ここでは、「ブロックが突然笑い出したことが、他の皆も笑わせることになる」「ブロックの笑いが他のすべての人々に笑いをもたらす」ということ。

■ blood vessel
blood は「血液」、vesselは「管・導管」のこと。

■ "Mr. Pickwick…proceedings"
イギリスの小説家チャールズ・ディケンズによる『ピックウィック・クラブ』*The Posthumous Papers of the Pickwick Club*（1837年）の一節。この作品は実業界を引退後、「ピックウィック・クラブ」を設立した老紳士ピックウィック氏とメンバーたちが気ままに旅しながら書き記した見聞録。イータンスウィルでは一行が選挙戦に遭遇。地元ギャゼット紙の編集長ポット氏との出会いとともに描かれたその様子を回想した形になっている。

■ proceedings
ここでは、『ピックウィック・クラブ』の前章で描かれた選挙に関する出来事を指している。

■ lights out
寄宿舎や軍隊、収容所などにおける「消灯時間」の号令や合図。消灯ラッパなどを指すが、一般にも広く使われている。

■ dormitory
イギリス英語では多人数用の寝室、アメリカ英語では大学の寮（＝dorm）を指す。

CHIPPING : Yes, shan't be long.	shan't be long ↺
KATHERINE: Chips!	
CHIPPING : Yes?	
KATHERINE: Cough a little before you come to number 11, will you?	cough 咳をする ↺
CHIPPING : Now, Kathy, why?	
KATHERINE: Jones Minor got a tuck box from home today. Did you ever have a dormitory feast when you were a little boy?	tuck box 〔英〕[俗語]菓子箱 ↺ feast ご馳走, 祝宴 ↺
CHIPPING : Well, I, I do remember once, but that's quite beside the point.	beside the point 的外れな ↺
KATHERINE: Is it?	
CHIPPING : Kathy, I sometimes think you're trying to pull Brookfield down stone by stone.	pull down 破壊する stone by stone 徐々に ↺

INT. DORMITORY - NIGHT - While inspecting the rooms, the boys in room eleven are eating snacks.

CHIPPING : Hm. Thought I heard a noise. Must have been the cat.	Thought I heard... ↺ Must have been... ↺

22 *EXT. SCHOOL GROUNDS - DAY - Chipping and Staefel farewell the boys as they leave for Christmas vacation.*

farewell 別れを告げる ↺
Christmas vacation クリスマス休暇 ↺

BOY : Merry Christmas, sir.	
CHIPPING : Thank you. Bullock, go easy on the mince pies.	go easy 控えめにする ↺ mince pie ミンスパイ ↺
BULLOCK : Oh, sir.	
BOY : Merry Christmas.	
BOY : Say goodbye to Mrs. Chipping for me.	
CHIPPING : Yes, I will indeed.	

チッピング ：ああ、すぐに戻るよ。

キャサリン ：チップス！

チッピング ：うん？

キャサリン ：11号室に入る前にはちょっと咳払いしてね。

チッピング ：ほう、キャシー、なぜだい？

キャサリン ：今日、ジョーンズ・マイナーに自宅からお菓子の箱が届いたの。あなたが子供の時にも寮でお菓子パーティーやらなかった？

チッピング ：ああ、ま、まあ、1回だけ記憶があるけど、それとこれとは話が別だ。

キャサリン ：そうなの？

チッピング ：キャシー、私はときどき、君がブルックフィールドをちょっとずつ堕落させるつもりなんじゃないかという気がするよ。

屋内－寮－夜－見回りの最中、11号室の子供たちはお菓子を食べている。

チッピング ：ふむ。何か物音がしたと思ったが。猫だな。

屋外－校庭－昼－チッピングとシュテーフェルが、クリスマス休暇で帰省する子供たちに挨拶をしている。

少年 ：先生、メリークリスマス。

チッピング ：ありがとう。ブロック、ミンスパイはほどほどにしておけよ。

ブロック ：もう、先生ったら。

少年 ：メリークリスマス。

少年 ：奥さんによろしくお伝えください。

チッピング ：ああ、わかったよ。

■ shan't be long.
= [It] shall not be long.
寮の見回りに行くチッピングが、「（見回りは）長くならない」という意味で言っている →p.161shan't参照。

■ cough
ここでは「咳払い」をして生徒たちに（先生が来たぞという）合図するということ。

■ tuck box
親元を離れている子供に，親がお菓子などを入れて送るための箱。

■ feast
dormitory feast は、寮生活をする子供たちが、親元から送られてきたお菓子などを持ち寄ってパーティーのようなことをすること。

■ beside the point
相手の意見が「話の要点からずれている」と言いたいときに使う言い回し。

■ stone by stone
石積みを一つ一つ積んでいくところからの発想で、「徐々に」「少しずつ」の意味。

■ Thought I heard...
= I thought I heard...

■ Must have been...
= (It) must have been...
must + have + 過去分詞で、「～した〔だった〕に違いない」という意味で過去の出来事に対する断定的な推量を表す。ここでは、チッピングは実際に子供たちがお菓子を食べているのを見たが、視線を宙に浮かせ、見ていない振りをしている。
ex. Her mother must have been beautiful when she was young.（彼女のお母さんは若いころ美人だったに違いない）

■ farewell
名詞なら「別れの挨拶」を意味する。そのまま"Farewell."と言えば「さようなら」の意味にもなる。

■ Christmas vacation
イギリスのクリスマス休暇（日本でいう「冬休み」）は、短い場合で2週間、長いと4週間にわたる場合もある。

■ go easy
go easy on ～で「（飲食物などを）控えめにする、ほどほどにする」という意味になる。目的語が人である場合は「～に優しくする、甘やかす」などの意味にもなる。

■ mince pie
ドライフルーツなどで作ったmincemeatを詰めて焼いたパイで、イギリスの伝統的なクリスマス菓子のひとつ。

BOY	: I'm going to bring Mrs. Chipping some silkworms.
CHIPPING	: How very nice. Thank you.
BOY	: Mater hopes you'll come and see us if you're in town, sir.
CHIPPING	: Yes, of course I will.
MARTIN	: My uncle's taking us to the Drury Lane pantomime.
CHIPPING	: Oh, Drury Lane? Then you'll see Dan Leno, Martin. I believe he's even funnier than I am.
JENKS	: Oh, ah, beg your pardon, sir.
CHIPPING	: Yes?
JENKS	: The headmaster says, would you be good enough to see him in his room?
CHIPPING	: At once, Jenks?
JENKS	: Yes, sir.
CHIPPING	: Yes, of course. Well, goodbye. I must, I must go.
BOYS	: Goodbye, sir. Merry Christmas.
CHIPPING	: What do you suppose the head wants with me?

INT. CHIPPING'S HOUSE - Katherine is decorating the Christmas tree.

KATHERINE	: There. How do you think it looks, Nellie?
NELLIE	: Oh, it's ever so beautiful, ma'am.
CHIPPING	: Kathy! Kathy! Where are you?
KATHERINE	: I'm here, dear.
CHIPPING	: Kathy, such news! They're making me housemaster. Longhurst's leaving and the head's offering me his house.

silkworm　カイコ(蚕) ↻

How very nice　とても嬉しい, とてもありがたい
mater　母 ↻

uncle's　= uncle is
Drury Lane　ドルリー・レーン劇場 ↻
pantomime ↻
Dan Leno　ダン・レノ ↻

(I) beg your pardon　すみませんが ↻

be good enough to　親切にも〜する ↻

There　[間投詞](満足して)そら!, ほら!
ever so beautiful ↻

such news ↻

the head's offering... ↻

少年	：	僕は奥さんにカイコを持って来てあげますよ。
チッピング	：	それはいいね。ありがとう。
少年	：	先生、街へ来られたら寄って欲しいと母が言ってました。
チッピング	：	ああ、もちろんそうするよ。
マーティン	：	おじさんがドルリー・レーン劇場のパントマイムを見に連れて行ってくれるんです。
チッピング	：	ほう、ドルリー・レーンか？ じゃあ、ダン・レノを見るんだな、マーティン。彼はきっと私より面白いぞ。
ジェンクス	：	あの、ちょっといいですか、先生？
チッピング	：	うん？
ジェンクス	：	校長先生が、できればちょっと部屋まで来てくれないかとおっしゃってます。
チッピング	：	ジェンクス、今すぐにか？
ジェンクス	：	はい、先生。
チッピング	：	うん、わかった。それじゃ、さようなら。私は、行かなくちゃいけない。
少年たち	：	先生、さようなら。メリークリスマス。
チッピング	：	校長が私に何の用だと思う？

屋内－チッピングの家－キャサリンがクリスマスツリーを飾り付けている。

キャサリン	：	ほら。どう思う、ネリー？
ネリー	：	あら、とてもきれいですわ、奥様。
チッピング	：	キャシー！ キャシー！ どこにいる？
キャサリン	：	ここよ、あなた。
チッピング	：	キャシー、ニュースだ！ 舎監にしてもらえるぞ。ロングハーストが辞めるから、彼の寮を私に任せてくれるって。

■ **silkworm**
カイコガの幼虫。その繭が絹（silk）の原料になる。

■ **mater**
ラテン語でmotherの意味。英語の中で使うと、おどけてわざと古めかしい言い方をしている印象をもつ。ここでは、チッピングがラテン語の教師なのでこの言い方をしたのだと思われる。

■ **Drury Lane**
ロンドンのドルリー・レーン地区にある劇場で、17世紀に創建されたイギリス最古の劇場。王立で、Theatre Royal, Drury Laneが正式名称。

■ **pantomime**
ここでは、イギリスで伝統的にクリスマスに演じられるChristmas pantomimeを指す。身ぶりと表情だけで演じる通常のパントマイム（無言劇）とは違い、ここのpantomimeは歌や踊りをまじえた軽妙な演劇のこと。

■ **Dan Leno**
イギリスの俳優、コメディアン。本名はGeorge Wild Galvin。1888年から1904年にかけてドルリー・レーン劇場で上演されていたパントマイム劇に欠かせない役者として有名であった。

■ **(I) beg your pardon.**
見知らぬ人に質問をしたり、ここでのように会話に割って入って話しかける時などに使われる。excuse meと同じ意味で使われるが、こちらの方がより丁寧でフォーマルな言い方である。

■ **be good enough to**
ここでのgoodはkindとほぼ同義で、would you be good enough to (do)はwould you be kind enough to (do)と同じく「～していただけませんか」という丁寧な依頼の表現。

ex. He was good enough to drive us to the station.（彼は親切にも私たちを駅まで車で送ってくれた）

■ **ever so beautiful**
ここでのeverは単なる強調の意味。

■ **such news**
newsには、単なる「知らせ、報道」の意味だけでなく、「（驚くような）良い知らせ」の意味がある。

■ **the head's offering**
= the head is offering...

KATHERINE: Darling! Oh, darling. I'm so happy. Not that it's any more than you deserve. Longhurst, it's a lovely old house. It's 18th century, isn't it?

CHIPPING : Yes, I believe so.

KATHERINE: Oh, there's a most imposing library for you and a greenhouse with a grapevine. But I think we ought to have lighter paint in the hall, though. It's a little gloomy as it is.

CHIPPING : Now, now.

KATHERINE: Oh, but the bedrooms are lovely. And there's a little room at the top of the stairs that I always thought would be just perfect for the nursery.

CHIPPING : You always thought?

KATHERINE: But of course, dear. I was sure that you'd be housemaster one day...just as I'm sure that one day you'll be head. I've been trying to make up my mind which of the houses I like best.

CHIPPING : The presumption of the woman.

KATHERINE: Imagine. Longhurst will have to be called Chipping's now.

CHIPPING : Chipping's? Oh, of course. Yes. Well, well.

KATHERINE: Oh, I'm so proud.

CHIPPING : I do believe you really meant it too.

KATHERINE: Meant what?

CHIPPING : Well, that I might be headmaster one of these days.

KATHERINE: My darling, you're a very sweet person and a very human person...and a very modest person. You have all sorts of unexpected gifts and qualities. So unexpected that you keep surprising even me with them.

---

old　古くからある

imposing　印象的な, 立派な
library　図書館, 書斎 ↩
greenhouse　温室 ↩
grapevine　ブドウの木 ↩

gloomy　薄暗い ↩
as it is ↩
now now ↩

stairs　階段　→p.139

nursery　子供部屋 ↩

one day　ある日, いつか ↩

make up one's mind　決心する

presumption　推定, 見込み ↩

human　[形容詞]人間的な, 思いやりのある
unexpected　予想外の ↩

quality　品質, 資質 ↩
So unexpected that... ↩

キャサリン ： あなた！　ああ、素敵。嬉しいわ。でもそれが当然よね。ロングハースト寮って、歴史のある素敵な寮よね。18世紀だったかしら？

チッピング ： ああ、そうだと思う。

キャサリン ： とっても立派な書斎もあるし、ブドウの木の温室もあるわ。でもホールにはもっと明るい色を塗った方がいいと思うわ。あのままだとちょっと暗いから。

チッピング ： おいおい。

キャサリン ： そうそう、寝室も素敵よね。それに最上階には小部屋があって、育児にもってこいだなって考えてたの。

チッピング ： 考えてた？

キャサリン ： もちろんよ、あなた。いつか舎監になるって信じてたもの…　いつかあなたが校長にもなるって信じてるようにね。私、どの寮がいちばんいいかずっと考えてたのよ。

チッピング ： 女性の推測というものか。

キャサリン ： 考えてみて。ロングハースト寮がチッピング寮って呼ばれるのよ。

チッピング ： チッピング寮？　ああ、その通りだ。そうだ。うん、うん。

キャサリン ： ああ、誇らしいわ。

チッピング ： 君は本気で言ったんだね。

キャサリン ： 何を？

チッピング ： その、私がいつか校長になるってことを。

キャサリン ： あなた、あなたはとても優しくて、思いやりがあって…　とても謙虚な人。あなたには意外な才能や資質がいっぱい備わっているの。意外すぎて、私はいつも驚かされてるわ。

■ library
ここでは寮の建物内の話なので、「図書館」ではなく「書斎」を意味する。

■ greenhouse
greensで「葉物野菜」を表す。つまり、「野菜を育てる家」というのが語源である。
ex. greenhouse effect gas（温室効果ガス）、greenhouse gas（二酸化炭素、メタンといった温室効果を起こす気体）

■ grapevine
植物の種類としてのブドウを指す。ちなみに grape は果物の種類としてのブドウを意味する。

■ gloomy
気分的に暗いイメージを与える形容詞である。

■ as it is
asは「〜のままで」という意味の接続詞。
ex. You are fine as you are.（あなたはそのままで大丈夫よ）、He took the word as it is.（彼はその言葉を額面通りに受け取った）

■ now now
= there, there; there now（よしよし、まあまあ）
単独で now という場合とは異なる意味合いで、相手をなだめたり落ち着かせたりするときに言う。

■ nursery
「幼稚園、保育園、託児所」といった意味もある。

■ one day
未来の「いつか」、または、過去の「ある日」を表す。
ex. See you one day next month.（来月いつか会おう）、One day I visited my old friend.（ある日、旧友に会った）

■ presumption
ここでのように、図々しさや無遠慮であることを意味する場合もある。

■ unexpected
unexpected gift は、「本人も気づかないような（素晴らしい）才能」ということ。

■ quality
人についてこの語を使う場合は、「資質、人柄」などが良いことを表す。

■ So unexpected that...
いわゆるso... that 〜の構文。キャサリンは、チッピングの隠れた才能を見つけ出すたび、それに驚いているということ。

KATHERINE: Never be afraid, Chips, that you can't do anything you've made up your mind to. As long as you believe in yourself, you can go as far as you dream. Certainly you will be headmaster, if you want to.

STAEFEL : Don't move. I've brought something for a celebration.

KATHERINE: Max, what a lovely surprise.

STAEFEL : It isn't every day that our friend becomes a housemaster. And we haven't drunk wine together since that evening in Vienna. Do you remember? The beautiful Blue Danube. Well, the Danube would certainly be blue for both of you tonight.

: To Herr Von Chipping of Chipping's House, and to Frau Von Chipping, the most sweet lady in the world.

CHIPPING : And to you, dear Max, we shall never forget you.

KATHERINE: What was it we said in the café that night my hero rescued me? Servus? Servus, Max.

CHIPPING : Servus.

STAEFEL : Now you shall make a toast, Miss Kathy.

KATHERINE: What shall I say? I know. Max, Chips, to the future.

CHIPPING : To the future.

STAEFEL : To the future.

23 *EXT. SCHOOL GROUNDS - DAY - Colley asks the teachers some questions.*

COLLEY : Oh, yes, sir. And is it really true that lady spiders eat their husbands?

you can't do anything... ↻

as long as ～する限り

as far as ～の所まで ↻

celebration 祝い ↻

It isn't every day that... ↻

The beautiful Blue Danube ↻

Herr Von Chipping ↻

Servus →p.89

make a toast 乾杯する ↻

spider クモ ↻

キャサリン : 恐れちゃだめよ、チップス、あなたがやると決めたことは何でもできるわ。自分自身を信じていれば、夢を実現できる。あなたが望めば、きっと校長になるわ。

シュテーフェル : 動くなよ。お祝いの品を持って来たぞ。

キャサリン : マックス、なんて素敵なサプライズかしら。

シュテーフェル : 友人が舎監になる日なんてめったにないからね。それにウィーンでのあの夜以来、一緒にワインを飲むこともなかったしね。覚えてるかい？美しく青きドナウ。そう、今夜、ドナウ川が君たちには青く見えるのは確かだろう。

: チッピング寮のチッピング氏と、世界で最も素敵な女性であるチッピング夫人に乾杯。

チッピング : そして君にもな、マックス、君のことは忘れないよ。

キャサリン : ヒーローが私を救ってくれた夜にあのカフェで、私たち何て言ったんでしたっけ。セルヴス？セルヴス、マックス。

チッピング : セルヴス。

シュテーフェル : 次は君が乾杯の音頭を、キャシーさん。

キャサリン : 何て言えばいいかしら。わかったわ。マックスとチップスの未来に乾杯。

チッピング : 未来に。

シュテーフェル : 未来に。

屋外－校庭－昼－コリーが教師たちに質問している。

コリー : はい、そうです、先生。で、メスのクモは本当にオスを食べるんですか。

■ you can't do anything...
このまま訳せば「やると決めたことは何もできない」だが、その前の Never be afraid に続けることで「～ということを心配してはいけない」となるので、ここでは「決めたことは何でもできる」ということになる。

■ as far as
go as far as you dream は「あなたが夢見る所に到達する」つまり「夢を実現する」ということ。

■ celebration
動詞はcelebrate（挙行する、〔式を挙げて〕祝う、ほめたたえる、ほめて世に知らせる）。対象がもの・事を祝う。祝日や誕生日、記念日など特定の日や、勝利や、祭り、物事の完成など一般的な出来事を「祝う」時に使う表現（to show that an event or occasion is important by doing something special or enjoyable）
ex. celebrate the New Year（新年を祝う）、celebrate his twenties birthday（彼の二十歳の誕生日を祝う）→p.175 congratulate参照。

■ It isn't every day that...
直訳すれば「～ということ（が起こるの）は毎日ではない」で、つまりそれがめったに起こらない〔珍しい〕〔めでたい〕日であることを意味する。

■ The beautiful Blue Danube
シュテーフェルが "Danube would certainly be blue for both of you tonight."と言ったのは、p.98でチッピングが"The Danube is only blue to the eyes of...well, to people in love."と言ったことを受けている。

■ Herr Von Chipping
Herr, Vonはともにドイツ語の単語。HerrはMr.の意味。Vonはここでは特に意味はなく、ドイツ人の名前にVonがつくことが多いので、それをもじったものと思われる。

■ make a toast
乾杯前の挨拶→乾杯の発声という一連の儀式を行うことを意味する場合もある。

■ spider
メスのクモは普通なら female spider と言うべきだが、ここでは「つがい」の蜘蛛であることを前提としているので、人間になぞらえてメスを lady spiders、オスを their husbands と言っている。

TEACHER 1: With certain species, yes.

TEACHER 2: Better be careful not to marry a spider, Colley.

COLLEY : Well, thank you, sir. We mustn't keep you, sir. It was jolly decent of you to explain it to us.

TEACHER 2: Can't think what boys are coming to. April the first, and all they do is stand around and ask silly questions about spiders.

TEACHER 1: Why, when I was their age, a master's life used to be a purgatory on April Fools' Day.

TEACHER 2: Oh, well, well, times are changing. I must be off. See you at lunch.

The two teachers lurch backwards with their gowns tied together.

INT. CHIPPING'S HOUSE - The DOCTOR comes down from the upstairs bedroom.

CHIPPING : Is it over?

DOCTOR : No. No. I'm afraid it's going to be a bad time, Chips. I must go back at once. I just came down to tell you that we're doing everything, everything we can. I'll come back again directly as possible. It's best for you to stay here, old man. Please.

INT. CLASSROOM - DAY - Colley and other boys are preparing blank letters for Chipping.

BOY : What's all this?

---

species　種 ↺

We mustn't...you →p.201

jolly　とても ↺
decent　親切な ↺

all they do is stand... ↺

used to　（以前は）〜だった，〜したものだ ↺
purgatory　苦行 ↺

lurch　よろめく
gown　ガウン ↺

come down　降りる ↺

Is it over ↺

afraid (that)　残念ながら〜だ
bad time　都合の悪い状況，苦境 ↺

old man ↺

blank　白紙の

教師1	：ある種のものは、そうだよ。
教師2	：クモとは結婚しないようにしろよ、コリー。

コリー	：ええ、ありがとうございます、先生。お引き留めしてすみません。教えていただきありがとうございました。
教師2	：子供ってのは何を考えるかわからないな。4月の1日だというのに、やつらは周りを取り囲んでくだらんクモの質問をしてくる。
教師1	：いや、私が彼らと同じ年頃の時は、エイプリルフールの日は教師にとって苦行の日だったぞ。
教師2	：ああ、そう、そう、時代は変わるものだ。もう行かなきゃ。昼食で会おう。

二人の教師は互いに結ばれたガウンに引っ張られてよろめく。

屋内－チッピングの家－医者が階上の寝室から降りてくる。

チッピング	：済みましたか？
医者	：いや。まだだ。残念だがあまり良くない状況だ、チップス。すぐに戻らなければならん。あらゆる手を尽くすと言いに来たんだ。できることはすべてやるが、できるだけ早く戻らねば。君はここにいてくれ。頼む。

屋内－教室－昼－コリーや他の生徒らがチッピングに白紙の手紙を用意している。

少年	：これは何？

■ species
生物を分類するときの「種（しゅ）」の意味。

■ jolly
形容詞としては「陽気な、すてきな」の意味だが、ここでは副詞で、イギリスの会話ではveryの意味で使われることがある。

■ decent
一般的には「きちんとした」という意味だが、会話ではkindの意味で使われることがある。

■ all they do is stand...
= all that they do is to stand...
ここでのように、all (that) S V is to doの場合、先行詞allの直後の関係代名詞thatや不定詞のtoは、会話では省略されることが多い。

■ used to～
今はやっていない過去の習慣。動作を表す。
ex. I used to play beach volleyball when I was small.（幼い頃よくビーチバレーをしたものです）. He used to go to the park on Saturdays.（彼は土曜日に公園へ行っていたものだった）
類似した表現として、be used to ～があるが、こちらは「～に慣れている」という意味。→p.183get used to ～ 参照。

■ purgatory
特にカトリックの世界では、天国に行けなかった人の魂が清められるとされる「煉獄」を意味する。したがってここでは、単なる苦しみではなく、それによって教師が成長できるのだということも意味している。

■ gown
長いゆったりとした形の外衣の総称。室内着や婦人用ドレスだけでなく、大学教授や学生、議員や裁判官、弁護士や聖職者、医師などが職業や身分などを表すために公的な場所で羽織る職服、正服も指す。

■ come down
⇄ go up

■ Is it over?
overは「終わった」の意味だが、ここではキャサリンの出産のことを言っているので、「（子供が）生まれたか」と尋ねている。

■ bad time
キャサリンの出産が難産であることを言っている。

■ old man
ここでは「老人」の意味ではなく、男性に対する敬称の一つ。親しい間柄で呼びかけに使われて、「おやじさん」、「おじさん」、「大将」などといった意味になる。

COLLEY	: Bring the postmark across this letter, then Chips won't notice it. It's an April fool for Chips. You see, he'll think they're really letters, only they're nothing but blank paper.	postmark 消印 April fool エイプリルフール ↻ blank paper 白紙 ↻
BOY	: I don't see much in that.	
COLLEY	: That's the point. There isn't. But Chips will see the joke. He's pretty good at seeing jokes lately.	That's the point それが肝心だ, それが重要だ ↻ see (the) joke ジョークがわかる
BOY	: I say, have you heard the news? Chips is having a baby.	have a baby 赤ちゃんができる, 出産する ↻
COLLEY	: Chips is?	
BOY	: Mrs. Chips, you fool.	Mrs. Chips, you fool ↻
COLLEY	: Just like old Chips, he would have a baby on April Fools' Day.	

INT. CHIPPING'S HOUSE - DAY - A MAID comes down the stairs.

maid メイド, お手伝いさん ↻

stairs 階段 ↻

NELLIE	: Mrs. Chipping?	
MAID	: Yes, Nellie, and the baby too.	

Chipping and the doctor come out of the bedroom.

come out of 〜から出てくる

DOCTOR	: I'll send the message to the common room. Someone else can take your class.	common room 教員などの控え室, 談話室, 休憩室
CHIPPING	: It's all right.	
DOCTOR	: But, Chips, there's no need…	

INT. CLASSROOM - DAY - The boys quickly return to their desks.

BOY	: He came in!

コリー	:	この手紙に消印をつけて、チップスは気づかないさ。チップスへのエイプリルフールだ。わかるだろ。本物の手紙だけど、ただの白紙なんだ。
少年	:	たいしたことない。
コリー	:	そこが肝心なんだ。たいしたことない。でもチップスならジョークがわかる。最近そうだろう。
少年	:	これ知ってる？　チップスに赤ちゃんが生まれる。
コリー	:	チップスに？
少年	:	チップス夫人だよ、バカだなぁ。
コリー	:	いかにもチップスらしいな、エイプリルフールに赤ん坊だなんて。

屋内－チッピングの家－昼－メイドが階段を降りてくる。

ネリー	:	奥様が？
メイド	:	ええ、ネリー、赤ちゃんも。

チッピングと医者が寝室から出てくる。

医者	:	伝言を教員控室に送ろう。誰かが君のクラスをみてくれる。
チッピング	:	大丈夫です。
医者	:	でも、チップス…　必要ないよ。

屋内－教室－昼－少年たちは急いで席につく。

少年	:	来たぞ！

■ April fool
April Fools' Day とも言う。4月1日に罪のない嘘をついて人をかつぐ西洋の風習。また、その日。ただし、かつぐのは正午まで。ここでは不定詞 an がついているので、エイプリルフールのいたずらを意味している。

■ blank paper
white paperとも言う。

■ That's the point.
相手が核心を突いたときに使う決まり文句。

■ have a baby
= give (a) birth; give birth to a baby
ここでは、Chips is having a baby.と言っているので、からかいの対象になっているが、They[We] are having a baby.といった形で男性を含めたカップルに対して使うことは可能。
cf. be pregnant（妊娠している）、We are expecting our first baby very soon.（[通例進行形で]近々第一子が生まれる予定です）、Her baby is due this month.（彼女は今月出産予定です）

■ Mrs. Chips, you fool.
「男が赤ちゃんを産むわけがないだろ」という意味。

■ maid
cf. bridesmaid（花嫁付添人）
西洋の伝統的な結婚式では花嫁の友人や親類の女性が式や披露宴のサポートをする役割を担う。中でも、主たる花嫁付添人のことをmaid of honorと呼び、p.110 best man（主たる花婿付添人）と揃って結婚許可証の公的な証人を務める。
cf. old maid（ババ抜き）
old maidは「適齢期を過ぎた未婚女性」のことを指す。このトランプゲームが生まれた当時は、トランプにジョーカーというカードはなく、クイーンを一枚抜くゲームだった。日本に入ってきたときにこのゲーム名は「おばあ（さん）抜き」と訳されたが、その後ジョーカーを使った類似のゲームも「ババ抜き」という呼び名が浸透したことから、本来「道化」であって「婆」ではないジョーカーが「ババ」と呼ばれるようになった。ちなみにトランプ」は和製英語で、英語では(playing) cardsという。trumpは「切り札」という意味である。

■ stairs
通例、複数形で使う。単数形stairは階段の一段一段を指す。

139

HENLEY : Please, sir. There are a lot of letters for you.

CHIPPING : Oh. Thank you, Henley.

Chipping looks bemused at the blank letters.

bemused 当惑した

BULLOCK : First of April, sir!

BOYS : April fool! April fools!

A boy enters the room and whispers the news to boys who relay the message to everyone. The room becomes silent.

whisper ささやく，耳打ちする ↻

relay （伝言・ニュースなど）を伝える

CHIPPING : Will you turn to page 29? Colley? Colley, will you begin?

turn to （ページを）開く

COLLEY : Legati Romani ... **The Roman ambassadors** trajecerunt... **crossed...** ab Carthagine... **from Carthage...** sicut imperatum erat iis... **as it had been commanded to them...** Romae... **into Rome...** in Hispaniam... **into Spain...** ut adirent ... **in order that they might approach** civitates **the state...** et perlicerent... **and entice them...** in societatem... **into an alliance.**

ambassador 大使，使節 ↻

Carthage カルタゴ ↻

into Rome ↻

and entice them ↻
entice 誘惑する，そそのかす
alliance 同盟，協調 ↻

140

ヘンリー ：先生。たくさんの手紙があります。

チッピング ：ああ、ありがとう、ヘンリー。

チッピングは白紙の手紙に当惑している。

ブロック ：先生、エイプリルフールです！
少年たち ：エイプリルフール！　エイプリルフール！

一人の生徒が教室にやってきて伝言をささやき、順に皆に伝える。教室は静まる。

チッピング ：29ページを開けて。コリー？　コリー、始めてくれ。
コリー ：…ローマの大使は…　渡った…　カルタゴから…　彼らに命令が下されたからだ…　ローマに…　スペインに…　彼らをそそのかして…　同盟を申し入れるために…

■ whisper
「噂話」という意味の名詞としても用いる。
ex. I heard a whisper that they are leaving this town.（彼らがこの町を出ていこうとしているって噂を聞いた）

■ ambassador
ambassadorが駐在する大使館はembassy。consul（領事）が駐在する領事館はconsulateである。
cf. diplomat（外交官）

■ Carthage
アフリカ北岸にあった古代都市国家。フェニキア人が紀元前6世紀に現在のチュニジア共和国の首都チュニス北部に建てた。ローマとのポエニ戦争で滅亡。

■ into Rome
ラテン語を直訳すると at Rome が正しい。

■ and entice them
ラテン語を直訳するとand [they might] enticeが正しい。

■ alliance
近年ニュースでもよく聞くM＆A、Mergers（合併）and Acquisitions（買収）に対し、allianceは、企業同士が経営権の譲渡などはせずに提携すること、いわゆる「業務提携」を指す。
ex. They contracted an alliance with another company.（彼らは他の会社と提携した）。Star Alliance（スターアライアンス*1997年に設立されたドイツのルフトハンザ航空やタイ国際航空、ANAなどが加盟する航空連合。コードシェア（共同運行）便を活用し、それぞれの航空会社単独では路線を展開しづらい地域へも路線拡大ができるというメリットがある。

チップス先生と私

　私の『チップス先生さようなら』との出会いは、確か小学校4年生だったと思います。しかし、それはこの作品ではなく、新たにミュージカルとしてリメイクされた1969年版のものでした。強く印象に残っているのは、生徒たちが先生に出会うと "〜, sir." と受け答えする礼儀正しい姿でした。それがとても格好よかったです。そして、それがイギリスのパブリックスクールとの出会いともなりました。

　今でこそ、すぐにインターネットで調べられますが、当時は図書館へ行き、百科事典でパブリックスクールを調べた記憶があります。すると、イートン校（1440年設立）、ハーロー校（1572年）、そして、その名が発祥となったラグビー校（1567年）等々、その歴史の古さに圧倒されました。あらためて歴史を重んじるイギリスに感動したのを覚えています。誰もが知っている『ハリー・ポッター』シリーズのロケ地は、キングス・スクールという学校で、それは1541年にヘンリー8世が設立したとか。『チップス先生さようなら』の舞台となったブルックフィールドは架空の学校ですが、映画の冒頭では1492年設立とされています。

　いつか訪れたいと思っていたイギリスのパブリックスクールですが、ひょんなことからその機会は訪れました。それは1990年に、名古屋のAET（英語指導助手）のうちの一人を、ホストファミリー

として請け負ったときのことです。彼はロンドン大学を卒業したイギリスの弁護士で、やはりパブリックスクールを出ていました。彼は1年だけ日本で働き、帰国したその夏、私はヨーロッパ研修に行く機会を得て、その折りに、彼の実家のあるヨークシャー地方のブラッドフォードを訪れました。そして彼の計らいで母校ブラッドフォード・グラマースクールを訪れ、ヘッドマスター（校長先生）にも会うことができたのです。ブラッドフォード・グラマースクールは、1548年設立でした。そこには温水プールがあり、それはなんと彼の伯父さんの寄付で建ったそうです。それだけに学費はとても高いと、後年別のAETが話してくれたのも思い出します。

　1939年版の『チップス先生さようなら』には 'School Song'（校歌）は、映画のはじめに、しかもBGMのような形でしか出てきませんが、ミュージカル版の1969年版は何度も登場します。特に冒頭での校歌（*Fill the World with Love*）は、特に強く印象に残りました。チップス夫人役のペトラ・クラークさんが歌うその他の曲（*London is London, Apollo, You and I*, etc.）もとても美しい曲です。拙著の『先生が薦める英語学習のための特選映画100選：中学生編』（2015）を参照していただけると幸いです。

　　　　　　　　　　　　　松葉　明（名古屋市教育センター）

Time to Retire

■■

24 *EXT. SCHOOL GROUNDS - VARIOUS TIMES - Boys file past for roll call.*

OWEN	: Owen.
O'HARA	: O'Hara.
PEARSON	: Pearson.
PRINGLE	: Pringle.
PENDENNIS	: Pendennis.
EWART	: Ewart.
ELLISON	: Ellison.
EASTON	: Easton.
EDDINGTON	: Eddington.
FAIRBANK	: Fairbank.
FINCH	: Finch.
FORTESCUE	: Fortescue.
FINCH	: I say, we've got one of those new telephones at home.
FORTESCUE	: Does it work?
FINCH	: No.
BEDDINGTON	: Beddington.
BICKERSTETH	: Bickersteth.
BELL	: Bell.
BICKERSTETH	: Did you hear old Stinks volunteered for South Africa.
BELL	: Crikey, that's tough on the Boers!
SMITH	: Smith.
SIMPSON	: Simpson.

retire 退職する, 引退する ↺
roll call 出席

O'Hara オハラ ↺

I say あの, ちょっと(呼びかけ) ↺
telephone ↺
work うまくいく, 作用する ↺

volunteer 志願する ↺

Crikey （Christの異形）うわっ!
be tough on ～ ～にとって不運な, 不幸な
Boer ボーア人 ↺

引退の時

DVD　01 : 18 : 36
□ □ □ □ □ □

屋外 - 校庭 - 様々な時間 - 生徒たちは列を作って出席をとる。

オーウェン　：オーウェン。
オハラ　：オハラ。
ピアソン　：ピアソン。
プリングル　：プリングル。
ペンディニス：ペンディニス。
エワート　：エワート。
エリソン　：エリソン。
イーストン　：イーストン。
エディントン：エディントン。
フェアバンク：フェアバンク。
フィンチ　：フィンチ。
フォーテスキュー：フォーテスキュー。
フィンチ　：新しい電話が家にきた。

フォーテスキュー：おい、それって使える?
フィンチ　：だめだね。
ベディントン：ベディントン。
ピッカーステス：ピッカーステス。
ベル　：ベル。
ピッカーステス：卒業生のスティンクスが南アフリカへ志願したって聞いた?
ベル　：うわっ、ボーア人にはきついな。
スミス　：スミス。
シンプソン：シンプソン。

■ **retire**
通例, 定年や病気などで退くことを意味する。短期間働いて辞める、あるいは転職などのために辞職する場合には resign や quit が使われる。
ex. I retired when I was 68.（私は68歳で退職した）

■ **O'Hara**
「O'」で表記されていることから、アイルランド系であることがわかる。『風と共に去りぬ』(1939) の主人公 Scarlett O'Hara（スカーレット・オハラ）も同じ。

■ **I say**
（主に英国で）人の注意を引くときに使う。
cf. I'd sayとして文頭に置くと、断定を避け, 自分の意見や予測を丁寧に言うことができる。
ex. I'd say it is too late.（おそらく手遅れかと思います）

■ **telephone**
グラハム・ベルが発明したとされるのが1875年なので, まだ当時は一般的ではなかった。ここでは名詞だが、「電話をかける」という動詞としても使える。
cf. call; phone;（英）ring（いずれも「電話をかける」という意味の動詞として使える）

■ **work**
計画, 方法, 組織などがうまくいく, 機能するという意味。
ex. This plan will work well.（この計画はうまくいくだろう）

■ **volunteer**
ここでは自動詞なので「兵役に志願する」という意味だが, 他動詞では「~を自発的に行う、~を買って出る」となる。

■ **Boer**
南アフリカのケープ植民地に入植したオランダ移住民（現在ではAfrikanerを使う）。ボーア戦争は、1880年-81年と、1899年-1902年に起こったイギリスと、ボーア人の住むトランスバール自由国・オレンジ自由国との間の戦争。この結果イギリスは1910年に南アフリカ連邦を建国した。

SMITH	: I'm going to London to see Queen Victoria's funeral.	Queen Victoria　ヴィクトリア女王 ↻ funeral　葬儀 ↻ a king ↻
SIMPSON	: Won't it seem funny having a king?	
LEWIS	: Lewis.	
LIVINGSTON	: Livingston.	
LOGAN	: Logan.	
LISTER	: Lister.	
LOGAN	: Did you hear? Some French chap's flown the Channel.	Some French chap's flown the Channel ↻ chap　やつ（親しみを込めて） fly　飛行する ↻　イギリス海峡 the Channel　イギリス海峡 What (a) cheek!　何て厚かましい!, 何て生意気な!
LISTER	: What cheek!	
MANSFIELD	: Mansfield.	
MAXWELL	: Maxwell.	
MARTIN	: Martin.	
MITCHELL	: Mitchell.	
CHIPPING	: Hey, boy, you! Come here. Well, haven't you got a name?	haven't you got　= don't you have
MORGAN	: Yes, sir.	
CHIPPING	: Is it a secret?	
MORGAN	: No, sir. It's Morgan, sir. Derek Morgan.	Morgan　モーガン ↻
CHIPPING	: Oh, a Morgan, eh? I might have known, trousers too short. Morgans always grow out of their trousers. Run along. Run along.	might have known ↻ run along　あっちへ行く ↻

MILLS approaches Chipping.

CHIPPING	: Yes.	
MILLS	: The head would like to see you in his room, sir.	
CHIPPING	: Oh, he would, eh? Thank you, Mills. You'd better take over for me, will you? Thank you.	take over　（義務, 責任など）を引き継ぐ, 引き受ける ↻

スミス	：ビクトリア女王の葬儀にロンドンへ行くんだ。
シンプソン	：国王だなんて変な感じじゃない？
ルイス	：ルイス。
リビングストン	：リビングストン。
ローガン	：ローガン。
リスター	：リスター。
ローガン	：聞いた？　フランス人のやつがイギリス海峡を飛行機で横断したぞ。
リスター	：何てやつだ！
マンスフィールド	：マンスフィールド。
マクスウェル	：マクスウェル。
マーティン	：マーティン。
ミッチェル	：ミッチェル。
チッピング	：おい、そこの、君だ！　こっちに来なさい。名前はないのかな？
モーガン	：あります。
チッピング	：秘密なのかね？
モーガン	：いいえ、違います。モーガンです。デレク・モーガン。
チッピング	：おお、モーガンか。確かにズボンがとても短いな。モーガン家の連中はいつも大きくなってズボンがはけなくなる。あっちへ行きなさい。行くんだ。

ミルズがチッピングに近づく。

チッピング	：なんだい？
ミルズ	：校長先生が部屋でお会いしたいと言っています。
チッピング	：ああ、そうか。ありがとう、ミルズ。君代わってくれないか。ありがとう。

■ Queen Victoria
ヴィクトリア女王（1819年-1901年）在位は64年に及ぶ。シンプソンのセリフ Won't it seem funny having a king? がその在位の長さを印象付けている。彼女の後を受け継いだのが映画『英国王のスピーチ』（2010年）のジョージ六世。

■ funeral
ヴィクトリア女王の葬儀は1901年2月2日に執り行われ、当時ロンドンに留学中だった夏目漱石は、その葬列を目撃したという。「肉体の復活」を信じるキリスト教圏、特にカソリックにおいては、土葬が伝統的であり、cremation（火葬）は神への冒瀆とされ禁止されていた。だが、1963年、第2バチカン公会議により火葬が認められ、以来、社会的・経済的な理由もあって火葬は年々増えている。
cf. wake（通夜）, casket（棺桶）, grave（墓）, burial（埋葬）, hearse（霊柩車）

■ a king
ここでは、特定の王ではなく、「国王というもの」という分類を表したので、不定冠詞 a がつき、king も小文字になっている。

■ Some French chap's flown the Channel.
1909年7月25日フランスの飛行士ルイ・ブレリオが飛行機で初の横断に成功した英仏海峡横断飛行のことを指している。

■ fly
不規則変化をする動詞で、過去形は flew、過去分詞は flown である。

■ Morgan
モーガンはイギリスの少量生産のスポーツカーのメーカーで有名な名前。

■ might have known
足元さえ見ていれば（ズボンが短いのが）分かりそうなものだったという意味。
→p.26参照。過去の事実とは違うと思っている事柄を表す仮定法過去完了。
→p.63 if you hadn't started first, I should have done the crying myself. 参照。

■ run along
cf. go away（立ち去る、どこかへ行く、〔命令形で〕あっちへ行け）

■ take over
他者の期待や依頼に応えて責任や義務を引き受ける、引き継ぐという意味に加えて、他者の意志を無視して力ずくで権利・権限・権力を奪うという意味でも使う。会社を買収する、組織を乗っ取る、土地・地域や国を占領する、などがその例。

Chipping sees a fracas in the garden.

COLLEY : You beast! I'll kill you for that.

CHIPPING : Hey, hey! Boys, boys! Get up! Stop it! Stop it at once. Get up! Get up! Come on. Get up. Get up. Get up. Disgraceful exhibition. You! Did no one ever tell you to keep your hands up? Keep them up. Keep them… It's a wonder both your eyes aren't closed. You're a new boy, aren't you?

COLLEY : Yes, sir.

CHIPPING : What's your name?

COLLEY : Colley, sir.

CHIPPING : Colley. A familiar name at Brookfield.

COLLEY : Yes, sir. My grandfather's Sir John Colley, chairman of the school governors.

CHIPPING : He's a scrapper too, your grandfather. Caned him more than once. But I'll do the same for you, any time you need it. What's your name?

PERKINS : Perkins, sir.

CHIPPING : I gather, Mr. Perkins, you're engaged in the retail vegetable business. Do your duties include brawling in public?

PERKINS : Well, he called me a town cheese.

COLLEY : Well, he said I was a stuck-up snob.

CHIPPING : A "town cheese"? That was ill-mannered of you, Colley. Come on, shake hands. No more of this nonsense. Come on, shake. I've got to get along. Hurry up.

The boys shake hands.

beast 獣, けだもの ↺

disgraceful 不名誉な
exhibition 展覧, 見世物
Did no one ever tell you to keep your hands up? Keep them up. Keep them… ↺

familiar 馴染みのある

chairman of the school governors 理事長
chairman 議長, 会長, 委員長
He's ↺
scrapper けんか好き

I gather 私は思う, 考える ↺
retail 小売り
brawl 騒々しくけんかする
in public 人前で, 公然と
cheese 小心者, 取るに足らない人 ↺
stuck-up snob 高慢なやつ, 生意気なやつ
snob 気取り屋, 俗物 ↺
ill-mannered 不作法な, 作法を知らない ↺

チッピングは庭でけんかに出くわす。

コリー　　　：こん畜生！　やってやる。

チッピング　：こらこら！　君たち！　立ち上がって！　やめなさい！　すぐにやめなさい。立ちなさい！　立ちなさい！　ほら、立ちなさい。立ちなさい。みっともないぞ。君だ！　誰も両手を上げておけと教えてくれなかったのかな？　上げたままだ。両目とも閉じてないのは不思議だな。新入生かな？

コリー　　　：はい、そうです。

チッピング　：名前は？

コリー　　　：コリーです。

チッピング　：コリー。ブルックフィールドではよく耳にする名前だ。

コリー　　　：そうです。僕の祖父ジョン・コリーは本校の理事長です。

チッピング　：君のおじいちゃんもけんかっ早かったな。1回以上は杖で打ったものだ。君にも同じことをするぞ、必要ならばな。名前は？

パーキンス　：パーキンスです。

チッピング　：パーキンス君、君のところは青果店を営んでいるな。公衆の場でけんかすることも義務のうちか？

パーキンス　：だって、やつが街の小心者と呼んだ。

コリー　　　：でも、あいつは僕を生意気だと。

チッピング　：街の小心者？　コリー、それはよくないな。さあ、握手だ。もうこれ以上はいいだろう。さあ、握手だ。私はそろそろ行かないと。急いで。

二人は握手する。

■ beast
特に男性や男の子に対して、相手を罵るときに使われる。
ex. You beast!（こいつめ、こんちくしょう）、Clumsy beast!（気をつけろ*足を踏まれた時などに言う）

■ Did no one ever tell you to keep your hands up? Keep them up. Keep them…
ここでチッピングは喧嘩を止めつつも、喧嘩の時は両手で顔をガードしないと今のように目にパンチを食らって腫らすことになるぞ、と戦法を教えている。のちにこの出来事をコリーの妻、ヘレンに話して聞かせる場面（p180）で、"One of young Colley's eyes was closing. 'Keep your guard up', I said."と言葉を変えて回想していることにも注目。

■ He's
He'sは he isか he hasの省略なので、本来ここは he was としなければならないところだが、口語的な発話においては許容される。

■ I gather
cf. I know; I think

■ cheese
cheeseは19世紀終わり頃から"an unpleasant, incompetent, stupid person"という意味で使われ始めた俗語である。他にbig cheese（お偉方、ボス）という意味で軽蔑的に用いられる場合もある。

■ snob
スノッブとは、地位や財産、家柄や教育を重視し、それらに基づいて人を判断する人物のことである。そのため、自分より社会的地位が上位の人々にこびへつらい、下位の人間を見下す傾向にある。また、趣味や知識、教養を鼻にかけるような通人を気取る人、学者ぶる人のことも表す。

■ ill-mannered
ill-は「まずく、不十分な」という意味を付加する接頭辞。通例、ハイフンをつけ、主に過去分詞と合わせて形容詞を作る。
cf. ill-conditioned（状態の悪い）、ill-equipped（設備・装備の不十分な）、ill-fated（不運な運命にある）、ill-humored（不機嫌な）、ill-informed（情報不足の、不案内な、間違った情報に基づいた）、ill-matched（不釣り合いな）、ill-natured（性格の悪い）

CHIPPING : That's better. If you've managed to knock some sense into each other, the afternoon hasn't been wasted.

25 INT. HEADMASTER OFFICE - DAY - RALSTON greets Chipping.

RALSTON : Oh, come in, Mr. Chipping.
CHIPPING : Thank you.
RALSTON : Sit down.
CHIPPING : Thanks.
RALSTON : Mr. Chipping, have you ever thought you would like to retire?
CHIPPING : No, I've never thought about it.
RALSTON : Well, the suggestion's there for you to consider. I'm sure the governors would be prepared to grant you an adequate pension.
CHIPPING : But I don't want to retire. I've no need to consider it.
RALSTON : In that case, things are going to be a little difficult.
CHIPPING : Difficult? Why difficult?
RALSTON : Do you want me to be quite blunt about it?
CHIPPING : Oh, yes, yes, of course.
RALSTON : Look at that gown you're wearing. I happen to know it's a subject of amusement to the whole school. A year ago I told you that I wanted the new style of Latin pronunciation taught and you totally ignored it.

That's better 良くなってきた, それでいい, その調子 ○
you've = you have
knock (some) sense into 分別ある行動を取らせる, 馬鹿なことをやめさせる ○
each other お互い, 相互
waste （お金, 時間などを）浪費する, 無駄にする

Thanks ありがとう

suggestion 提案, 意見
be there 存在している ○
consider よく考える, 検討する, （決意や決定のために）熟考〔熟慮〕する○
be prepared to ～する準備ができている, ～する用意がある
adequate 十分な, 妥当な, 適切な
pension 年金, 恩給 ○
I've no need 全く必要ない ○
I've = I have
in that case もしそうなら, そうなると ○
a little 少し, ちょっと
Do you want...about it ○
of course もちろん
happen to 偶然～する, たまたま～する
subject 対象, 的, たね ○
amusement 楽しみ, 面白さ, おかしさ
style 型, 様式, 形式
Latin ラテン語の
pronunciation 発音 ○
totally 全く, 完全に
ignore 無視する, 知らないふりをする ○

チッピング ： それでいい。お互いうまく改心しあえたのなら、この午後は無駄にはならなかったな。

屋内－校長室－昼－ロールストンがチッピングを迎える。

ロールストン ： ああ、入って、チッピング先生。

チッピング ： ありがとう。

ロールストン ： かけて。

チッピング ： どうも。

ロールストン ： チッピング先生、これまでに引退しようと考えたことはないかな？

チッピング ： いいえ、一度も考えたことはありません。

ロールストン ： いや、君に考えてほしい提案があるんだ。理事会は間違いなく君に十分な年金を支給するつもりだ。

チッピング ： でも、私は引退などしたくありません。そんなこと考えるまでもありません。

ロールストン ： そうなると事態はちょっと難しくなるな。

チッピング ： 難しい？ なぜ難しいんです？

ロールストン ： そのことで遠慮なく言わせてもらってもいいかい？

チッピング ： ああ、ええ、どうぞ、もちろん。

ロールストン ： 君が着ているガウンを見てくれ。学校中の笑いの種になっていることはこの私も知っている。去年、私は君にラテン語の新式発音を教えてほしいと伝えたが、君は全く耳も傾けなかった。

■ **That's better.**
相手を励ましたりほめたりする時、安心させるために大丈夫だと伝える時、状況に満足して良くなった時などに用いられる。

■ **knock (some) sense into**
= talk (some) sense into
説得や説教をして教え込んだり、強硬な手段によって根性を叩き込むなど強い方法を暗示する時もある。
ex. I will talk some sense into him.（彼にバカなことをしないよう言い聞かせます）

■ **be there**
= present
後に to + 動詞の原形を続けることで「～するためにいる、ある」ことを表す。

■ **consider**
= think carefully about something

■ **pension**
特に He has his pensions to live on now that he has retired.（今では彼は退職して年金で暮らしている）のような文では、宿泊施設を意味する「ペンション」と間違えないように注意。

■ **I've no need**
ex. I have no need of his help.（彼の助けは必要ない）

■ **in that case**
前述の内容を受けて、「もしもそうなった場合～だろう」と表す時に用いる。

■ **Do you want...about it?**
「全く、完全に」を表すquiteはblunt（率直な）を強調している。直訳すれば、私にそのことについて隠し事なくありのまま、つまり、思った事を遠慮なく伝えてよいのかと聞いている。
ex. to be quite blunt（ずばり言わせてもらえば）

■ **subject**
ex. a subject of research（研究の対象）、a subject of praise（賞賛の的）、a subject of rumor（噂のたね）

■ **pronunciation**
ex. Your English pronunciation is perfect.（君の英語の発音は完璧だ）

■ **ignore**
意図的に注意を払わない ignore に対し、同様の意味を持つ neglect は注意すべきことを不注意や怠慢、余裕のなさから疎かにするという違いがある。つまりチッピングは、ラテン語の新式発音を知っていながらも、その導入を故意に却下して教えなかったのである。

CHIPPING : Oh, that. Nonsense, in my opinion. Nonsense. What's the good of teaching boys to say "Kikero" when for the rest of their lives they'll still say Cicero? If they say it at all. Instead of vicissim, you'd make them say "wekissem."

RALSTON : There you are. I'm trying to make Brookfield an up-to-date school and you insist on clinging to the past. The world's changing, Mr. Chipping.

CHIPPING : I know the world's changing, Dr. Ralston. I've seen the old traditions dying one by one. Grace, dignity, feeling for the past.

: All that matters here today is a fat banking account. You're trying to run the school like a factory, for turning out moneymaking, machine-made snobs!

: You've raised the fees, and in the end the boys who really belong to Brookfield will have been frozen out. Frozen out.

: Modern methods, intensive training, poppycock! Give a boy a sense of humor and a sense of proportion, and he'll stand up to anything. I'm not going to retire. You can do what you like about it.

INT. SCHOOL BUILDING - DAY - The boy who overheard the conversation between Chipping and Ralston tells the other boys.

BOY : I tell you, he told Chips he's got to retire, but Chips said he wouldn't.

---

in one's opinion ～の意見では, ～の考えでは ♪

still まだ, なお, 今まで通り
If they say it at all ♪
instead of ～の代わりに, ～ではなくて

There you are →p.191

up-to-date 現代的な, 当世風の
cling 執着する, 固執する
past 過去, 昔の出来事
The world's = The world is

tradition 伝統, 慣例, 伝統
one by one 1つずつ ♪
dignity 品位, 品格, 高潔さ ♪

matter [動詞]重要である
fat 多額の, 高額の ♪
banking account 銀行預金口座, 残高 ♪
run 経営する ♪
factory 工場, 製造所
moneymaking 金儲けのうまい, 蓄財の
machine-made 型にはまった, 紋切型の
raise 上げる
fee 授業料
belong to 属する, いるべきである ♪
freeze out (特に冷遇や策略, 意地悪などによって)追い出す, 締め出す
modern 現代の, 近代的な
method 方法, 方式, 手段
intensive 集中的な, 徹底的な
poppycock ばかげた話, たわ言
sense of humor ユーモア感, ユーモアのわかる心
sense of ～ ～の感覚
humor (人間的, 感情的で人の心を和ませるような気の利いた)おかしさ
sense of proportion 分別, 冷静さ, 判断力, バランス感覚
proportion 比率, 割合
stand up to ～に耐える, 持ちこたえる ♪
You can do what you like about it ♪
conversation 会話, 対話
between (通常二つの～)の間

152

チッピング : ああ、あのことですか。私に言わせれば、全く
バカらしい。無意味だ。生徒たちは残りの人生
ずっとシセロと言うであろうに、「キケロ」と言
うように教えて何がいいんですか？　そもそも
彼らが言うのなら、だが。ビシシズムではなく、
あなたなら「ウィキシーム」と言わせるんでしょ
うな。

ロールストン : そら、言った通りです。私はブルックフィールド
を当世風の学校にしようとしているのに、あな
たは過去にしがみついて譲らない。世界は変化
しているんですよ、チッピング先生。

チッピング : 世界が変わっていることは私も知っている、
ロールストン校長。私も昔からの伝統が一つず
つ消えていくのを見てきた。礼儀、品位、過去
への想い。

: 今日ここで大事なのは、多額の銀行預金口座だ
けだ。君は学校を工場のように運営しようとし
ている、金もうけに熱心で紋切型の気取り屋を
養成するために！

: 君が学費を上げた、そのせいで本来ブルック
フィールドにいるべき生徒たちが締め出される
んだ。追い出されてしまうんだ。

: 近代的教授法、集中教育、バカバカしい！　生
徒にはユーモアの感覚と判断力を教えるんだ、
そうすれば何事にも耐えるだろう。私は引退す
るつもりはない。君の好きなようにすればいい。

屋内−校舎−昼−チッピングとロールストンの会話を盗み聞きし
た生徒が、他の生徒たちに報告する。

少年 : おい、校長がチップスに引退すべきだって言っ
てたぞ。でも、チップスはそのつもりはないっ
て答えてたよ。

■ in one's opinion
I think より改まった表現。in my poor
opinion（つまらない意見ですが）と謙遜
の意を込めることも可能。
■ If they say it at all
If 〜 at all と併用し、「仮にも〜、そもそも
〜」という意味。チッピングは、おそらく生
徒たちは今後シセロという語を言うことは
ないだろうが、という意味を込めている。
ex. If you do it at all, do your best.
（やるんだったら全力を尽くしなさい）
■ one by one
複数名詞と共に用いて、2つや3つではな
く1つずつの単位であることを強調する。
ex. The teacher called the names one
by one.（教師は1人ずつ名前を読んだ）
■ dignity
ここでは、重々しく威厳のある外見的な
態度や風采ではなく、人格や精神、心など
の内面的な品位や高潔さを表している。
■ fat
= a large amount of money
金銭の場合、a fat income（高収入）や
a fat loss（多額の損失）などのように、
利益や損失、小切手などが多額、高額で
あることを表す。チッピングは、お金を貯
めることしか関心がない金儲け主義だと
批判している。
■ banking account
=（米）bank account
ex. It is safe to keep your money in
a banking account.（お金は銀行口座
に預けると安全である）
■ run
ex. She runs a big company very
efficiently in Tokyo.（彼女は東京で非
常に効率よく大企業を経営している）
■ belong to
ex. I belong to a tennis club.（私はテ
ニス部員だ）、He belongs to Seattle.
（彼はシアトルの人だ）
■ stand up to
ex. He will stand up to hardships.（彼
は困難に耐えるだろう）
■ You can do what you like about it.
what は「もの、こと」を表す関係代名詞。
直訳すれば「君はそれについて好きなこ
とができる」つまり、「何をしようと勝手
にすればよい」という意味。このセリフの
it は retire「引退」を指しており、チッピ
ングは自分を引退させたかったら好きに
すればいいと校長に言っている。

BOY : I should think not. Chips has been here hundreds of years. He used to cane my father.

BOY : If Chips went, the whole school'd fall down.

BOY : I never heard such beastly rot.

COLLEY : What's all the rumpus?

BOY : It's about Chips. Ralston wants to kick him out. Says he's got to retire.

BOY : What? Get rid of Chips? He just better try. If he says another word to Chips, I'll kill him.

INT. TEACHER'S LOUNGE - DAY - The teachers try to cheer up Chipping.

JOHN : The governors don't want you to resign, Chips. Brookfield wouldn't be the same without you and they know it.

: You can stay here until you're 100 if you feel like it. And we hope you will.

OTHERS : Hear, hear. We do indeed.

CHIPPING : Sir John, gentlemen, it is good of you, John, it's good of all of you to take this trouble for an old man. But before I avail myself of your confidence, I, I should like to be able to persuade the head that in these times Brookfield has need of both of us.

TEACHER : That's very generous of you, Chips. But will it work?

CHIPPING : I shall see to it that it does. I'm even going to teach my Latin class to say Kikero! Well, a few years of that, and I'll have to retire.

I should think not ↺

hundreds of years　長年, ずっと ↺

school'd　= school would
fall down ↺

beastly　いやな, 不愉快な ↺

rumpus　騒ぎ, 騒動, 口論

kick out　無理やり追い出す, 首にする, 解雇する ↺
Says ↺

get rid of　解雇する ↺

Brookfield wouldn't be... you ↺
without　～なしでは

100 ↺
feel like　～したい, ～したい気がする ↺

take trouble　尽力する, 骨折る

avail oneself　～を利用する, ～をうまく使う ↺
confidence　信頼, 確信
be able to　～できる
persuade　説得する, 説きつける ↺
in these times　この頃, この時世
generous　寛大な, 寛容な, 心の広い

154

少年	：当然だよ。チップスは長年ここにいるんだ。むかし、僕の父を杖で打ったんだ。
少年	：もしチップスがいなくなったら、学校中がおしまいだよ。
少年	：そんなにひどくバカげた話、聞いたことがないよ。
コリー	：一体何を騒いでいるんだ？
少年	：チップスについてだよ。ロールストンが彼を辞めさせたがっているんだ。引退すべきだって言ってるんだ。
少年	：何だって？　チップスを辞めさせる？　せいぜいやってみろよ。もしあいつがチップスにもう一言でも何か言ったら、僕が殺してやる。

屋内－教員ラウンジ－昼－教師たちがチッピングを励まそうとしている。

ジョン	：理事会はあなたに退職してほしくありません、チップス。ブルックフィールドは、あなたがいなくなると変わってしまうだろう。皆もそうだとわかっています。 ：もし望むなら、100歳までここにいてもらって結構だ。我々も君にいてほしい。
他の人々	：そうだ、そうだ。実にそうだ。
チッピング	：ジョンさん、みなさん、ご親切にありがとう、ジョン、一人の年寄りのためにこんなに迷惑をかけて本当に申し訳ない。でも皆さんの厚意に甘える前に、まあ私は自分で校長を説得できると思う。この時代、ブルックフィールドは我々二人を必要としているからな。
教師	：君は実に寛大だ、チップス。でもうまくいくだろうか？
チッピング	：なんとかしてみよう。ラテン語の授業でも、キケロと言うように教えることにしよう！　まあ、そのうち数年で引退しなくてはならないだろうが。

■ I should think not.
= of course not
相手の言葉が否定文の時に not がつき、「当然そんなはずはない、そんなことはないだろう」という意味。ここでは、もちろんチッピングが引退するわけないだろうという思いが込められている。

■ hundreds of years
文字通り「何百年」を表す時もある。

■ fall down
建物が「崩れる、崩壊する」という意味でも使われるが、ここでは学校の体制や運営などが「うまくいかない、機能を果たさなくなる」という意味。

■ beastly
= disagreeable; intolerable

■ kick out
= dismiss
文字通り「蹴って追い出す、ボールを蹴り出す」場合にも使われる。
ex. I was kicked out of the company.（私は会社を首になった）

■ Says
= Ralston says

■ get rid of
どちらかと言うと、嫌な人や望ましくない人を厄介払いするという意味が込められる。

■ Brookfield wouldn't be…you.
この文章はwouldを用いた仮定法となっており、「もし～がなければ～だろう」となる。この時点ではまだチッピングは辞職していない。つまり、チッピングがいなくなったらブルックフィールドは今までと同じではなくなるだろうという仮定を表している。

■ 100
= one hundred years old

■ feel like
ex. I don't feel like going out today.（今日は外出したくない）、I feel like a cup of tea.（紅茶を一杯飲みたい）

■ avail oneself
= make use of
ここでは avail myself となっており、チッピングが自分自身について述べている。
ex. She availed herself of every opportunity to meet him.（彼女は彼に会うあらゆる機会を利用した）

■ persuade
仕向けたり、論理的に納得させるというよりも、相手の感情や理性に訴えて説き伏せる時に使われる。
ex. I persuaded him to go.（彼を説得して行かせた）

INT. DINING HALL - EVENING - Ralston gives a speech about Chipping retiring.

RALSTON : Five years ago this summer, when I was new to Brookfield, I ventured to suggest to Mr. Chipping, that it was time for him to retire. I was as new as that. I even persuaded him to replace the venerable garment that had become another Brookfield tradition.

: Today, no one regrets more sincerely than I do that he finally feels himself compelled to take my hint.

: I invite you all to join me in a toast to Chips of Brookfield!

ALL : Chips of Brookfield!

WAINWRIGHT : School! Three cheers for Chips. Hip-hip!

BOYS : Hurrah!

WAINWRIGHT : Hip-hip!

BOYS : Hurrah!

WAINWRIGHT : Hip-hip!

BOYS : Hurrah!

WAINWRIGHT : We all know that Mr. Chipping's retirement is a great loss to Brookfield, but we hope that he will have many long and happy years.

MEN : Hear, hear!

WAINWRIGHT : I'm not going to tell Mr. Chipping what we paid for the present because, well, that's rude. I believe he'd like to know that every boy in the school subscribed to it and every subscription was collected without force of any kind.

---

give a speech　スピーチをする ○

be new to ○
new　新入りの, ～になったばかり

I was as new as that ○
even　～までも, ～すら
replace　取り換える, 交換する
venerable　立派な, 敬うべき ○
garment　衣服 ○

sincerely　心から, 本当に

he finally feel…my hint ○

invite　誘う, 促す
join　加わる, 一緒に～する
toast　乾杯, 祝杯

three cheers　万歳三唱
Hip-hop! Hurrah ○
Hurrah　フレー, 万歳 →p.189

great　大きな, 巨大な
loss　損失, 損害

pay　支払う
that's　= that is ○
he'd　= he would
subscribe　賛成する, 同意する ○
subscription　出資金, 寄付
collect　集める, 収集する
without force of any kind ○

屋内－食堂－晩－ロールストンがチッピングの引退についてスピーチをしている。

ロールストン： 5年前のあの夏、ブルックフィールドの新米だった頃、私は失礼にもチッピング先生に提案した、引退すべき時ではないかと。そのくらい若造だった。ブルックフィールドの新たな伝統ともなっていた立派なガウンを取り換えるよう説得までしたんだ。

： 今日、彼がとうとう私の意を酌まなくてはならないと感じていることを、私ほど心から悔やんでいる者はいない。

： 私と共に全員で、ブルックフィールドのチップスに乾杯しよう！

全員： ブルックフィールドのチップスに！

ウェインライト： みんな！　チップスに万歳三唱だ。乾杯！

少年たち： 万歳！

ウェインライト： 乾杯！

少年たち： 万歳！

ウェインライト： 乾杯！

少年たち： 万歳！

ウェインライト： チッピング先生の引退がブルックフィールドにとって大きな損失であることは、我々の誰もが認めています。でも、これからもずっと幸せに過ごされることを願っています。

男性たち： そうだ、そうだ！

ウェインライト： 僕たちが贈り物にいくら払ったかについては、チッピング先生に教えるつもりはありません。なぜなら、えーと、失礼にあたるからです。きっと先生は、学校の全生徒がお金を出し、その全出資金は一切腕力を使わずに集めたことを知りたがっていると思います。

■ give a speech
= make a speech; deliver a speech

■ be new to
新しく来たばかり、存在するようになって間もない状態を表す。
ex. He is new to the work.（彼はその仕事に新米である）. She is new in town.（彼女は町に来たばかりだ）

■ I was as new as that.
that は「それほど、あんなに、そんなに」という数量や程度を指す。つまり「そのくらい新米だった」とは、チッピングの偉大さやブルックフィールドに必要不可欠な存在であることもわからず引退を勧めてしまったほど未熟だったという意味。

■ venerable
= respected
年齢や品性、人徳や地位、威厳などで尊敬に値するという意味。場所や建物などが歴史的、宗教的観点から荘厳で由緒ある場合にも使われる。

■ garment
引退勧告の場面で指摘したチッピングのガウンのこと。

■ he finally feel...my hint
feel compelled to で、「〜せざるを得ない気持ちになる」、take my hint は「私の意図を悟る」という意味。チッピングがついに私の意図を察しなければならない気持になった、つまり、チッピングは、直接引退勧告される前にロールストンの意図や状況を察し、自ら引退を決断したということを表している。

■ Hip-hop! Hurrah!
「ヒップ、ヒップ、フレー」万歳三唱の掛け声。リーダーが Hip-hop! と言った後に、残りの人々による Hurrah! が続く。このセットを3回繰り返す。

■ that's
ここでの that「それ」とは、贈り物の金額をチッピングに教えること。

■ subscribe
subscribe は寄付や応募、購読や加入など金銭が必要な何かに署名して賛同する際に用いられることが多い。つまり、生徒全員が賛同してチッピングの贈り物にお金を出したということであろう。

■ without force of any kind
force は「腕力」を表し、without「〜なしで」と any を併用することで「全く〜ない」となる。つまり「一切の腕力なしで」という意味となり、お金を集めた際に暴力や脅迫、強制などが全くなかったことを表している。

WAINWRIGHT: Mr. Chipping, we, we want you to accept this little token of esteem, from the boys of Brookfield. It's, it's meant to keep biscuits in.

CHIPPING: Boys of Brookfield, I'm afraid Wainwright has been guilty of exaggeration in speaking of my services to Brookfield. But then, of course, he does come of an exaggerating family. I remember I once had to punish his father for it. I gave him one mark for Latin translation and he exaggerated it into a seven.

: I've seen a good many changes at Brookfield. I remember so much, I sometimes think I ought to write a book.

ALL: Hear, hear!

CHIPPING: What shall I call it? Memories of Rod and Lines? I, I, I may write it one day. I may forget some things, but I never forget your faces. If you come and see me in the years to come, as I hope you will, you may see me hesitate. And you'll say to yourself, "The old boy doesn't remember me." But I do remember you, as you are now.

: That's the point. In my mind, you remain boys, just as you are this evening. Sometimes when people speak of Sir John Colley, our respected chairman of governors, I think to myself, "Oh, yes, a jolly little chap with hair that sticks up on top and absolutely no idea of Latin verbs."

we want you to accept this little token of esteem →p.201
accept 受け取る, 受け入れる
token しるし, 象徴
esteem 尊敬, 尊重
it's meant to keep biscuits in ♪
be meant to (人やものが)～することになっている, ～に向いている
keep something in ～を中に入れておく
biscuits ビスケット ♪
I'm afraid Wainwright...speaking ♪
guilty 罪の自覚のある, 有罪の
exaggeration 誇張
service 勤め, 業務, 勤務
he does come of ♪
exaggerate 誇張する, 大げさにする
family 一家, 一族
remember 覚えている, 記憶している
once 昔, かつて
punish 罰する, 処罰する
mark 点, 評価 ♪
translation 翻訳
he exaggerated it into a seven ♪
What shall I call it ♪
rod 懲罰用の鞭, 鞭打ち
lines 罰課 →p.175
Memories of Rod and Lines ♪
in the years to come 今後, 将来, これから何年もたって
I hope you will ♪
you may see me hesitate ♪
hesitate ためらう, 躊躇する
say to oneself 思う ♪
as you are now 今のままの君たち
That's the point それが肝心だ, それが重要だ
in one's mind ～の意見では, ～の考えでは
remain (ある状態のままで)いる
sometimes 時々
respected 尊敬されている, 立派な
think to oneself 思う
jolly 愉快な, 陽気な
chap 男, やつ
stick up on 突き出る, 突っ立つ
top 頭頂部
absolutely 完全に, 全く
have no idea わからない, 知らない
verb 動詞

ウェインライト： チッピング先生、僕たち、僕たちは、ブルックフィールドの生徒たちからこのほんの感謝のしるしを受け取ってほしいのです。そ、それはビスケットをしまっておくのに向いています。

チッピング ： ブルックフィールドの生徒の皆さん、恐れ多くもウェインライトは、私のブルックフィールドでの職務を大げさに言い過ぎていると思います。とはいえ、そうです、彼は実際に大げさに言う家系の出でした。私はかつて、そのために彼の父親を罰しなくてはならなかったことを覚えています。私がラテン語の翻訳に１点をつけると、彼はそれを７点だと大げさに言いました。

：私はたくさんの素晴らしい変化をブルックフィールドで見てきました。思い出がとても多い、本を書くべきだと時々思います。

全員 ： 賛成、賛成！

チッピング ： その本を何と呼びましょうか？ 『鞭と罰課の思い出』とでも？ えー、私はそのうち書くかもしれません。いくつかのことは忘れてしまうかもしれませんが、君たちの顔は絶対に忘れません。将来もし君たちが私に会いに来てくれるなら、そうしてくれるといいのですが、戸惑っている私を見るかもしれません。そして心の中で思うでしょう、「この老人は僕のことを覚えていない」と。でも、私は必ず君たちのことを覚えています。今の君たちを。

：そこが肝心なんです。私の心の中では、君たちは少年のままです。まさに今夜の君たちのままなんです。時々、尊敬すべき理事長であるジョン・コリー氏について皆が話す時、私は「ああ、そうだ、髪の毛のてっぺんが跳ねていて、ラテン語の動詞がさっぱりわからない陽気な子だ」と内心思うのです。

■ it's meant to keep biscuits in
ここでは、it（それ）は贈り物を指す。
ex. She was not meant to be a teacher.（彼女は先生には向いていなかった）

■ biscuits
一般に、イギリスでは日本のビスケットと同様、膨らませずに焼いたクラッカーやクッキー類の焼き菓子である。アメリカではベーキングパウダーなどでたねを膨らませて焼く日本のスコーンのような小型の柔らかい丸いパンのことである。

■ I'm afraid Wainwright...speaking
直訳すれば「私は、ウェインライトは誇張して話したことで罪の意識を感じているのではないかと心配だ」となる。おそらくチッピングの照れや謙遜の表れだろうが、ウェインライトはいくらなんでもほめ過ぎだとユーモアを交えて伝えている。

■ he does come of
come of = come from で「～の出である、～の出身である」という意味。「実際に、本当に」のように動詞を強調する do が、3人称単数の主語 he に合わせた does となって come の直前に置かれている。
ex. He came of a wealthy family.（彼は裕福な家の出だ）

■ mark
ex. My marks in English are 70.（私の英語の点は70点だ）

■ he exaggerated it into a seven
ウェインライトの父親は、おそらく数字の1が、上部の曲がり具合によって7に見えると誇張したのだろう。

■ What shall I call it?
直訳すると「私はそれを何と呼ぼうか」となる。つまり「その本に何というタイトルをつけようか」という意味。

■ Memories of Rod and Lines
前置詞 of と接続詞 and 以外の英単語が大文字で書かれているため、本のタイトルを表している。

■ I hope you will
= I hope you will come and see me

■ you may see me hesitate
生徒たちが成長して会い来た時に誰かわからず戸惑うかもしれないと伝えている。

■ say to oneself
一般に「心の中で1人で考える」ことを意味するが、talk to oneself「独り言を言う」と同意で用いられることもある。
ex. He said to himself, 'She is beautiful!'（「彼女は美しい！」と彼は思った）

CHIPPING : Although I am resigning, I shall still be near the school. I shall live at Mrs. Wickett's house, just opposite Main Arch. Well, remember me sometimes. I shall always remember you. *Haec olim meminisse juvabit.* I need not translate it for you.

resign　辞める, 辞職する

opposite　反対, 向かい
Main Arch　正門
以下の明朝体はラテン語(本欄は英語訳)
Someday it will be a pleasure to recall these [sorrows].

EXT. MAIN BUILDING - NIGHT - Ralston walks with Chipping down the stairs.

CHIPPING : Well, good night. And thank you.
RALSTON : Glad you won't be far away.

CHIPPING : Oh, anytime you need me.
RALSTON : I shan't hesitate. And, Chips...
CHIPPING : Hm?
RALSTON : When you write that book of yours, remember that in addition to all those boys you taught, you managed to teach something to at least one headmaster. Goodbye.
CHIPPING : Good night, Jenks.
JENKS : Good night, sir. We're all sorry at losing you, sir.
CHIPPING : Thank you, Jenks.
JENKS : Do you know, sir, I always kind of thought that you'd be headmaster here one day.
CHIPPING : Did you? Well, so did... someone else, once. Any news, Jenks?

JENKS : Oh, nothing very much, sir. An Austrian archduke's been murdered in some foreign part.
CHIPPING : Oh, dear. Well, good night, Jenks.
JENKS : Good night, Mr. Chipping, sir.

shan't ↻

that book of yours ↻

in addition to ～　～に加えて

manage　成し遂げる, どうにかして～する, うまく～する ↻

Do you know ↻
kind of　ちょっと, 多少 ↻

so did...　～もそうであった ↻

archduke　大公 ↻
murder　殺す, 殺人

チッピング ：私は退職しますが、学校の近くにいます。正門の向かいのウィケット婦人の家に住みます。時々は私のことを思い出してください。私はあなたたちのことをいつまでも忘れませんから。いつの日か今日のことを楽しく思い出せる日が来ます。訳す必要はありませんね。

屋外－本館－夜－ロールストンがチッピングと階段を下りていく。

チッピング ：おやすみ。ありがとう。

ロールストン ：あなたがこれからも近くにいると知って嬉しいです。

チッピング ：ええ、必要な時はいつでも言ってください。

ロールストン ：遠慮はしませんよ。それにチップス…

チッピング ：え？

ロールストン ：あなたが本を書く時、あなたの教えたたくさんの生徒たちに加え、少なくとも一人の校長に教えをほどこしたってことを思い出してください。さようなら。

チッピング ：おやすみ、ジェンクス。

ジェンクス ：おやすみなさい。私たち皆、あなたが辞めてしまわれるのが残念です。

チッピング ：ありがとう、ジェンクス。

ジェンクス ：あのー、私はいつの日かあなたがここの校長になられると思っていたんですよ。

チッピング ：そうなのかい？　いや、昔そう思っていた人が…他にもいたよ。最近変わったことはあるかい、ジェンクス？

ジェンクス ：いや、特にはありません。オーストリアの大公が国外のどこかで殺されたことぐらいです。

チッピング ：おやおや。じゃあおやすみ、ジェンクス。

ジェンクス ：おやすみなさい、チッピング先生。

■ **shan't**
shall notの省略形。イギリス、オーストラリア、ニュージーランドにおける口語表現。アメリカ、カナダなどで使われることは稀で、通じないこともある。

■ **that book of yours**
直訳すると「あのあなたの本」、「例のあなたの本」という意味になり、Chipsがこの先本を書くということが前提になっている。前出のシーンで彼がいつか本を書くという話をしていたことを受けてのセリフ。

■ **manage**
大変なことを成し遂げたというニュアンスで使っている。校長という、学校組織の頂点に立つ者にまで教えをほどこした、という意味を込めた表現。ここでのように後ろにto不定詞をつけ、具体的に何を成し遂げたかを説明することもできる。
ex. She managed to get what she wanted.（彼女は欲しい物をうまく手に入れた）

■ **Do you know**
「知っていますか」が直訳で、その意味で使われることもある一方、特別な意味はなく「あのー」、「えーと」くらいの前置きで使われることも多い。Doが省略されてYou know で使われることが非常に多い。

■ **kind of**
動詞を修飾する副詞的役割で使う。I'm kind of tired.で「私は少し疲れています」という意味になるが、この場面では「実は～です」というニュアンスを加えている。「一種の」という意味の a kind of とは冠詞の a があるかどうかで区別がつく。sort of と a sort of もより頻度は低いがそれぞれ kind of と a kind of 同様の使い方をする。

■ **so did...**
一般動詞過去形の肯定文に対して「～もそうだ」、「～も同様だ」という意味の返しとして使う。現在形の場合は So do ～ となる。Be動詞の文章に対しては So am/are/is ～、現在完了の文章に対しては So have/has ～ の形で使い、So の後を過去形にすれば、過去形の文章に対して使える。助動詞の文章に対しては So can/will/should ～ などの形で使う。So を Neither に変えれば否定文の文章に対する返しとして使える。

■ **archduke**
1804年-1918年まで使われていたオーストリア帝国の大公を意味する称号。ドイツ語ではErzherzog von Österreichと言い、ハプスブルク家により領主の称号として用いられた。

名優　ロバート・ドーナット

　この作品が公開された 1939 年当時、主演俳優のロバート・ドーナットは 34 歳でしたが、劇中で描かれたチップス先生の人生は 20 代から 80 代の 60 年以上に渡り、彼は見事それを 1 人で演じ切ってその年のアカデミー主演男優賞を獲得しました。1939 年といえばアカデミー賞を 10 部門で受賞し、現在でも不朽の名作と名高い『風と共に去りぬ（原題：*Gone with the Wind*）』が公開された年でもあり、その主演俳優のクラーク・ゲーブル、生涯でアカデミー主演男優賞に 9 回もノミネートされた『嵐が丘（原題：*Wuthering Heights*）』のローレンス・オリヴィエなど、名だたるライバル候補者を抑えての受賞でした。

　1990 年代に映像作品における CG（コンピューター・グラフィックス）の利用が普及し、その後の数十年でさらに技術が熟成した現代では、劇中の人物の顔や体格、動きや仕草までをデジタル処理で簡単に加工できるようになり、実に精巧な描写で俳優の年齢を何十年も若返らせたり老けさせたりすること、さらには既に亡くなっている俳優をスクリーン上に復活させ、思い通りの演技をさせることさえ可能になりました。

　しかしこの作品が公開された当時は、奇しくも前年の 1938 年に「世界初のコンピューター」とされる機械式計算機が完成したばかりであり、CG はおろか一般人が手にすることのできるコンピューターすら存在していない時代でした。そんな時代に劇中人物の 60 年以上に渡る年月を 1 人の俳優が演じるというのは大変なことであ

り、古典的な技法の老けメイクの力を借りたとしてもその描写に説得力が伴うかどうかは俳優の演技次第でしたので、その意味でロバート・ドーナットのアカデミー主演男優賞受賞は誰もが納得するものだったに違いありません。実年齢の倍を遥かに超えた80代の主人公の姿を違和感の無い自然な演技でスクリーンに映し出し、その確かな演技力を印象付けた彼でしたが、残念ながら53歳の若さで早世し、彼が本当に年老いた姿を見ることは誰もできませんでした。彼が長生きをしていれば、彼の実際の80代の姿と作中で演じた80代の姿を見比べるという、この作品の別の楽しみ方がもたらされていたかも知れません。

　本作の公開から64年後の2003年にAFI（アメリカン・フィルム・インスティチュート）が発表した「映画100年のヒーローと悪役ベスト100」において、作中で描かれたチップス先生がヒーローの部の41位に選ばれ、亡くなってから半世紀近くの時を経てあらためてロバート・ドーナットの本作の演技が評価されることとなりましたが、生前その演技を讃えられた彼は、"As soon as I put the mustache on, I felt the part, even if I did look like a great Airedale come out of a puddle."「付け髭を付けるとすぐ役になり切れたんだ。ずぶ濡れのエアデール・テリア犬のような見た目だったけどね。」とユーモアのある答えを返したそうです。

　　　　　　　　内川　元（英語学院ルクス主任講師）

Headmaster After All

27 INT./ EXT. CHIPPING'S HOUSE - DAY - Chipping and his students watch the army march across the bridge.

BOY	: It's the Manchester Regiment.
BOY	: They're off to the front. The lucky blighters.
BOY	: Isn't it exciting, sir?
CHIPPING	: Is it? Well, I suppose it is.
BOY	: I bet those tommies wish they had a band like ours.
BOY	: There were sentries on every bridge at home, with bayonets fixed.
BOY	: My uncle saw the Russians come through.
WES	: How did he know they were Russian?
BOY	: Easy, Wes. They had boards, and snow on their boots.
FORRESTER	: I say, Waterhouse has joined up.
CHIPPING	: Waterhouse?
FORRESTER	: Yes, sir.
CHIPPING	: But he only left last term.
FORRESTER	: How long do you think it will last, sir?
CHIPPING	: Why, Forrester, are you thinking of joining the army?
FORRESTER	: Well, I will as soon as they'll have me.
CHIPPING	: Oh, it'll all be over long before they do that.
FORRESTER	: But I'm 16 and a bit, sir.

after all 結局のところ, やはり, どのみち, 所詮
army [名詞] (軍事) 陸軍 ↺

Manchester Regiment マンチェスター連隊 ↺
regiment 連隊
the front (最) 前線
blighter [英] [古語] 嫌な人 ↺
exciting 刺激的な, 興奮させる, 胸をわくわくさせるような ↺
tommy イギリス陸軍の兵士 ↺

sentry 番兵, 衛兵

bayonet 銃剣

board 顎ひげ ↺

join up 合流する, 入隊する

last term 前期, 先学期
last [形容詞] すぐ前の, 最近の
last [自動詞] 続く

have someone (人)を迎える

ついに校長に

屋内／屋外－チッピングの家－昼－チッピングと彼の生徒は軍隊の行進が橋を渡るのを見ている。

少年	：マンチェスターの連隊だよね。
少年	：前線に向かっているんだ。全く運の良い奴らだ。
少年	：凄くない？
チッピング	：そうかね？　まあ、そうかもしれないね。
少年	：あの兵隊たちは私たちのような楽団があったらいいと思っているに違いありません。
少年	：僕の故郷ではすべての橋に銃剣を携えた番兵が立っていました。
少年	：私のおじがロシア人の通るのを見ました。
ウェス	：どうしてロシア人とわかったんだい？
少年	：簡単さ、ウェス。彼らは顎ひげを生やししてたし、ブーツに雪がついていたんだ。
フォレスタ	：ウォーターハウスが入隊したってよ。
チッピング	：ウォーターハウス？
フォレスタ	：はい。
チッピング	：でも彼はついこの間卒業したばかりだ。
フォレスタ	：どれくらい続くと思いますか？
チッピング	：どうしてだい、フォレスタ、陸軍への入隊を考えているのかい？
フォレスタ	：ええ、入隊の許可が下り次第そうするつもりです。
チッピング	：そのうんと前に終わってしまうさ。
フォレスタ	：でも僕はもう 16 歳になって少し経ちます。

■ **army**
cf. navy（海軍）、air force（空軍）

■ **Manchester Regiment**
1881年に行われたイギリス陸軍の組織改革によって編成された歩兵隊。1700年代中後期に編成された2つの歩兵隊を第1・第2大隊とし、10大隊を擁した歴史と伝統のある歩兵隊で、イギリス国王のジョージ5世、イギリス王妃のエリザベス1世（チャールズ皇太子の祖母）が名誉連隊長を務めたことでも知られる。第一次世界大戦・第二次世界大戦などで大きな戦績を残し、その後1958年、2006年の再編成で他の隊との合併を繰り返して Duke of Lancaster's Regiment の一部となった。

■ **blighter**
妬ましいもしくは見下す気持ちを込めて使う言葉。

■ **exciting**
exciteは、「～を興奮させる」というもともと受動態のニュアンスを含んだ他動詞。そこから派生する形容詞は2種類、excitingとexcitedである。前者は興奮させる「もの・原因」に使い、後者は興奮させられる「人」に対して使う。
ex. This game is exciting.（このゲームはワクワクする）、I was excited about the news.（そのニュースにワクワクした）

■ **tommy**
イギリス英語におけるスラングで、白人のイギリス陸軍兵士を指す。イギリス国内で1900年代からTommy Atkinsが日本で言う「山田太郎」のように、典型的なイギリス人の名前として使われるようになった。その後イギリス陸軍入隊申込書の記入見本にこの名前が使われたことから、第一次世界大戦時にイギリス人兵士を指すスラングとして使われるようになった。

■ **beard**
日本語のひげという言葉は人の顎ひげ、口ひげ、さらに猫など哺乳類の洞毛も表すが、人の顎ひげはbeardで、人の口ひげはmustache[（英）moustache]、無精髭はstubble、もみあげは（米）sideburns[（英）sideboards]、哺乳類の洞毛はwhisker という。

CHIPPING : I know, Forrester. But I'm afraid you won't have a chance. It can't last. Stands to reason. It's a question of weeks. Sorry to disappoint you, Forrester.

INT./ EXT. SCHOOL CHAPEL - NIGHT - Ralston leads a memorial service.

RALSTON : Tonight adds to the roll of honor the names of 11 boys and one master of Brookfield School who have given their lives for their country. John Forrester of the Northumberland Fusiliers. Killed while counterattacking the enemy in the salient at Ypres. He left here to join the army at the age of 17 years and 6 months. He was moved up into the line on his second day in France and two days later was killed in action.

Chipping reminisces.

FORRESTER: But I'm 16 and a bit, sir.
CHIPPING : I know, Forrester. But I'm afraid you won't have a chance.
RALSTON : Richard Kingsley of the Warwickshire Regiment. Fell leading a bombing raid upon the enemy trenches. Kingsley was captain of the school in 1909 and entered Sandhurst.
CHIPPING : Colley.

Side glossary:

have a chance　機会がある ↺
Stands to reason ↺
a question of　〜の問題
disappoint　がっかりさせる

lead　（会議などを)指導者として導く
memorial service　追悼式, 追悼集会, 告別式, 慰霊祭 ↺

roll of honor　戦没者名簿

Northumberland Fusiliers ↺

counterattack　反撃する, 逆襲する
salient　最前線
Ypres　イーペル ↺
be moved up into the line　前線に送られる
line　戦線, 戦列
be killed in action　戦闘中に殺される 戦死する

reminisce　回想する

bombing raid　爆弾攻撃
raid　急襲
enemy　敵
trench　前線, 陣地, 塹壕 ↺

Sandhurst　サンドハースト王立陸軍士官学校 ↺

チッピング ： わかっているよ、フォレスタ。でも残念ながら
入隊のチャンスは無いだろう。長く続くはずが
ない。当然さ。終わるのは時間の問題、数週間
のことさ。がっかりさせてごめんよ、フォレス
タ。

屋内／屋外－学校の礼拝堂－夜－ロールストンが追悼式を執り
行っている。

ロールストン： 国のために命を捧げたブルックフィールド校の
十一人の生徒と一人の教師の名前が、今夜戦没
者名簿に加えられました。ノースハンバーラン
ド・フューシリアーズのジョン・フォレスタ。
イーペルの最前線で敵軍に反撃中に死亡。彼は
陸軍に入隊するために17歳と6ヶ月でここを出
ました。入隊2日目にフランスの前線に派遣さ
れ、その2日後戦闘中に亡くなりました。

チッピングは回想する。

フォレスタ ： でも僕はもう16歳になって少し経ちます。

チッピング ： わかっているよ、フォレスタ。でも残念ながら
入隊のチャンスは無いだろう。

ロールストン： ワーウィックシャー連隊のリチャード・キングス
レー。敵の前線に対する爆弾攻撃を指揮中に没
しました。キングスレーは1909年の生徒会長
でサンドハースト王立陸軍士官学校に入学しま
した。

チッピング ： コリー。

■ have a chance
have no chance なら「チャンスがな
い」、have a small chance なら「チャン
スがあまり（ほとんど）ない」、have a big
／good／great／huge chanceなら「チャ
ンスが大いにある」という意味になる。

■ Stands to reason.
= It stands to reason.
stand to reasonは、「当然である、理に
かなう」という意味。
ex. Your opinion stands to reason.
（君の意見は理にかなっている）

■ memorial service
ex. Peace memorial service for
atomic-bomb victim（原爆犠牲者平和
記念祭）、Hold a memorial service for
〜（〜の追悼式をおこなう）

■ Northumberland Fusiliers
= Royal Northumberland Fusiliers
1674年に設立され、20世紀後半まで存
在したイギリス陸軍歩兵隊の1つ。

■ Ypres
ベルギー西部、ウェスト＝フランデレン州
の都市。

■ trench
通例、複数形で用いられる。塹壕とは、戦
場で歩兵の防御のために作られた穴や
溝のことで、第一次世界大戦（1914-18
年）では両陣営（フランス、イギリスを中
心とする連合国側とドイツ、オーストリア
を中心とする同盟国側）とも西部戦線
（ベルギー南東部からフランス北東部）で
塹壕を掘り進み、激しい戦いが繰り広げ
られた。

■ Sandhurst
Royal Military Academy Sandhurst
(RMASまたはRMA Sandhurst：サンド
ハースト王立陸軍士官学校)はイギリス陸
軍の士官養成機関。The Royal Military
College (RMC：王立陸軍大学) の後進
組織であり、一般にはサンドハーストとい
う略称で呼ばれている。スペイン国王ア
ルフォンソ12世、ブルネイ国王ハサナル・
ボルキア、ヨルダン国王アブドゥッラー二
世、リヒテンシュタイン侯世子アロイス、
ボツワナ大統領イアン・カーマ、ギリシャ
元王太子パウロス、カタールのサーニー
首長タミーム・ビン・ハマド・アール、サー
ニー前首長ハマド・ビン・ハリーファ・アー
ルなど、各国の王族や貴族も教育を受け
た名門の軍事学校で、過去の卒業生には
数多くの著名人が存在する。イギリス女
王エリザベス二世の孫、ウィリアム王子が
2006年に、ヘンリー王子が2005年に入
学している。

COLLEY : I wanted to see you. I'm off to France on Friday.

RALSTON : Martin Rutherford and John Passmore were friends. They came here together in the same term, they joined the flying corps together and died upon the same day covering the infantry attack upon Delville Wood.

flying corps 飛行隊

infantry 歩兵隊

After the service, Colley speaks with Chipping.

COLLEY : So you see, Helen's going to be rather lonely while I'm out there. I say, this is an awful thing to ask you.

CHIPPING : Go on. Go on, Colley, please.

COLLEY : Well, she's going to live at Charborough. The kid's nearly a year old now. I'm just wondering, Chips, whether you'd run over and see her once in a while? It's not far. I'd feel terribly happy if I knew there were someone she could see now and then.

Charborough 旧チャーボロー小教区 ⊃
I'm wondering whether〜 ⊃

once in a while　時々 ⊃

now and then　時々 ⊃

CHIPPING : Of course, Colley. Of course.

COLLEY : Oh, it's awfully good of you, sir. The address is here.

CHIPPING : You're doing me a great honor.

do someone an honor　〜の名誉となる ⊃

Chipping and Colley walk outside to the car.

COLLEY : Here's an old friend of yours, Chips.

PERKINS : You don't remember me, Mr. Chipping, sir?

CHIPPING : Why, bless my soul, if it isn't the town cheese.

bless my soul ⊃
bless　（神が人に恵みなどを）授ける →p.171 God bless you

コリー	：あなたにお会いしたかったんです。金曜日にフランスに出征するんです。
ロールストン	：マーティン・ラザフォードとジョン・パスモアは友達でした。彼らは同じ年にここに来て、一緒に飛行隊に入隊し、デルヴィルウッドに対する歩兵隊の攻撃を援護中、同じ日に亡くなりました。

式の後、コリーがチッピングに話しかける。

コリー	：その一、私がいない間、ヘレンが寂しがります。で、こんなことをお願いするのはとても恐縮なのですが。
チッピング	：どうぞ。どうぞ話して、コリー。
コリー	：その一、彼女はチャーボローに住むことになります。子供はもう1歳近いんです。それで、時々そこまで彼女の様子を見に行ってもらえませんか。そんなに遠くはないんで。彼女が時々会える人がいるとわかれば、私も本当に安心なので。
チッピング	：もちろんだよ、コリー。もちろん。
コリー	：本当に助かります。住所はこちらです。
チッピング	：私にとって大変光栄なことだよ。

チッピングとコリーが車の方へ歩いていく。

コリー	：チップス、あなたの昔の教え子ですよ。
パーキンス	：私のことを憶えておられないでしょうね、チッピング先生。
チッピング	：おや、これは驚いたね。街の小心者じゃないか。

■ Charborough
初期のキリスト教会は各都市に司教を長とする教会を置き、それを中心とする教区（別名司教区）があるだけだったが、3世紀ごろから都市部以外にもキリスト教徒が増えて教会が建てられるようになった。そこでそうした教会を司る司祭を司教の配下に置き、それを中心とする小教区を配置するようになった。特にカトリック教会では各司教区の中にいくつかの小教区が置かれ、それぞれの小教区にその責任と権威を持つ司祭を中心とする教会が配置されている。またイギリス国教会ではこのシステムの大部分が様々な改革を経て引き継がれ、教区教会を基本的な単位とする教会構造が存続している。

■ I'm wondering whether ～
「～していただけませんでしょうか」というニュアンスの、最も丁寧な依頼表現の1つ。whether を if に置き換えた表現、I wonder if ～、I was wondering if ～ の形で用いられることが多い。現在形の Can you ～? よりも 過去形の Could you ～? の方が丁寧な依頼表現であるのと同様に、I was wondering if ～ は I wonder if ～ 以上に丁寧なニュアンスになる。

■ once in a while
cf. once in a life[lifetime]（一生に一度）、once in a blue moon（ごく稀に、滅多にない＊一年をequinox（春分・秋分）、solstice（夏至・冬至）で4つの季節に分けると、普通は一つの季節に3回満月が訪れるが、2.7年に一度、4回満月が見られることがある。この時の3回目の満月をblue moonと呼ぶことから「滅多にないこと、珍しいこと」という意味のフレーズが生まれた]

■ now and then
every now and thenという言い方もする。

■ do someone an honor
do（人）an honor、または do an honor to（人）の形で用いられ、「（人）の名誉となる」、「（人）にとって光栄なことだ」という意味になる。冠詞の an は省略可。honor を favor に置き換えて、do（人）a favor、または do a favor for（人）(to が for に変わっていることに注意)とすれば「（人）に恩恵を施す」、「（人）の願い／頼みを聞く」という意味になる。こちらの場合、冠詞の a は省略不可。

■ bless my soul
驚きを表す表現。

169

COLLEY	:	Perkins is my batman. We're off to France together.

COLLEY : Perkins is my batman. We're off to France together.

CHIPPING : Really? You're, you're not fighting each other this time, eh?

PERKINS : It's a great bit of luck for me, sir, being with Mr. Colley.

CHIPPING : Well, goodbye to you both. God bless you. Don't worry about, you know. I'll keep an eye on them both for you.

COLLEY : Thank you, sir. Bye.

28 INT. CHIPPING'S HOUSE - NIGHT - Chipping returns home.

WICKETT : My goodness, sir, you are late. There's two gentlemen waiting for you, and they're in a dreadful hurry.

CHIPPING : Oh.

MORGAN : We're going to give you a shock, Chips, so you'd better hang on to your chair. We're, um, we're going to be in a bad hole next term. And you know half the masters have joined up and the substitutes are a pretty dreadful lot.

CHIPPING : I know. I know it's difficult, yes.

MORGAN : And now the head wants to go himself. If you feel equal to it, will you come back?

CHIPPING : Me?

MAN : Yes. There's no man living who knows the school as you do. Our governors want you to take over the headmastership and to hold the fort until the war is over.

Side glossary:

batman （陸軍将校の）従卒, 当番兵, 徒兵 ↻

God bless you　神のお恵みを, 幸運を祈ります ↻
keep an eye on ～　～を見守る, ～を見張る, ～から目を離さない

goodness （軽い驚きを表して） おや, まあ ↻

bad hole ↻
hole　苦境

substitute　代わりの人, 補欠

no man living ↻

hold the fort　留守を守る, 仕事を代行する ↻

コリー	：パーキンスは私の従卒なんです。一緒にフランスに行くんです。
チッピング	：本当かい？　今は喧嘩していないのかい？
パーキンス	：私にとってコリーさんと一緒に行動できることは本当に幸運です。
チッピング	：ではさようなら、君たち。幸運を祈ってるよ。心配無用、二人は見ておいてあげるから。
コリー	：ありがとうございます。では。

屋内−チッピングの家−夜−チッピングが帰宅する。

ウィケット	：あらまあ、遅かったですね。あなたをお待ちの男の方がお二人おいでで、とってもお急ぎです。
チッピング	：ああ。
モーガン	：チップス、今から君を驚かしますから、椅子にしっかりつかまっておいた方がいいですよ。来期私たちは大変な状況になります。教員の半分が入隊したうえに、代理教員たちはひどいものだと知っているでしょう。
チッピング	：わかっています。大変なのはわかっています。
モーガン	：で、今度は校長まで志願したんです。もしあなたも同様の気持ちなら、戻って来てくれますか？
チッピング	：私がですか？
男性	：ええ。あなたほどこの学校のことをわかっている人はいないですからね。理事会はあなたが校長職を継いで戦争が終わるまで留守を守ってくれることを望んでいます。

■ batman

軍隊において士官に従者として仕える兵士のこと。フランス語由来の古語 bat は馬の荷ぐらという意味で、馬が軍隊の移動手段であった古い時代に、荷ぐらを背負い士官の荷物を運んだ馬の管理をすることが仕事の一部だったことから、こう呼ばれるようになった。Batmanといえばスーパーマンと並ぶ人気のアメリカンヒーローの名前だが、あちらの bat は同音異義語、コウモリのことで、それをモチーフにしたデザインから来た名前であって、これとは無関係。

■ God bless you.

特にキリスト教徒の間で古くから使われる慣用表現だが、現代ではbless youと短縮された表現がより幅広い英語圏の人によって、「おだいじに」という意味でくしゃみをした人に対して使われている。

■ goodness

Godの婉曲表現で、軽い驚きを表す。敬虔なキリスト教徒の中には神の名を軽々しく口にすることを不謹慎と考える人もいるため、Oh, my god. の代わりに Oh, my gosh, Oh, my goodness, Oh, my. を使ったり、Jesus Christ!または Jesus!（イエス・キリスト）と言う代わりに Jeez, Geez　と表現したりする。これらは全て予想外のことに遭遇したときなどに、驚き、感嘆、落胆などを表す表現として用いられる。

■ bad hole

「穴」という意味で広く使われる hole には「落とし穴」、「苦境」という意味もあり、それに bad がついていることから、ただならぬ状況を意味していることがわかる。

■ no man living

直訳すると「生きている男（人間）は誰も～ない」という。no one／nobodyを強調した表現。

ex. There is no man living who isn't capable of doing more than he thinks he can do.（自分が思っている以上のことができない人は誰もいない＝誰もが自分の思っている以上のことができる*フォード・モーター創業者ヘンリー・フォードの言葉）

■ hold the fort

fortは「砦（とりで）」、「要塞」という意味で、hold the fort で「砦を守る」、転じて「留守を守る／預かる」、「仕事を代行する」という意味で使われる。

CHIPPING : The headmastership?
MORGAN : Will you, Chips?
CHIPPING : Yes. Yes, I'll come.

Will you ↻

INT. HEADMASTER'S OFFICE - DAY - Chipping places a photo of Katherine on the desk.

place 〔他動詞〕～を置く ↻

CHIPPING : You were right, my dear. I am headmaster after all.

headmaster （小・中学校の）校長 ↻

チップスはラテン語の教師

　チップスはパブリックスクールのラテン語の教師です。この学校は13歳から18歳の生徒たちを教育する場です。ラテン語は劇中に出てくるように「死語」です。ローマ帝国崩壊とともに使われなくなりました。しかし、現在でも研究者たちの間で使われ続けていますし、英語の中にも多く取り入れられています。英語の登場は、700年頃とされています。それ以前は、ケルト語を話すケルト民族が島嶼ブリテン島で生活していました。ジュリアス・シーザーが資源豊かなこの島に目をつけました。イギリスには、ローマ軍の駐屯地を示す地名が多く残っています。その後、幾多の侵略を受けます。北方からバイキング、ゲルマン民族など。そのたびに、イギリスで使われていた言語が、現在の「英語」へと形成されていきました。最後はノルマン人による侵略です。さらに、キリスト教への改宗にもラテン語が貢献しました。こうした素地が英語を母語とするイギリスで重用されるようになりました。パブリックスクールでは、ラテン語、古典ギリシャ語が必修でした。ジェントルマンの教養だっ

チッピング ：校長ですって？

モーガン ：いかがでしょうか、チップス先生。

チッピング ：よろしい。お引き受けいたしましょう。

屋内－校長室－昼－チッピングは机の上にキャサリンの写真を置く。

チッピング ：ねえ君、君が正しかったよ。ようやく校長になるよ。

■ Will you?
この場合「してもらえますか」という意志確認の意味で使っているが、「さっさとしてくれる?」、「早くしてくれる?」という催促の意味で使うことも多い。

■ place
動詞としてのplaceは、putと非常によく似ているが、putよりも「丁寧に取り扱う、特定の場所に置く」というニュアンスが含まれる。そのためここではチッピングがただ単に写真を置いた、というよりも、大切なものとしてそっと机に配置した様子が表れている。

■ headmaster
以前は、男性の校長には　headmaster（女性の校長には　headmistress）が使われていたが最近では性差別のないheadteacher が好まれる。

たのです。チップスは中学生に難解なラテン語を教えました。英語の「格変化」に比べると３倍程の変化を覚えなければなりません。英語に慣れた人はかなりの努力が要求されます。その代わり、格変化が多いので、英語ほど「語順」については厳格ではありません。教師という立場から、この難解な言語をわんぱく盛りの子供たちに教えるのは言葉では表わすことができない忍耐と労力が必要だったことでしょう。さらにチップスの偉大な点は、空襲の中、授業を続けたことです。そして、『ガリア戦記』の内容から現在の状況を引きだしたのです。まさに INDUCE、つまり教育をおこなっていたのです。チップスは、このような教育に対する姿勢、つまり、生徒達から「能力」を如何に導き出そうとする熱心さと、彼以外の誰にもまねができない才能を持っていました。生徒達からは、よく物真似されましたが、それは尊敬されているが故なのです。

諸江哲男（愛知産業大学教授）

Hope of Peace

----

29 *EXT. SCHOOL GROUNDS - DAY - Chipping and a GENERAL watch the army unit march past.*

GENERAL : I congratulate you, Mr. Chipping. Smart parade and a fine-looking lot of boys.

CHIPPING : Thank you, general. Thank you.

GENERAL : Very important, this OTC work. These lads are the officers of tomorrow.

CHIPPING : I prefer to hope, general, that tomorrow never comes.

INT. HEADMASTER'S OFFICE - EVENING - BURTON enters the office.

CHIPPING : Burton, I understand you've been impertinent and disobedient to Mr. Smith.

BURTON : I've written the lines he's given me. I've done the punishment.

CHIPPING : Providing you do the punishment, you think yourself entitled to play stupid practical jokes, is that it?
: Sit down. I want to know the reason why you do this kind of thing.

BURTON : I do it because the whole crowd of masters here are a lot of weak-kneed women.

General ［名詞］(軍事)大将(一般に准将以上を指す称号), 将官, 将軍, 軍司令官

congratulate ［動詞］(喜び)のことで祝う, お祝いを述べる ◑

OTC 将校訓練隊 ◑

prefer to ～ ◑

impertinent ［形容詞］礼儀を失した, 無礼な
disobedient ［形容詞］(人・命令・規則などに)服従しない, 不従順な, 反抗的な, 違反する ◑
lines 罰課 ◑
providing (that) ◑
stupid ［形容詞］バカな, 愚かな ◑
practical joke 悪いいたずら, 悪ふざけ

crowd 群衆 ◑

week-kneed women ◑
week-kneed ［形容詞］膝の弱い, 弱腰の

安らぎへの望み

DVD　01：35：43
□ □ □ □ □ □

屋外−校庭−昼−チッピングと将軍は、軍隊が行進するのを見ている。

将軍　：おめでとうございます、チッピング先生。立派な行進で、素晴らしい若者たちです。

チッピング　：ありがとうございます、将軍。ありがとうございます。

将軍　：OTC の訓練はとても意義のあることです。彼らは明日の将校たちです。

チッピング　：嬉しいことですが、将軍、明日が来ないことを願いますよ。

屋内−校長室−晩−バートンが入ってくる。

チッピング　：バートン、スミス先生に無礼で反抗的な態度を取ったと聞いているが。

バートン　：スミス先生が出した罰課は終わりました。もう罰は受けました。

チッピング　：罰を受ければ愚かな悪ふざけをする権利があると思っているのかい？

　：座りたまえ。どうしてそんなことをしたのか訳を聞こうじゃないか。

バートン　：ここの先生たちみんながひ弱だからです。

■ **congratulate**
人を「祝う」表現。人に付随して、結婚、昇進などその人の成功を「祝う」場面でも使う(to tell someone that you are happy because they have achieved something or because something nice has happened to them)。
ex. I congratulate you.（おめでとう）。You are fortunate, you are to be congratulated.（あなたは幸運です。お祝いしてもらって当然です）

■ **OTC**
= Officers' Training Corps

■ **prefer to ～**
to以下は動名詞と不定詞の両方をとる。一般的に、動名詞は一般的、習慣的なこと、不定詞は特定の場合を述べる。
ex. I prefer walking to riding.（自転車に乗るより歩くほうが好きだ）。I prefer to walk this morning.（今朝は歩くほうがいい）

■ **disobedient**
obedient（〔人・命令・規則などに〕）従順な、素直な、服従する）に、打ち消しの接頭辞dis（=not）がついた語。

■ **lines**
ある行数のギリシャ語やラテン語の詩や句、反省文などを生徒に繰り返し筆写や暗唱させる学校の罰。

■ **providing (that)**
条件を表し、"if"の意味を表す接続詞。ifより文語的であるが、providedより口語的位置づけ。

■ **stupid**
= silly
foolishより強意的。

■ **crowd**
ex. All the crowd was waiting for the princess to arrive.（群衆はみな王女の到着を待っていた）

■ **week-kneed women**
この時代の小説なので womenの使用は許されたが、現在では要注意。ハラスメントに抵触する恐れがある。

BURTON : They're not in the army because they're not fit to be, or too old, or too frightened. They get it back on us by being tuppenny tyrants.

CHIPPING : Before you go on with your interesting speech, get over that chair.

Chipping gets his cane.

CHIPPING : Get over that chair!

Chipping proceeds to whip Burton with the cane.

CHIPPING : Get up. Sit down. You'll find the armchair the most convenient now.

: It didn't amuse me to do that, Burton. Very soon now, you'll be an officer in France. You'll need discipline from your men. And to get that, you must know what discipline means.

: Now, you despise the masters here because they're not young enough or strong enough to fight. You might like to know that every one of them has done his best to join the army. We take no man unless he has done that.

: I'm headmaster now simply because every man fit to be headmaster's fighting in France. I'm a wartime fluke. A temporary officer risen from the ranks. But I'm going to keep Brookfield together until the war is over. You understand?

tuppenny [形容詞]くだらない, どうでも良い ↵

go on 続ける ↵

whip [動詞]〜を鞭で打つ, 〜を折檻する ↵
cane [名詞]籐製の杖, ステッキ, 鞭, 鞭による体罰 ↵

armchair [名詞]肘掛け椅子
convenient 都合の良い, 使い勝手が良い

officer [名詞](陸・海・空軍の)将校, 少尉以上の軍人, 部隊指揮官
discipline [名詞]しつけ, 規律, (しつけとしての)鞭 ↵
one's men 部下

despise 見下す, 軽蔑する ↵

might like to 〜 ↵

unless 〜でない限り, もし〜でなければ ↵

fluke [名詞]まぐれ当たり, 僥倖, 思いがけない幸い, 偶然に得る幸運
risen from the ranks 兵卒出身 ↵
be over 終わって, 済んで ↵

バートン ：先生たちは入隊していません。条件に合っていないとか、歳を取りすぎとか臆病すぎるからです。くだらない暴君となって僕たちをいじめるんです。

チッピング ：君の面白いスピーチはもういいから、あの椅子のところへ行きなさい。

チッピングは杖を取りに行く。

チッピング ：そこにかがみなさい！

チッピングは杖でバートンを打つために近づく。

チッピング ：立ちたまえ。そしてお座り。今は、肘掛け椅子の方が良いだろう。

：バートン君、これは楽しいものではないのだ。君は近々フランスで将校になるんだろう。君は部下に規律を求めるだろう。そのためには、規律とはどういったものかを君が知っていなければならない。

：さて、君はここの先生方を軽蔑している。戦えるほど、若くも強靭でもないといった理由で。先生方一人ひとりが入隊しようと努力したことを知った方が良いだろう。そうしようとした者でなければ、私たちは受け入れないよ。

：校長にふさわしい人がフランスで戦っていると言う理由で、今私が校長なのだ。本来なら校長にはなれない、戦時中のピンチヒッターなんだ。兵卒から昇進した臨時の将校なのさ。だが、戦争が終わるまでこのブルックフィールドを守るつもりだ。わかるかね？

■ **tuppenny**
= two penny
イギリス口語英語。

■ **go on**
「(話を)続ける」という意味の他に、主に、イギリス英語や、やや古い表現として、(大げさな言葉などに対し)冗談はよせ、まさか、ばかなといった使い方がある。続けるという意味であり、後者の冗談はよせといった感情が含まれている。p.56のように、スポーツ観戦では「いけ！いけ！」という声援として使われる。

■ **whip**
ここでは「折檻する」の意味。中英語期からの使用が認められる。

■ **cane**
映像でわかるように、藤製のステッキを鞭代わりにしている。植物の名称としては、「藤(トウ)、竹、シュロ」を表す。

■ **armchair**
臀部を杖で打たれたバートンには、打たれた箇所の負担を軽減させるため、両手で腰を浮かしやすかったり、クッション性がある肘掛け椅子の方が都合が良いだろうというチッピングの優しさが表れている。

■ **discipline**
ここでは、チッピングがバートンの人をむやみやたらに非難した行為を諭すために用いた語。

■ **despise**
look down on someoneでも「人を下に見る＝見下す」という意味だが、despiseの方は、嫌悪感を含んだ強い侮蔑の表現である。

■ **might like to 〜**
like to〜は「〜したい」の意。want to 〜の「欲求」を表すのではなく、あることに対して快く思っているか否かを表している。さらに、mightまたはwouldを用いることによって丁寧さや優しさを表している。現在時制として用いる。

■ **unless**
if not 〜 と置き換えが可能で、unlessの方が「断定的」な強い条件になる傾向が見られる。

■ **risen from the ranks**
軍律からすると、兵卒が将校になるのは困難である。

■ **be over**
ex. More than half of the vacation is over. (休暇は半分以上終わってしまった)

BURTON : I didn't know that, sir, about the masters. I'm sorry.

CHIPPING : If I thought you hadn't any good in you, I shouldn't have bothered to tell you. Now, are you gonna stand in and do your share?

BURTON : Of course I am, sir.

CHIPPING : That's right.

30 *EXT./ INT. CLASSROOMS - NIGHT - A police officer blows his whistle and a siren wails to warn of bombing raids.*

BOY : Look, there it is. There.

BOY : Look, over there.

BOY : It's a cloud, you fool.

BOY : The searchlight's got it.

BOY : The guns. The guns, they must have spied it.

TEACHER : Here, out of this, you kids. Down to lower school.

CHIPPING : Put those blinds down. Get to your places. Put them down. Um, at this particular moment in the world's history, it may seem to you that the, the affairs of Julius Caesar in Gaul 2000 years ago are of somewhat… Somewhat secondary importance.

Bombs continue to drop outside.

CHIPPING : But believe me, you can't judge the importance of things by the, by the noise they make. Is there anyone who would like to volunteer to construe? Maynard?

good [名詞]善, 善良さ ↺

bothered （通例否定文で）(人が)わざわざ…する ↺
gonna ＝ going to〜 ↺
stand in 代役を務める
do one's share 務めを果たす

wail （サイレンなどが）物悲しい音を出す
warn of 〜を警告する

there it is あそこにある ↺

they must have spied it ↺
spy （じっくり観察して）探り出す

may 〜かもしれない, 〜する可能性がある ↺
Julius Caesar ジュリアス・シーザー ↺
Gaul ゴール, ガリア ↺
secondary importance 二義的, 重要ではない ↺

construe [動詞]〜を…と解釈する ↺

バートン	：校長先生、先生たちのことは知りませんでした。申し訳ありません。
チッピング	：君にいいところがなければ、わざわざ話をしないよ。さて、君は代役となり、自分の務めを果たすかね？
バートン	：先生、もちろんです。
チッピング	：よろしい。

屋外／屋内－教室－夜－警官が笛を吹き、サイレンは空襲の警告のため鳴り響いている。

少年	：あそこを見ろ。　あそこ。
少年	：見ろ、向こうだ。
少年	：あれは雲だよ、バカじゃない？
少年	：サーチライトが雲を照らしたのさ。
少年	：大砲だ。大砲があれを見つけたんだ。
教師	：これ、ここから離れて、低学年の教室へ戻るんだ。
チッピング	：窓のブラインドを下ろしなさい。机へ戻るんだ。ブラインドを下ろしなさい。さて、世界史上での今この時においては、二千年前のガリアで、ジュリアス・シーザーの事件は些細なことと思うかもしれないが…

外では爆撃が続いている。

チッピング	：しかし，私を信じたまえ。ことの重要性は、うん、騒音で判断するものではないのだ。文法解釈をしてくれる者はいないかな？　メイナード？

■ good
ex. One of the main theme of Macbeth is the battle between good and evil.（『マクベス』の主題の一つは、善と悪の戦いである）

■ bothered
ex. I can't be bothered to say something to him.（わざわざ彼に何かいう気にはなれない）. It really upset him that nobody had bothered to tell him about it.（誰もわざわざそれを彼に伝えようとしなかったことは、彼をとても悲しませた）

■ gonna
ex. What are you gonna do?（さあどうするの？）

■ there it is.
探し物などが出てきた際の表現。探していた人・ものが「ここにいる」の場合はHere he[she][it] is.と言う。

■ they must have spied it.
助動詞mustは、そのままでは過去形にならないので、文にmustを含む過去形はmust have ＋ 過去分詞になる。
ex. They must have seen the star.（彼らはその有名な俳優を見たに違いない）

■ may
推量・可能性を表す助動詞。50％程度の確実性を表す。
ex. This story may be true.（この話は本当かもしれない）. She may not hope to liive.（彼女は生きたいと思ってはいないかもしれない）

■ Julius Caesar
紀元前100年-紀元前44年、旧ローマ帝国、執政官、軍人。英語読みはジュリアス・シーザー、ラテン語読みはユリウス・カエサル。『ガリア戦記』を執筆。シェイクスピアの史劇の作品名にもなっている。Julyはシーザーの誕生月で、彼の名前から7月は用いられている。

■ Gaul
現在のフランス、ベルギーを含む旧ローマ帝国の領土。この地方での戦いが『ガリア戦記』に記録されている。

■ secondary importance
「一義的、もっとも重要な」を意味する表現は、primary importance とか chief importance という。

■ construe
（ギリシャ語やラテン語のような古語を訳すときなどに）文法的に解釈する。解剖する。

MAYNARD : Yes, sir.

CHIPPING : Turn to page 40 and begin at the bottom line, will you?

MAYNARD : Genus hoc erat pugnae,....This was the kind of fighting... quo se Germani exercuerant... in which the Germans busied themselves.

CHIPPING : You see? These dead languages do come to life sometimes, don't they?

31 *INT./ EXT. COLLEY'S HOUSE - DAY - Chipping has tea with Colley's wife HELEN.*

CHIPPING : They were going at it, hammer and tongs. Hammer and tongs. Game as a pair of fighting cocks. One of young Colley's eyes was closing. "Keep your guard up," I said. "Keep your guard up."

HELEN : Yes, I can hear you.

CHIPPING : Oh, dear. No, more. No, no, thank you I always eat too much when I come here, you know.

: Well, young Colley, that's a fine mess you've made. This fellow must come to Brookfield, you know, Helen.

HELEN : Of course. The Colleys have gone to Brookfield since Queen Anne died. Here, little pig. You precious little pig. Peter always asks after you in his letter.

CHIPPING : We're even then. His letters to me are full of you. Well, I must be off if I'm to catch that bus.

line 〔文字が並んだ〕行, 詩の一行, 短詩

busy [他動詞]（人を）忙しくさせる
dead languages [名詞]死語 ↻

go at it, hammer and tongs （激しく）口論をする〔闘う〕, 全力で取り組む
hammer and tongs 猛烈に ↻
one of Colley's eyes was closing ↻

mess [名詞]乱雑, 散乱, めちゃくちゃ（な状態）

The Colleys ～一家, ～家 ↻

Queen Anne died ↻
Queen Anne アン女王 ↻

if I'm to catch... ↻

メイナード	：はい、先生。
チッピング	：40ページを開き、一番下の行からやってごらん。
メイナード	：これが戦闘方法だ… ドイツ人たちがせっせと進めていたことだ。
チッピング	：わかったかね？ こういった死語が時として蘇るのだよ。

屋内／屋外－コリーの家－昼－チッピングはコリーの妻のヘレンとお茶を飲んでいる。

チッピング	：二人とも必死でけんかの最中だった。必死でね。まるで二羽の雄鶏の闘鶏のような喧嘩だよ。若いコリーの片目は腫れていた。「防御しろ」と言ったんだ。「防御しろとね」
ヘレン	：目に浮かびますわ。
チッピング	：いや、いや、もう結構だ。ありがとう。ここに来るといつも食べすぎてしまう。
	：ご子息は立派な汚し屋だな。ヘレン、この子を将来はブルックフィールドへ。
ヘレン	：もちろんですわ。アン王女がお隠れになって以来、コリー家はブルックフィールドへ入学してるんです。はい、小豚さん。大事な小豚さん。ピーターは手紙でいつも先生のことを聞いてきますの。
チッピング	：おあいこだね。私への手紙は君のことばかりだ。バスに乗らなければならないのでお暇しよう。

■ **dead languages**
特に、ラテン語などは現在日常語としては存在しない。しかしながら、科学、技術用語の中で脈々と生き続けている。a.m.、p.m.、data、antenna、mediaなど。ローマ帝国崩壊後は、フランス語、イタリア語、スペイン語などロマンス系言語の基礎となった。

■ **hammer and tongs**
= hard; fiercely
hammer（ハンマー）とtong（トング *scissors（ハサミ）と同様、通例複数形で、数えるときはpair ofを使う）は、鍛冶屋の道具。金属を打ち付ける力強さや音がこのイディオムの由来。

■ **one of Colley's eyes was closing**
顔面を強打され、瞼がはれ上がっている状態。その腫れによって目が閉じられている状態。

■ **The Colleys**
the ＋ 複数形の固有名詞の形で、「〜一家、〜家」
ex. The Kennedys（ケネディ家）、a Kennedy（ケネディ家の一員）

■ **Queen Anne died**
本来は高貴な人に対して、「死ぬ」という表現より pass away（亡くなる）などの婉曲的な表現がふさわしい。

■ **Queen Anne**
現在のUnited Kingdom of Great Britain and Northern Ireland（グレートブリテン及び北アイルランド連合王国）の基盤となったKingdom of Great Britain（グレートブリテン王国）は、1707年にイングランド王国とスコットランド王国が合同し誕生した。アン王（1665年-1714年）は、この王国の最初の君主である。生涯で17回の妊娠をしたが、不運にも流産や死産が続き、さらには、無事に生まれた子供も早世し誰一人成人することはなかった。彼女を題材にした映画『女王陛下のお気に入り』が、2018年に製作され、アン女王を演じたオリヴィア・コールマンが第91回アカデミー主演女優賞を獲得した。

■ **if I'm to catch...**
be ＋ to 不定詞。to 不定詞がbeの補語になる場合、①予定、②義務（= should）、命令、③可能（= can）、④ if 節中で意図、目的⑤運命などを表す。ここでは④の用法でバスに乗るという意図・目的を表す。

HELEN　：Oh, I'm afraid so. I'll get your coat.

CHIPPING　：Thank you. Well, goodbye, young fellow. Goodbye. Don't choke yourself. Bye-bye.

HELEN　：Aren't the colours marvelous this autumn? I like to think he'll be back before the leaves fall.

CHIPPING　：There's every hope, Helen. Hope of peace. Beats me how any fight could last so long with a Colley in it.

HELEN　：Think of living without fear again. Without trembling at the sight of a letter or telegram.

CHIPPING　：I know.

HELEN　：I try to imagine him about the place again, doing some commonplace thing. Working in the garden, perhaps, or washing the dog. I can't imagine I shall ever get used to the joy of it. Surely, we shall never again take our happiness for granted. Goodbye. There's no one I'm so happy to see as you.

CHIPPING　：Goodbye, Helen. Next time I come, I'll expect to find the three of you. There's that bus. Goodbye. Hi there. Hi.

INT./ EXT. SCHOOL CHAPEL - EVENING - Chipping leads a memorial service.

CHIPPING　：From every point comes news of hope. We can say at last without fear that the end is in sight. But even in victory, we have cruel news to bear, losses that are the more tragic because peace is so close at hand.

choke ［他動詞］窒息させる，一杯に詰める，［自動詞］窒息する
marvelous ［形容詞］素晴らしい, すばらしくよい ↻
like to ～　～したい ↻

beats me わからない, 理解できない
in it その中で ↻

a letter or telegram 手紙や電報 ↻

commonplace ［形容詞］ごく普通の, よくある, ありきたりの

get used to ～　～に慣れる ↻

shall never ～　決して～しない ↻
take something for granted ～を当然のことと思う ↻
There's no one...as you ↻

loss 死

ヘレン	：残念ですわ。コートをお取りします。
チッピング	：ありがとう。ああ、さようなら、坊や。 喉を詰まらせないように。じゃあね。
ヘレン	：素晴らしい紅葉だと思いません？ 葉が落ちる前に彼は戻ってくるって考えたいんです。
チッピング	：希望はあるよ、ヘレン。安らぎの希望が。コリーがいるのに、どうやったら戦闘が長く続き得るのか私にはわからないよ。
ヘレン	：また、恐怖のない生活ができたらと考えたいです。手紙や電報を見て怯えることがないような。
チッピング	：そうだね。
ヘレン	：ここで彼とごくありふれたことをする生活をよく想像しようとするんです。庭仕事や犬を洗ったりしてるんです。そうした喜びが当たり前になるなんて想像もつきませんわ。本当に、私たちの幸せが二度と当然のことと思わないようにします。お元気で。お会いできるのがこんなに嬉しい方はいらっしゃいませんわ。
チッピング	：では、ヘレン。今度私が来る時は君たちが三人揃っているといいね。バスが来た。さようなら。やあ、やあ。

屋内／屋外－学校の礼拝堂－晩－チッピングは追悼式をおこなっている。

チッピング	：あっちこっちから希望の兆しが見えはじめている。ついに、終わりが見えてきたと、ついに恐れることなく言えるだろう。しかし、勝利の中で耐えがたい残酷な知らせがもたらされる。平和が手の届くところにあるので、死は一層悲劇的となる。

■ **marvelous**
= splendid; wonderful

■ **like to ~**
I like ~ing, I like to ~は基本的に同じ「~したい」の意味を表すが、文脈によって異なったニュアンスを表すことがあるので要注意。(英)では一般的に、「願望(desire)」表す場合にto不定詞、「楽しみ(enjoyment)」を表す場合は~ingを用いる。(米)では、(英)に比べてto不定詞を多用する傾向がある。
ex. He likes to learn French. (彼はフランス語を学びたいと思っている)、I didn't like to disturb him. (彼の邪魔をしたくなかった)。If I'm going to take a risk myself, I like to reckon out of the chance beforehand. (もし私自身が危険を冒すのであれば、あらかじめ見込みをはじき出しておきたいものだ)、Men never like to be thought cowards. (男というものは決して臆病者と思われたくないものだ)、I like playing basketball. (私はバスケットボールをするのが好きだ)

■ **in it**
itは、ここではany fightをさす。

■ **a letter or telegram**
ここでは戦場で戦死した死亡通知のこと。

■ **get used to ~**
すでに慣れた状態を言う時は be used to を使う。
ex. I'm used to living in Los Angeles. (ロサンゼルスでの生活には慣れました)

■ **shall never ~**
主語 (=話者) の意思・決意を表す。

■ **take something for granted**
take + 目的語 + for grantedで、takeとforの間に「目的語」が来る。または形式目的語の it を使い、take it for granted that ~という形式でも表せる。その場合、that以下でitの内容を表す(近年、形式目的語 it は省略される)。同じく形式目的語を使用したイディオムにmake it a rule to~ (~するのを常としている) がある。make a rule of ~ingとも言い、to不定詞か動名詞を取るかで構造が異なる。→p.201参照。

■ **There's no one...as you.**
チッピングも好意を持っていることを前提にした発言。直訳すると「あなたほど私が会えて嬉しいと思う人は誰もいない」となる。

CHIPPING : Peter Colley, lieutenant in the Coldstream Guards, was killed in action during a trench raid on the night of November the 6th. He remained in full view of the enemy in order to rescue his batman who had fallen fatally wounded. Both men died before they could be brought in.

: It is a great honor to Brookfield that His Majesty the King has posthumously awarded Lieutenant Colley the Distinguished Service Order.

: None of you here will remember Max Staefel. He was German master at Brookfield from 1890 until 1902. He was very popular here, made many friends among whom I was proud to include myself. I received a letter from Switzerland this morning informing me that he had fallen advancing with the Saxon Regiment on the 18th of October last.

BOY : The Saxon Regiment? Does he mean that he was fighting for the Germans?

BOY : Must have been.

BOY : Funny reading his name out with the others. After all, he was an enemy.

BOY : One of Chips' ideas, I suppose. He's got lots of funny ideas like that.

チッピング : コールドストリーム連隊のピーター・コリー中尉は 11 月 6 日夜、敵の塹壕急襲中に戦死した。致命傷を負って倒れた従卒を救助しようとして、敵からは丸見えの状態になっていた。二人は救出される前に亡くなった。

: 国王陛下が亡くなったコリー中尉に名誉の殊勲賞を授与されたのは、ブルックフィールドにとっては大変光栄なことである。

: ここにいる君たちの誰もマックス・シュテーフェルのことを覚えてはいないだろう。彼は 1890 年から 1902 年までブルックフィールドでドイツ語の教師だった。ここでは、とても人気があって友人も多かったが、自分もそのうちの一人であったことは誇りだった。彼が、去る 10 月 18 日サクソン連隊の一員として進軍中に戦死したことを知らせるスイスからの便りを、私は今朝受け取った。

少年 : サクソン連隊？ 彼はドイツ人のために戦っていたということなのか？

少年 : そうに違いない。

少年 : 彼の名前を他の名前と一緒に読み上げたのは変だ。だって、彼は敵だったんだろ。

少年 : チップスのアイデアの一つだと思う。彼はそんなおかしなアイデアをたくさん持っているからな。

■ the Coldstream Guards
コールドストリーム連隊は、1650年に歩兵連隊として設立された、イギリス軍の中で継続的に存在している連隊としては最古の連隊である。

■ on
単位が日の時だけでなく、特定の日の朝や午後などを示す時にも使用される前置詞。
ex. Please tell me what you were doing on the evening of November 1st.（11月1日の夕方あなたは何をしていたか教えてください）. I plan to go to a movie on Sunday afternoon.（日曜日の午後は映画を見に行く予定です）

■ His Majesty
国王や天皇などに使用される敬称。His Majesty the King は「国王陛下」、Her Majesty the Queen は「女王陛下」で、「陛下」に直接呼びかける時はYour Majestyとなる。ちなみに、「天皇皇后両陛下」はTheir Majesties the Emperor and Empress となる。

■ Distinguished Service Order
イギリス軍で、戦闘における特別な行動を評価して授与される勲章。

■ Saxon Regiment
ドイツの1連隊。なお、Saxonはドイツ北部の民族。5世紀ごろから、ブリテン島に侵入してアングル人とともにイギリスの基礎をつくった民族でもある。

■ Funny reading his name out...
It was が省略されている。It is funny ~ingで、「～をするのは奇妙だ」という意味。

■ after all
文頭に使われると、通常は「だって、なんといっても」という意味になる。
ex. After all we are friends, right?（だって、私たち友達でしょ？）
なお、文尾に使われると、通常は「結局、やはり」という意味になる。
ex. I agreed with his opinion after all.（結局私は彼の意見に賛成した）

紅茶にまつわるエピソードあれこれ

　紅茶は、イギリスでは生活の中に根付いた文化であると言われています。この映画においても何度かお茶のシーンがあり、終盤では訪ねてきた新入生に、チップス先生がミルクたっぷりの紅茶を淹れて出すシーンが描かれています。

　そのような紅茶にまつわる4人の方々のエピソードを紹介しましょう。順に日本人、イギリスに嫁いだ日本人、イギリスで育ち来日している人、イギリスで育ちアメリカ在住の人です。

苦手だった紅茶を好きにしてくれたのは

　サイフォンで淹れるほどコーヒー好きの家庭で育った私は、小学校高学年の時に友達の家で初めてミルクティーをいただきましたが、紅茶は苦手だったという思い出しかありませんでした。ところが、イギリスに行っていた友達が帰国した時に、たまたま土産にもらった紅茶をストレートで飲んでみると、苦味がなくあっさりしていて美味しく、意外でした。また、ミルクを入れて砂糖なしでいただくと、大人になったからか、その美味しさがより一層わかるようになりました。

紅茶の美味しさを感じたのは

　イギリスに嫁いだ私が病院で長女を出産した際、分娩の直後に「疲れたでしょう、どうぞ」といって出されたのが、紅茶とシンプルなトーストでした。内心、「なんとも英国らしいなあ」と、ほほえましい気持ちになったものの、「分娩の直後にこんなメニュー？！」とも思いながらいただきましたが、「今まで生きてき

た中でいちばん美味しい紅茶だな」と思ったことを覚えています。

紅茶を飲む最高のひとときとは

今日のイギリスでは、さまざまな紅茶の淹れ方がありますが、茶葉を長い間沸騰したお湯に浸すのが一般的です。それは紅茶の香りを引き立たせたいからですが、時には苦くなってしまうこともあり、砂糖を入れます。しかし、私や私の家族は茶葉をお湯に浸す時間は短めにしています。ミルクは入れますが、砂糖は入れずに飲みます。夕食後に飲む1杯は最高で、私にとってはくつろぎのひとときになっています。

ミルクティーからレモンティーへ

映画では、チップス先生はティーカップにミルクを入れてから紅茶を入れていましたが、私の場合は順番が逆で、紅茶を入れてから、色の変化を見ながら入れるミルクの量を調整していました。一人住まいをするようになってからは、砂糖を入れるのは止めました。歯のためには遅すぎましたが…。今ではミルクを入れて飲むことはあまりなくなり、レモンティーにして味わうことが多くなりました。

この映画を鑑賞しながら、好みの淹れ方で紅茶を味わってみてはいかがでしょうか？

林　雅則（三重県立木本高等学校）

Goodbye, Mr. Chips

■■■

32 *INT. HEADMASTER'S OFFICE - DAY - A phone call comes for Chipping as he arrives at the office.*

JENKS : Yes, sir. He should be just coming out of school now. I expect him at any moment. Hold the line, sir. Here is Mr. Chipping. From London, sir. Colonel Morgan.

CHIPPING : Yes? Oh, hello, Morgan. Yes. Oh. Yes. Yes, of course. It was good of you to call me. Thank you. Goodbye.

JENKS : Pardon me, sir. Anything wrong?

CHIPPING : Ask Mr. Melford to be good enough to assemble the whole school in big hall.

INT. BIG HALL - DAY - Chipping announces the end of the war.

CHIPPING : Boys, the war is over.

ALL : Hurrah!

EXT./ INT. CHIPPING'S HOUSE - NIGHT - Colley knocks on Chipping's door.

COLLEY : There isn't any answer.

OLDER BOY: Knock again.

COLLEY : What shall I say?

should ～するはずだ、～だろう
↺
school ↺
expect （当然起きるまたは来る
であろうこと）を待つ, 楽しみにする
↺
at any moment 今すぐにでも
Hold the line ↺
line 電話回線
Colonel （陸軍）大佐 ↺

pardon me ↺
Anything wrong ↺
ask 依頼する
assemble 集める, 招集する ↺
the whole school すべての生
徒職員

Hurrah フレー, 万歳 ↺

さようなら、チップス先生 DVD 01:44:42 □□□□□□

屋内－校長室－昼－チッピングが校長室に着くと、電話がかかってくる。

ジェンクス ：はい。先生はもう授業からこちらに向かっているはずです。すぐに着くと思います。切らないでお待ちを。チッピング先生が戻られました。ロンドンから。モーガン大佐です。

チッピング ：はい？　やあ、元気か、モーガン。はい。え、はい、はい。もちろん。電話をくれたのはありがたい。感謝します。それではまた。

ジェンクス ：失礼ですが、何か悪いことでも？

チッピング ：メルフォードさんに、すべての生徒職員を講堂に集めてくれるように頼んでください。

屋内－大講堂－昼－チッピングが戦争終結を発表する。

チッピング ：生徒諸君、戦争は終わりました。

全員 ：万歳！

屋外／屋内－チッピングの家－夜－コリーがドアをノックする。

コリー ：返事がありません。

上級生 ：もう一度ノックしろ。

コリー ：何て言えばいいんですか？

■ should
ex. They should get to the hotel in 10 minutes.（彼らは10分後にはホテルに着くはずだ）

■ school
ここでは「学校」という意味ではなくて、「授業」という意味で使われている。

■ expect
ex. I'm expecting someone.（人を待っているんだ）

■ Hold the line
「（電話を）切らずにお待ちください」という時の決まり文句。

■ Colonel
発音は [（米）kə́rnl／（英）kə́:nl] で、"l" は黙字（発音されない）。イタリア語のcolonnello[colonello]がフランスに渡ったとき、coronnel[coronel, couronnel]へ綴りも発音も"l"はから"r"へと変化した。その後、英語でもcoronellとして使われるようになったが、やがてフランス語でも英語でも"r"の発音は残ったまま、綴りだけが"l"へと戻されたため、発音と綴りが大きく異なる語となってしまった。

■ pardon me
ここでは、知りたいことを聞くために使用されていて、「失礼ですが」という意味。

■ Anything wrong?
Is there anything wrong? の省略形で、「何かまずいことでも（あったのですか）」という意味。

■ assemble
ex. I must assemble information for a presentation.（プレゼンテーションのために情報をまとめなくてはならない）、He loves to assemble a model.（彼は模型を組み立てるのが好きだ）

■ Hoorah!
Hurrahは歓喜、賞賛、激励などを表す間投詞。hurray、hooray、hoorahなどと書かれることもある。
ex. Hurrah for the Queen!（女王陛下万歳！）

189

OLDER BOY : Say, "Here I am, Mr. Chips."

COLLEY : Here I am, Mr. Chips.

CHIPPING : What on earth? I can see you're there. What is all this?

COLLEY : They told me you wanted to see me, sir.

CHIPPING : Oh, so they told you, did they? That's quite right. I did want to see you. Come along inside and have some tea. Come along.

The two go inside to the surprise of the older boys.

CHIPPING : I've warmed the pot. Would you fetch me the kettle?

COLLEY : Yes, sir.

CHIPPING : Thank you. So you're a new boy, eh?

COLLEY : Yes, sir.

CHIPPING : Name?

COLLEY : Colley, sir.

CHIPPING : Young Peter Colley.

COLLEY : Why, why, yes, sir.

CHIPPING : I knew your father.

COLLEY : Yes, sir. My father was here and my grandfather.

CHIPPING : Yes, of course. One, two, and one for the pot, eh? Right, pour away. Steady, steady. Don't drown it. Draw up that chair, will you?

COLLEY : Why, yes, sir.

CHIPPING : Two lumps?

COLLEY : Please, sir.

CHIPPING : Sit down. There you are. Have a piece of cake.

Here I am ↺

on earth 一体全体 ↺

I did want to ↺

fetch 行って（ものを）取ってくる
〔（人を）連れてくる〕

Young Peter Colley ↺

and one for the pot ↺

pour away 注ぐ
steady 落ち着いて，ゆっくり ↺
Don't drown it ↺
Draw up... ,will you ↺
draw up 引き寄せる

lump 角砂糖 ↺

There you are ↺
have 食べる

上級生	:「チップス先生、来ました」と言え。
コリー	:チップス先生、来ました。
チッピング	:一体全体何が？　君が来たのはわかる。これは一体何なのかね？
コリー	:彼らが私に先生が私に会いたいと言いました。
チッピング	:おや、彼らがそう言ったんだね？　全くそのとおりだ。確かに君に会いたかった。中に入って、お茶でも飲もう。来なさい。

上級生たちが驚いたことに、二人は中へ入っていく。

チッピング	:ポットは温めた。ヤカンを持ってきてくれる？
コリー	:はい。
チッピング	:ありがとう。それで、君は新入生だね？
コリー	:はい。
チッピング	:名前は？
コリー	:コリーです。
チッピング	:ピーターの息子か。
コリー	:え、はい、そうです。
チッピング	:お父さんのことは知ってたよ。
コリー	:はい。父はここで学びましたし、祖父も。
チッピング	:もちろん、そうだったな。一杯、二杯と、ポットにも一杯だな。そうだ、お湯を入れて。ゆっくり、ゆっくり。もういい。椅子をこちらへ引いておいで。
コリー	:ええ、はい。
チッピング	:角砂糖は二つ？
コリー	:お願いします。
チッピング	:かけなさい。さあ、どうぞ。ケーキも食べなさい。

■ Here I am
「私はここにいます」から「来ました」、「着きました」、「ただいま」などの意味を表す。

■ on earth
疑問詞の後ろに置かれて、疑問詞を強調する働きをしている。
ex. What on earth are you doing?（一体全体、君は何をしているんだ）

■ I did want to
「ぜひ〜したかった」という意味で、did は動詞を強調する do の過去形。
ex. I do love you.（もちろん君のことは愛しているよ）

■ Young Peter Colley
若いピーター・コリーということだが、ここではピーター・コリーの息子という意味。

■ and one for the pot
これはお茶を入れる時の「ポットにも一杯」という決まった表現で、茶葉はティースプーン1杯で1人前なのだが、十分なお茶の味や風味を出すために茶葉を余分に入れること。

■ steady
ヤカンからお湯をポットに注ぐ時に、こぼしたりしてはいけないので注意を促す表現。

■ Don't drown it.
否定の命令文。ここでの drown は「薄めすぎる」という意味。したがって、この文は「お茶を薄めすぎるな」、つまり、お湯はもう十分だから、「これ以上入れるな」という意味になる。

■ Draw up… ,will you？
命令文の付加疑問文で、命令の調子が少し柔らかくなる。

■ lump
「塊」という意味もあるが、ここではもちろん「角砂糖」の意味。したがって、two lumpsは「角砂糖2個」という意味になる。

■ There you are.
人にものを渡す時に言う決まった表現で、「さあ、どうぞ」、「どうぞ」、「さあ」、「ほら」といった意味になる。また、p152のように、自分の予想や推測通りの返答だったことを示す際に使われる。他にも何かの説明や提示を終えて「そういうことです、以上です」など、状況によって様々な意味合いで用いられる。

191

COLLEY	: Thank you, sir.
CHIPPING	: There it is. There you are. There we are. Now, what do you think of Brookfield?
COLLEY	: Well, it's, it's big, sir.
CHIPPING	: You'll like it, though, when you get used to it. It's not half such an awful place as it seems the first day. Bit afraid of it, I expect.
COLLEY	: A bit, sir.
CHIPPING	: So was I to begin with. But that's quite a while ago. Sixty three years, to be exact. Try one of those sponge cakes.
COLLEY	: Won't you come to see us someday, sir? You'd like my mother. She's funny. I mean, she makes quite good jokes.
CHIPPING	: She does, eh? I'm glad of that, Colley. It's good to have a mother that makes jokes.
	: I know those hills of yours quite well. I was there one autumn when the leaves were turning. Beautiful colors, green and red and gold.
	: Afraid that's the bell for call-over. You'll have to go.
COLLEY	: Oh, must I, sir? I'm sorry.
CHIPPING	: Just walk by the master and call your name. Don't let it scare you.
COLLEY	: Oh, it won't now, sir. This school doesn't seem half so bad after that lovely tea.
CHIPPING	: You must come again one day, Colley. Will you let yourself out, my boy? I'm a little tired.
COLLEY	: Yes, of course, sir. Thanks, awfully.

Side glossary:

There it is ↻
There we are ↻
What do you think of ～ ↻

not half ↻

bit afraid of it ↻
bit　少し

so was I ↻
to begin with　初めは ↻
quite a while ago　かなり前に
to be exact　正確に言うと
try ↻

call-over　点呼

Don't let it scare you ↻

let oneself out ↻

コリー　　　：ありがとうございます。

チッピング：いいな。ほら。これでよし。さてと、君はブルックフィールドのことをどう思うかね？

コリー　　　：大きいです。

チッピング：でも、慣れたら好きになるよ。初日に思ったほどは全然怖くないところだ。まだ少しは怖いかい？

コリー　　　：少し。

チッピング：私も初めはそうだったよ。でも、遠い昔のことだけどね。正確に言うと63年前だ。スポンジケーキも食べてごらん。

コリー　　　：いつか家に遊びに来てくれませんか、先生。母のこと気に入ると思います。うちの母、面白いんです。だって、冗談が上手だから。

チッピング：冗談が？　それは嬉しいね、コリー。冗談を言える母親を持てることは素晴らしい。

　　　　　：君の家のある丘のことはよく知っている。ある年の秋、木々の葉が色づく頃に行ったことがある。素晴らしい色だったよ。緑や赤や金色で。

　　　　　：残念だが、点呼の鐘だ。君は帰らなければならない。

コリー　　　：本当ですか？　残念です。

チッピング：先生のそばに行って、自分の名前を叫べばいいんだ。怖がるな。

コリー　　　：もう怖くはありません。おいしいお茶をいただいたので、学校は全然悪くないように思えます。

チッピング：コリー、またいつか来なさい。見送りはしないよ。少し疲れた。

コリー　　　：はい、もちろんです。本当にありがとうございます。

■ There it is.
ここでは、「（これで）よし」とか「（これで）いいな」といったような意味で、うまくいった時に使う表現。

■ There we are.
ここでは、「できた」とか「これでよし」といったような意味で、作業などが仕上がった時に使う表現。

■ What do you think of 〜?
「〜はどうですか？」と相手の意見を聞く時の決まった表現。
ex. What do you think of our new teacher?（新しい先生のことどう思う?）

■ not half
not half as[such a] … as で「半分も〜ではない」という意味になる。
ex. Mary is not half as attractive as Catherine.（メアリーはキャサリンの魅力には遠く及ばない）

■ bit afraid of it
= You are a bit afraid of it

■ so was I
「私もそうでした」という時の決まり文句。ここでは I was afraid, too.（私も怖かった）という意味。

■ to begin with
ここでは「初めは」という意味で使われているが、「第一に、まず」という意味もある。
ex. The hotel was terrible. To begin with, our room was too small.（ホテルはひどかった。まず、部屋が狭すぎた）

■ try
ここでは「試しに食べてごらん」という意味。

■ Don't let it scare you.
直訳すると「それがあなたを怖がらせるようにするな」となる。つまり「それを怖がるな」という意味。

■ let oneself out
「1人で（家から）出る」という意味。したがって、Will you let yourself out? は「あなた1人で出て行ってくださいますか」ということで、結局「見送りはしません」という意味になる。

Colley turns around before he opens the door.

turn around　振り返る

COLLEY : Goodbye, Mr. Chips.
CHIPPING : Goodbye, Mr. Chips?

Chipping recalls his days as a master.

recall　思い出す，思い起こす ◑
days　時代 ◑

MAN : Headmaster of Brookfield.
BOY : A-M-A-A-D-A.
AINSWORTH : Ainsworth.
ATTWOOD : Attwood.
AVENMORE : Avenmore.
KATHERINE : Hello!
STAEFEL : The Danube would certainly be blue for both of you tonight.
KATHERINE : To the future.
BULLOCK : First of April, sir.
BOYS : April fool!
BARNARD : Barnard.
BRYANT : Bryant.
BENSON : Benson.
RALSTON : Killed in action.
COOPER : Cooper.
CRAVEN : Craven.
CASTLE : Castle.
COLLEY : Colley.

Dr. Merivale speaks to Mrs. Wickett.

MERIVALE : Better send for the headmaster. I promised to let him know.

better　～するのが良い，～した方が良い，すべきである ◑
send for　～を呼びにやる
let him know　彼に知らせる

コリーはドアを開ける前に振り向く。

コリー ：さようなら、チップス先生。
チッピング ：さようなら、チップス先生か？

チッピングは教師としての日々を思い起こす。

男性 ：ブルックフィールドの校長。
少年 ：A-M-A-A-D-A！
エインズワース：エインズワース。
アトウッド ：アトウッド。
エイヴォンモア：エイヴォンモア。
キャサリン ：ハロー！
シュテーフェル：今夜、ドナウ川は君たちには青く見える。

キャサリン ：未来に。
ブロック ：４月１日です。
少年たち ：エイプリルフール！
バーナード ：バーナード。
ブライアント：ブライアント。
ベンソン ：ベンソン。
ロールストン：戦死。
クーパー ：クーパー。
クレイヴン ：クレイヴン。
キャッスル ：キャッスル。
コリー ：コリー。

メリヴェイル医師がウィケット夫人に話しかける。

メリヴェイル：校長を呼びにやってくれ。彼に知らせると約束
　　　　　　　したんだ。

■ recall

他の「思い出す」という類語とのニュアンスの違いは次の通り。Please remind me to turn off the light when we go out.（出かけるとき明かりを消すよう私に言って〔思い出させて〕ください）やMy niece's smile reminds me of my late grandmother.（姪の笑顔は、死んだ祖母を思い出させる）のように、remindは「人に～を思い出させる」、I always remember what my grandfather taught me.（私は祖父が教えてくれたことをいつも覚えている）、I must remember to buy eggs on my way home.（帰り道に卵を買うことを覚えていなくては）のように、rememberは「忘れずにいる、覚えておく」、最後にrecallはI can't recall his face anymore.（もう彼の顔を思い出すことはできない）のように「過去の出来事などを思い出す、記憶を辿って思い出す」という意味。そのため、rememberのように未来のことについて「覚えておく」という意味では使えない。

■ days

college days（p.104 大学時代）, good old days（古き良き時代）, younger days（青春時代）など、比較的短い「時代」を表す語。era は Muromachi era（室町時代）, era name（元号）という使われ方に見られるように、個人的な時代ではなく、国などの歴史上の明確に規定された「時代」を指す（periodが使われることもある）。age は Ice Age（氷河期）, Stone Age（石器時代）, Age of Discovery（大航海時代）などという使われ方に見られるように、何かに特徴づけられた「時代」を指す。

■ better

You had[You'd] better ＋ 動詞の原形の You had が省略された形。口語表現では had better（～した方がいい）の had が省略されることが多い。特に主語が2人称の you である場合、強い忠告や軽い命令、威嚇を表し、文脈や音調によっては、さもないと悪い結果になるという脅迫ともなるため注意。二人称では目上の人には用いない方が良い。否定形は had better not do.
ex. You had better study harder.（君はもっと一生懸命勉強した方がいいぞ）

EXT./ INT. SCHOOL GROUNDS / CHIPPING'S HOUSE - EVENING - Dalton heads to Chipping's house.

DALTON : Whittaker, stop that bell tonight. Mr. Chipping's very ill.

WHITTAKER : Yes, sir.

Dalton and Dr. Merivale watch over Chipping.

MERIVALE : Poor old chap. He must have had a lonely life, all by himself.

DALTON : Not always by himself. He married, you know.

MERIVALE : Did he? I never knew about that.

DALTON : She died, a long while ago.

MERIVALE : Pity. Pity he never had any children.

CHIPPING : What, what was that you were saying about me?

MERIVALE : Nothing at all, old man. Nothing at all. We were just wondering when you were going to wake up out of that beauty sleep of yours.

CHIPPING : I, I heard you. You were talking about me.

MERIVALE : Nothing of consequence, old man. I give you my word.

CHIPPING : I thought I heard you saying it was a pity... Pity I never had any children. But you're wrong. I have. Thousands of them. Thousands of them. And all boys.

Boys file past giving their surnames.

COLLEY : Goodbye, Mr. Chips. Goodbye.

屋外／屋内－校庭／チッピングの家－晩－ダルトンがチッピングの家に向かう。

ダルトン ：ウィタカー、今夜はあの鐘を止めろ。チッピング先生が重病なんだ。

ウィタカー ：わかりました。

ダルトンとメリヴェイル医師がチッピングを見守る。

メリヴェイル：お気の毒な方だ。ずっと一人で寂しい人生だったに違いない。

ダルトン ：ずっと一人だったわけじゃない。結婚はしたんだよ。

メリヴェイル：彼が？　それは知らなかった。

ダルトン ：奥さんはずっと前に亡くなった。

メリヴェイル：お気の毒だな。子供がいなかったのは、お気の毒だ。

チッピング ：私のことについて話しているのは何だ？

メリヴェイル：全く何も話してないですよ、先生。全く何も。私たちは先生がいつ素敵な眠りから目を覚ますのだろうかと思っていただけです。

チッピング ：聞こえたよ。君たちは私のことを話していた。

メリヴェイル：大したことじゃないですよ、先生。約束します。

チッピング ：「気の毒だ」と言っているのが聞こえたと思ったが…「子供がいなかったのが気の毒だ」と。だが、違うぞ。子供はいる。何千人も。何千人も。みんな男の子だ。

生徒たちが列をなして、それぞれの苗字を告げながら通り過ぎる。

コリー ：さようなら、チップス先生。さようなら。

■ poor old chap
old chap（おじさん、おじいさん）と親しみを込めて呼び掛けに使ったりしたが、今ではほとんど使われない。

■ not always
部分否定で、「必ずしも～とはかぎらない」という意味。
ex. The rich are not always happy.（金持ちが必ずしも幸せとは限らない）

■ Did he?
Did he (marry)？の marry が省略された形。応答疑問文で、聞き返す場合や相づちを打つ場合などにも使われるが、ここでは「彼が結婚していた」ことに対する驚きを表している。

■ pity
(It is a) pity (that) の省略形。
ex. It is a pity that you have to leave now.（君がもう発たなければならないのは残念だ）

■ What was that...?
thatは接続詞で名詞節を導き、that… が主語で、疑問詞の what が補語の関係になる疑問文で、「君たちが私について言っていることは何だった？」という意味になる。

■ beauty sleep
茶目っ気を込めて使われる慣用表現。通常beautyは名詞として使われ、その形容詞形はbeautifulである。
ex. Beauty is in the eye of the beholder.（美は見る人の目の中にある＝諺：蓼食う虫も好き好き）

■ of yours
my, your, his, her, our, theirなどといった代名詞の所有格は、a[an]、theやthis、that、some、anyなどの冠詞または冠詞に相当するものと一緒には使えない（○a friend of yours、× a your friend）。その場合、ここでのようにof+所有代名詞の形にして、名詞の後につける。
ex. This proposal of yours perfectly meets the client's requests.（あなたのこの提案は、あの顧客の要求を完璧に満たします）

■ nothing of consequence
of consequence は「重要な」という意味になるので、nothing of consequence は「重要なことは何もない」という意味。

■ surname
= last name; family name
surname、last name（姓）と対になるのはfirst name（名）。family nameと対になるのはgiven nameである。

理想の教師像—チップス先生とモリー先生

　この映画は、前述されているようにイギリスのパブリックスクールの教育に生涯を捧げ、退職後も学校のすぐ前に住んでいるチップス先生を描いた、ジェイムズ・ヒルトン（James Hilton）の名作 *Good-bye, Mr. Chips*（1934）を映画化した作品である。映画全体を通して、チップス先生は自分の人生をすべて生徒への教育に捧げたことが分かる。特に、最後のシーンでは彼の人生観を捉えることができる。その場面でチップス先生は、"I thought I heard you saying it was a pity... Pity I never had any children. But you're wrong. I have. Thousands of them. Thousands of them. And all boys." と言う。つまり、1933 年に死の床にあるチップスは見舞いに訪れた人物が身寄りもない自分を哀れんでいるのを耳にして、「子供はいたよ。何千人も。何千人もの子供たちがみんな私の息子なんだ」と返答する。実は、チップス先生は出産直後の妻と子供を失くすというとても悲しい経験をしている。しかし、長年生徒への深い愛情を持って接したことで、生徒がすべて自分の子供であると言い切れるこの点に彼の教育観のすべてが反映されている。とても前向きで、心底子供たちを愛した様子がよく分かる。

　この作品を観て、場所も環境も異なるが理想の教師像という点からある映画を紹介したい。*Tuesdays with Morrie*（1999）である。原作はジャーナリストのミッチ・アルボム（Mitch Albom）によって書かれたノンフィクションで、難病 ALS（筋萎縮性側索硬化症）

に侵されたブランダイス大学のモリー・シュワルツ教授が死を目前にして、かつての教え子であるミッチに贈った「最後の授業」を記録したものである。1997年にアメリカでベスト・セラーとなり、映画は1999年にアメリカで制作、ABC放送で放映された。モリー先生は教え子のミッチに自分が難病に侵されていることを説明した後に、自分のことを "I'm a lucky man." と表現し、人生の残された時間を幸せに感じている。病気になって嘆くのではなく、命に限りがあることを知れば残された人生を前向きに精一杯生きていけることを、映画の中で "When you know how to die, you know how to live." というセリフで表現している。

　チップス先生もモリー先生も共に、前向きに生きることを肯定し、先ず学生や生徒のことを第一に考えている点がこれら二つの映画からよく理解できる。また、両映画共に様々な場面で、人生の教訓になるような温かいフレーズをセリフとして聞くことができるので、その表現の意味を考えて改めて観てもらいたい。イギリスのパブリックスクールの教師と、アメリカの大学の教師という全く異なる環境ではあるが、二人の教師から本来の教育の目的や人生について学ぶことができる。

寶壺貴之（岐阜聖徳学園大学教授）

p.22	**That's all there is to it.**	意味	ただそれだけのことだ。

英文解析	That's all [there is to it].主に米話で「それだけのことだ」「どうってことはない」の意味で、That's all.だけでも使われる。That's all の後に関係代名詞の that が省略されており、there is to it の to は対応関係を表し「〜に対して」と訳され、to it で「それに対して」「そのことについて」となる。全文を直訳すると「それがそれに対するすべてだ」で、「そうすることだけだ」「ただそれだけだ」の意味になる。
使用方法	この表現は、結論を表すような時に用いられる。重要でない、たいしたことではない簡単なことや、他に話すべきことや言うことがない時、何も隠していないような時に「ただそれだけ、それについてはもうすべて、それに尽きる」という意味で使われる。似たような口語表現として That's it.(それでおしまい)などがある。

p.30	**I gave him a piece of my mind.**	意味	一言説教してやったよ。

英文解析	give someone a piece of one's mind で「(人)に一言文句、遠慮のない意見、自分の率直な気持ちを言う」という意味。「give + 目的語(人) + 目的語(もの)」の形で「人に何かものを与える、あげる」の意味になる典型的な英文パターン。give だけではなく、make、buy、bring、find などの動詞の後に「人 + もの」がきて「人に何かを作ってあげる、買ってあげる、持ってきてあげる、見つけてあげる」の意味になる。
使用方法	目上の人というよりは、自分と対等あるいは親から子などに対して「一言物申す」表現である。たいていは誰かに怒りや不満、不快感をぶつける様子を表す。「遠慮なく話す」という表現にはほかにspeak out on、「抗議する」という表現には lift up one's voice などもある。ex. I was so angry that I gave them a piece of my mind.(あんまり腹が立ったから、やつらに一言文句を言ってやった)

p.42	**We'll keep our fingers crossed for you.**	意味	幸運を祈っていますよ。

英文解析	keep は動作の継続(他動詞)を、one's は所有格、crossed は「交差させる」(他動詞)の過去分詞。keep の代わりに get も可能。We'll [I'll] を省略することもできる。中指と人差し指を十字に交差させるジェスチャーと共に使われることが多いため、fingers は常に複数形。キリストが処刑された際の十字架を表すという説や魔女や悪霊払いの仕草である等、由来については諸説ある。
使用方法	深刻な祈りではなく茶目っ気を含む気軽な表現である。「幸運」だけでなく、「良い結果」や「思い通りの結果」になることを祈ってほしい時に用いる。主語を you にして [Just] Keep your fingers crossed.(幸運を祈っていてください)= Wish me luck. の形や Let's keep our fingers crossed.(みんなで幸運を祈ろう)という使い方もできる。類義表現に Good luck. Do your best. Go for it. You can do it. 等。

p.66	**I knock on wood for you.**	意味	うまくいきますように。

英文解析	knock on wood や touch wood とも言い、「災難よけに木製品をたたく、魔よけに木を触る」という意味の表現。木や木製品には木の精霊が宿ると信じられていたことから、邪気を追い払い、幸運を呼び寄せてくれるよう祈り、木を叩いたとされる。イギリスでは、木や木製品がそばにないときは、自分の頭を代わりに触るが、これは wooden head([口語]あは、間抜け)にひっかけた自虐ジョークである。
使用方法	良いことが起きた時には「幸運が続きますように」、悪いことが起きた時には「不吉を追い払い、幸運が訪れますように」との意味で用いられ、何も言わずに木製品や木のテーブルなどをコンコンと叩くだけの場合もある。ex. But your luck will change, if you'll arrange to knock on wood(だがあんたたちの運も変わるよ。もしなんとかして木を叩けば。*Knock on Wood* 映画『カサブランカ』の劇中歌)

p.84	**I'm really not a ladies' man.**	意味	女性は苦手です。

英文解析	ladies' man と類語 womanizer(女たらし)の違う点は、前者は女性の扱いが上手く、女性に敬意を払うタイプ、つまり紳士的な色男であるのに対し、後者は女遊びが好きで、女性に平然と嘘をつくタイプであるとされている。ここでは really not の語順でチッピングが「本当に女性が苦手」と言っているが、I'm not really a ladies' man. の順にすると「そこまで女好きというわけではない」と意味が変わる。
使用方法	ex. I think he is sweet and truly a <u>ladies' man</u>. But I'm <u>not really</u> attracted to that type.(彼は優しいし、本当に女性の扱いが上手いと思うけど、私はそこまであの手の人に惹かれないの)、cf. Don't you know that he is a notorious <u>womanizer</u>? I'm <u>really not</u> happy that you're seeing him.(彼が評判の悪い女たらしだって知らないの?あなたが彼と付き合ってるなんて本当に不満だわ)

この2ページは、この映画で当社編集部がぜひ覚えていただきたいセリフの解説です。

セリフ ベスト *10*

p.86	**To put it mildly.**	意味	控えめに言ってもね。

英文解析 ここでは単独で使われているが、文全体を修飾するフレーズなので、文頭・文中・文末どこでも使える。put it + 副詞 (句) で、「〜な表現をする」となるため、他の副詞 (句) に置き換えることも可能。ex. to put it simply (簡単に言えば)、to put it differently (言い換えれば)、to put it briefly (手短に言えば)、to put it clearly (わかりやすく言えば)

使用方法 本音はもっと強い言葉を使ってもいいところだが、意図的に直接的・批判的な言葉を避けていると伝える表現。または、ほめ言葉などを強調するために使うことも。ex. The boss was, to put it mildly, annoyed by that attitude of yours. (ボスは控えめに言っても苛立ってましたよ、あなたのその態度にね)、The food in that restaurant was fabulous, to put it mildly. (あのレストランの料理は控えめに言っても素晴らしかった)

p.106	**Liking it? Loving it!**	意味	お気に召しましたか？ とっても！

英文解析 like や love は、ing を取る動作動詞ではなく、状態動詞に分類されることが多い。しかし本編では ing を取っている。つまり、ing 形 (動作の完了に向けて動いていることを表す) を取ることで、ダンスがどんどん好きになっていくワクワクの気持ちが見て取れる表現となっている。

使用方法 「ライク」か「ラブ」かを問う場面が、日本語のドラマや映画でも時折現れるが、同様に何かを想う気持ちの深さは like より love の方が深く表現できる。ing 形を使えば、心の動きまで表現できる。某ファストフードのキャッチコピー i'm lovin' it は、文法上正しくないと指摘されることが多いが、このように 1939 年の映画でも使われており、心情を遊び心満載で伝える楽しいフレーズと言える。

p.136	**We mustn't keep you, sir.**	意味	お引き留めしてすみません。

英文解析 keep が人を目的語に取る場合、その意味は「(人を) 引き留める」「手間を取らせる」となる。keep の原義は、対象となる人・ものを他者に渡さないということなので、We [I] mustn't keep you. の意味は、直訳的には「あなたを引き留めてはいけない」で、転じて「引き留めてしまってごめんなさい」となる。

使用方法 人と立ち話などをしていて、ついその話が長くなってしまったときなど、単に「それでは…」と言って話を打ち切るのではなく、このように一言添えると丁寧な印象を与えることができる。特に相手が目上の人の場合は、自分のために時間を割いてもらったことを感謝する意味も込めてこのセリフを言うとよい。

p.158	**We want you to accept this little token of esteem.**
	意味　僕たちはこのほんの感謝のしるしを受け取ってほしいのです。

英文解析 want +人+ to 動詞で「人に〜して欲しい」となる。token は、esteem「尊敬、尊重」のような感情を表す言葉と共に使われると「しるし、象徴」の意味となる。このセリフでは、チッピングに直接渡している贈り物のことも指している。このような場合、little は物体そのものの大きさではなく、「ほんの、心ばかりの、ちょっとした」という謙遜の気持ちを表す。

使用方法 お礼や謝罪などで、誰かに何かを渡す際の謙遜表現である。Please accept this present as a small token of our gratitude. (ほんの感謝のしるしとして、この贈り物をお受け取りください) と具体的な品を挙げた後で as a token of「〜のしるしとして」と続ける方が一般的かもしれない。相手を敬い、謝意や非を控えめに伝えたい時に便利な表現である。

p.182	**We shall never again take our happiness for granted.**
	意味　本当に、私たちの幸せが二度と当然のことと思わないようにします。

英文解析 shall は、主語 (話者) の決意・意思を表す。主にイギリス英語で見られる。take for granted は、「もちろんのことと思う、当たり前のものと考える」。近年では、take [it] ... for granted における形式目的語 it は省略される。that 節を伴う。

使用方法 shall の使用例：We shall never surrender. (絶対に降伏しない)、I shall never forget your kindness. (あなたのご親切は決して忘れません)、take for granted の使用例：You must not take people or granted. (人を当てにしてはいけない)、I take [it] for granted that he would come. (彼が当然来るものと思った)、We cannot take peace for granted. (私たちは平和を当然のものと思ってはいけない)

表示のページを開いて、セリフが登場する場面の前後関係とともに、その使用法を完全にマスターしてください。

『チップス先生さようなら』はいかがでしたか？学習の総仕上げとして長文読解にチャレンジしてみましょう！

The Heart of England

A challenge for filmmakers is to give character insights that could more easily be expressed on the page. The 1939 film version of *Goodbye, Mr. Chips* has the difficulty of showing us who Charles 'Chips' Chipping is, a man of no particular distinction who still manages to distinguish himself. Whereas the novella clearly outlines the man's character in the first chapter, the opening act of the movie is more circumspect, gently introducing us to Brookfield school – respectable, but not eminent – and leaving the audience to recognize the parallel between the institution and the protagonist.

We see a teacher and a headmaster walking around the simple buildings of what readers of the novella will remember as "a good school of the second rank". They are talking about the institution, but they could easily be discussing Chips himself. Stopping before a statue of the founder, they note the school has survived since 1492, the year Columbus discovered America. Left unsaid is that the school has struggled through upheavals in history, without prospering from them. However, we are told that it is "gray, old-aged, dreaming over a crowded past...the heart of England...a heart that has a very gentle beat".

We will soon be introduced to Chips, a near-parody of an inoffensive, elderly teacher, a man who appears to have witnessed history without making much of an impact himself. He is indeed a teacher who has accepted a drab life canvas, the dabs of color being more noticeable due to the surrounding gray. A conventional man, he is generally troubled by the modern world, viewing it as full of "distasteful innovations". However, he does have some ability to rise above his shy nature, and the resultant changes will make him a better lecturer and a stronger man.

In danger of becoming an eternal bachelor, he musters enough bravery to marry a woman who could easily have frightened him further back into his shell, rather than enticing him out of it. She is modern, bright, and much younger. She is also a wonderful influence. It is her encouragement that impels him to make adjustments to his teaching style, and in his personal approach. Rather than change his character, she instigates "a warming to life of things that were old, imprisoned, and unguessed". The fear he possessed that made him a rigid disciplinarian will dissipate, and be replaced with a confidence that will make him "kind without being soft". Her life and memory will spur him to be a more significant part of the school's history, both as an educator and as an emblem.

The final scene bookends the opening act, with Chips, near death, reacting to a well-meaning summary of his life as a lonely, childless one. His voice is soft, but determined, as he reminds those attending that he was a mentor to thousands of boys. Like the founder's statue in the introductory scene, he has seen countless children pass by. But in contrast to the monument, his oversight has not been lifeless.

Daniel Langer

出版物のご案内 － 最新情報はホームページをご覧ください

アバウト・タイム
iPen 対応

父から譲り受けたタイムトラベルの能力を使ってティムが試行錯誤ののちにたどり着いた人生の楽しみ方とは。

中級

1,600 円 (本体価格)
四六判変形 208 ページ
【978-4-89407-562-7】

雨に唄えば
iPen 対応

サイレント映画からトーキー映画の移行期を描いたミュージカル映画の傑作！

初級

1,400 円 (本体価格)
四六判変形 168 ページ
【978-4-89407-548-1】

英国王のスピーチ
iPen 対応

幼い頃から吃音という発音障害に悩まされている英国王と一般人スピーチセラピストとの友情を描いた感動作。

中級

1,600 円 (本体価格)
四六判変形 168 ページ
【978-4-89407-473-6】

オズの魔法使
iPen 対応

ドロシーと愛犬トトはカンザスで竜巻に巻き込まれ、オズの国マンチキンに迷い込んでしまう。

初級

1,400 円 (本体価格)
四六判変形 168 ページ
【978-4-89407-469-9】

カサブランカ 改訂版
iPen 対応

第2次大戦中、モロッコの港町カサブランカでカフェを営むリックの元に昔の恋人イルザが現れる…。

中級

1,400 円 (本体価格)
四六判変形 256 ページ
【978-4-89407-604-4】

グレース・オブ・モナコ
iPen 対応

世紀の結婚から6年、グレース・ケリーと夫、モナコ公国大公は、外交面と夫婦関係で問題を抱えていた。

中級

1,600 円 (本体価格)
四六判変形 176 ページ
【978-4-89407-541-2】

幸せになるための27のドレス
iPen 対応

花嫁付き添い人として奔走するジェーン。新聞記者のケビンは、取材先で出会った彼女をネタに記事を書こうと画策する。

中級

1,600 円 (本体価格)
四六判変形 200 ページ
【978-4-89407-471-2】

市民ケーン
iPen 対応

かつての新聞王ケーンが死に際に残した謎の言葉「バラのつぼみ」をめぐって物語は進んでいく…。

中級

1,400 円 (本体価格)
四六判変形 200 ページ
【978-4-89407-492-7】

シャーロック 忌まわしき花嫁
iPen 対応

B・カンバーバッチ、M・フリーマン主演、大人気海外ドラマ『SHERLOCK』初のスピンオフ映画。

上級

1,600 円 (本体価格)
四六判変形 184 ページ
【978-4-89407-584-9】

シャレード
iPen 対応

パリを舞台に、夫の遺産を巡って繰り広げられるロマンチックなサスペンス。

中級

1,400 円 (本体価格)
四六判変形 228 ページ
【978-4-89407-546-7】

ショーシャンクの空に
iPen 対応

妻殺害容疑で終身刑に服すアンディー。無罪を主張するも絶望的な状況下で、ただ一人「希望」への路を削りゆく。

上級

1,600 円 (本体価格)
四六判変形 184 ページ
【978-4-89407-555-9】

紳士は金髪がお好き
iPen 対応

ダイヤモンドのティアラを巡って起こる大騒動。マリリン・モンローのチャーミングな魅力が満載のミュージカルコメディ。

中級

1,400 円 (本体価格)
四六判変形 208 ページ
【978-4-89407-538-2】

スタンド・バイ・ミー
iPen 対応

不良グループの話しを盗み聞きし、目当ての死体を探しに旅に出る4人の少年達。最初に見つけてヒーローになろうとするが…。

中級

1,600 円 (本体価格)
四六判変形 152 ページ
【978-4-89407-504-7】

素晴らしき哉、人生！
iPen 対応

クリスマス前日、資金繰りに苦し自殺を考えるジョージに、二級天使クラレンスは彼を助けようと…。

中級

1,400 円 (本体価格)
四六判変形 224 ページ
【978-4-89407-497-2】

食べて、祈って、恋をして
iPen 対応

忙しい日々を送り、人生の意味を考え始めたリズが、夫と離婚して、自分探しの3カ国旅に出ることに。

上級

1,600 円 (本体価格)
四六判変形 192 ページ
【978-4-89407-527-6】

パパが遺した物語　iPen 対応

ニューヨークを舞台に孤独なヒロインの苦悩と作家の父との絆を描いたヒューマンドラマ。

中級

1,600 円（本体価格）
四六判変形 152 ページ
【978-4-89407-553-5】

バック・トゥ・ザ・フューチャー　iPen 対応

高校生のマーティは 30 年前にタイム・スリップし、若き日の両親のキューピットに。人気 SF ストーリー。

初級

1,600 円（本体価格）
四六判変形 168 ページ
【978-4-89407-499-6】

陽のあたる場所　iPen 対応

叔父の工場で働く青年は、禁止されている社内恋愛を始めるが、上流階級の令嬢ともつきあうことに。果たして、彼が選ぶのは…。

中級

1,400 円（本体価格）
四六判変形 152 ページ
【978-4-89407-530-6】

ヒューゴの不思議な発明　iPen 対応

駅の時計台に一人で住むヒューゴ。父の遺品である機械人形に導かれ、映画監督の過去を隠す老人の人生を蘇らせる。

中級

1,600 円（本体価格）
四六判変形 160 ページ
【978-4-89407-535-1】

プラダを着た悪魔　再改訂版　iPen 対応

ジャーナリスト志望のアンディが、一流ファッション誌の編集長ミランダのアシスタントとなった…。

1,600 円（本体価格）
四六判変形 200 ページ
【978-4-89407-587-0】

フリーダム・ライターズ　iPen 対応

ロサンゼルスの人種間の対立が激しい高校で、新任教師が生徒に生きる希望を与えるよう奮闘する、感動の実話。

上級

1,600 円（本体価格）
四六判変形 184 ページ
【978-4-89407-474-3】

ラブ・アクチュアリー　改訂版　iPen 対応

人恋しくなる Xmas の時期に、様々な関係の 10 組の人々から浮かびあがるそれぞれの「愛」のかたち。

中級

1,600 円（本体価格）
四六判変形 200 ページ
【978-4-89407-602-0】

ローマの休日　iPen 対応

王女アンは、過密スケジュールに嫌気がさし、ローマ市街に抜け出す。A・ヘプバーン主演の名作。

中級

1,400 円（本体価格）
四六判変形 200 ページ
【978-4-89407-467-5】

Business English in Movies　iPen 対応

映画史に残る名シーンから、ビジネス用語をテーマに場面別に幅広く学べます。

鶴岡　公幸／
Matthew Wilson ／
早川　知子 共著
B5 判 160 ページ
1,600 円（本体価格）
【978-4-89407-518-4】

THE LIVES AND TIMES OF MOVIE STARS　iPen 対応

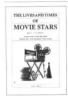

『映画スター』を 30 名取り上げた、映画英語教育の新しい教材。高校・大学用テキストブックです。

寶壺　寛之 他2名 共著／
井上 康仁 他2名 共著
A5 判 136 ページ
1,600 円（本体価格）
【978-4-89407-600-6】

嵐が丘　DVD 付

荒涼とした館「嵐が丘」を舞台にしたヒースクリフとキャシーの愛憎の物語。

中級

1,500 円（本体価格）
四六判変形 168 ページ
【978-4-89407-455-2】

イヴの総て　DVD 付

大女優マーゴを献身的に世話するイヴ。その裏には恐ろしい本性が隠されていた。

中級

1,500 円（本体価格）
四六判変形 248 ページ
【978-4-89407-436-1】

サンセット大通り　DVD 付

サンセット大通りのある邸宅で死体が発見された…。その死体が語る事件の全容とは？

中級

1,500 円（本体価格）
四六判変形 192 ページ
【978-4-89407-461-3】

ナイアガラ　DVD 付

ローズは、浮気相手と共謀し夫を事故に見せかけ殺害しようと企むが…。

中級

1,500 円（本体価格）
四六判変形 136 ページ
【978-4-89407-433-0】

赤毛のアン

赤毛のおしゃべりな女の子、アンの日常はいつも騒動で溢れている。世界中で読み継がれる永遠の名作。

最上級

1,200 円（本体価格）
A5 判 132 ページ
【978-4-89407-143-8】

スクリーンプレイリスニング・シートのご案内

● リスニングシートは以下の『目的』『方法』『シートについて』『注意』をよく読みご利用ください。
● 該当の映画メディア（DVD、ブルーレイ、3D等）を購入するか、レンタルするか、準備が必要です。
● 映画音声で聞き取りにくい方は、まず『音声データ』（別売）または『リスニングCD』（別売）で練習してください。

目的

　リスニングシートは、ドット印刷書籍スクリーンプレイ・シリーズとして発行されている名作映画を対象に、メディア（DVD やブルーレイ、3D 等）と併用して、リスニング学習を応援するためのものです。

　リスニングシートは、あなたが『字幕なしで映画を楽しめるようになる』ことを目指して、何度も映画スターのセリフを聞き取りながら「完全英語字幕」を作成し、リスニング学習の楽しさと喜びを感じ、英語音声の特徴と口語英語のリズムを習熟、リスニング能力向上の実現を目的にしています。

方法

映画　リスニングシートは、書籍スクリーンプレイ・シリーズの中で「ドット印刷」として発行されているタイトルだけです。タイトルは順次、追加します。

種類　シートは4コース（初級 A コース、中級 B コース、上級 C コース、最上級D コース）あります。

選択　ご希望のコースを選んでください。通常は『初級 A コース』から順にご利用ください。

印刷　シートは印刷（プリント）できます。標準B4サイズで印刷

してください。

記入　メディアを鑑賞しながら、リスニングシートのアンダーライン部分にセリフ文字を記入します。

禁止　メディアには英語字幕がある場合がありますので、これを表示しないでリスニング学習します。

解答　解答、日本語訳、語句解説などはご購入された書籍スクリーンプレイをご覧ください。

リスニングシートについて

・初級 A コースのアンダーラインは、JACET レベル 1 までの中学学習単語の中から設定しました。

・中級 B コースのアンダーラインは、JACET レベル 3 までの高校学習単語の中から設定しました。

・上級 C コースのアンダーラインは、JACET レベル 6 までの大学学習単語の中から設定しました。

・最上級 D コースのアンダーラインは、JACET レベル 8 までの8000単語すべてです。

・JACET とは大学英語教育学会のことで、JACET 8000の詳しい内容は以下をご覧ください。

http://www.j-varg.sakura.ne.jp/about/log/#2

初級Aコース（見本）

スクリーンプレイ購入者に 無料特典

リスニングシートはスクリーンプレイのホームページにあります！

https://www.screenplay.jp/

『ユーザー名』に半角「screenplay」、『パスワード』に本書の ISBN コード下4桁を半角「ハイホン」付きで入力ください。

- ・複数形、進行形、過去（完了）形、比較（最上）級、否定形、結合単語等もすべて含まれます。
- ・レベルを超えた単語はすべて記入済みです。
- ・人名や固有名詞は初めて登場する時は記入済み、2回目からはアンダーラインの場合があります。
- ・セリフをよく聞き取って、正確に英語字幕を記入してください。「I am」と発声していたら「I am」、「I'm」と発声していたら「I'm」です。
- ・「wanna」は「wanna」で、「want to」は不正解です。その他、同様です。
- ・辞書を使用することは可能です。英語字幕を表示・参照することは禁止です。
- ・リスニングシートは転載・引用・コピー・第三者への貸与・販売等一切禁止です。

注意

基本　①発声されたセリフを良く聞き取って、正確に文字化し、完全な英語字幕を作成します。
　　　②動物の鳴き声や自然物等の擬声語、擬音語は原則的に文字化する対象になりません。

　　　③大文字と小文字の区別、コンマ、ピリオド、ハイホンなども必要です。
　　　④文字は半角文字で記入です。数字は算用数字の場合と文字の場合があります。
　　　⑤正しい英文法や標準的な表記法に準拠した文章表示が大切です。
　　　⑥実際のセリフが文法的に間違っている場合は、発声に従います。
　　　⑦英語以外の言語が登場する場合は、あらかじめ表示されています。

ライン　①一つのアンダーラインに一つの単語が入ります。
　　　②一つのアンダーラインに2単語以上記入があると「不正解」です。
　　　③ただし、中には「-」や「'」で結合された複合単語などがあります。
　　　④アンダーラインの長さは、半角英数で、正解単語の長さとほぼ一致します。
　　　⑤「.」「,」「!」「?」などは、基本的に初めから表示されています。

最上級Dコース（見本）

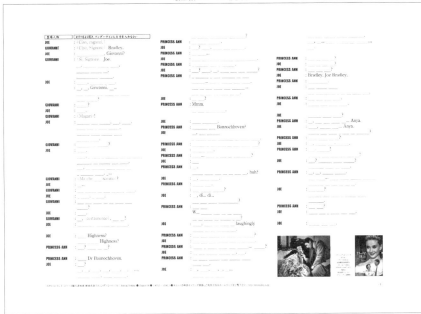

クラシック・スクリーンプレイ (CLASSIC SCREENPLAY) について

　クラシック・スクリーンプレイは著作権法による著作権保有者の保護期間が経過して、いわゆるパブリック・ドメイン（社会全体の公共財産の状態）になった映画の中から、名作映画を選んでスクリーンプレイ・シリーズの一部として採用したものです。

名作映画完全セリフ集
スクリーンプレイ・シリーズ 187
チップス先生さようなら

2021 年 3 月 31 日初版第 1 刷

監　　　修 : 寶壺　貴之
監修グループ : 網野千代美／子安　惠子／杉浦恵美子／木戸　啓絵／
　　　　　　　宝壺　直親
翻訳・解説 : 子安　惠子／杉浦恵美子／山﨑　僚子／菅原　裕子／
　　　　　　　網野千代美／寶壺　貴之／宝壺　直親／寺澤　陽美／
　　　　　　　栃木　勇作／武藤美代子／松原知津子／井土　康仁／
　　　　　　　久米　和代／亀山　太一／松葉　　明／白木　玲子／
　　　　　　　内川　　元／諸江　哲男／林　　雅則
前文・コラム : 曽根田憲三／子安　惠子／亀山　太一／内川　　元／
　　　　　　　木戸　啓絵／栃木　勇作／武藤美代子／井土　康仁／
　　　　　　　松葉　　明／諸江　哲男／林　　雅則／寶壺　貴之／
　　　　　　　Daniel Langer
10 のセリフ : 杉浦恵美子／山﨑　僚子／菅原　裕子／寺澤　陽美／
　　　　　　　小寺　　巴／井土　康仁／亀山　太一／白木　玲子／
　　　　　　　諸江　哲男
英 文 担 当 : Mark Hill
ドイツ語協力 : 今井田亜弓／ Daniel Langer ／木戸　啓絵／ Craig Alan Volker
ラテン語協力 : 大橋真砂子／ Daniel Langer
編　集　者 : 小寺　巴／菰田　麻里
発　行　者 : 久保　鉄男
発　売　元 : 株式会社フォーイン　スクリーンプレイ事業部
　　　　　　　〒 464-0025　名古屋市千種区桜が丘 292
　　　　　　　TEL : (052) 789-1255　FAX : (052) 789-1254
　　　　　　　振替 : 00860-3-99759　https://www.screenplay.jp
印刷・製本 : 株式会社チューエツ

Printed in Japan
ISBN978-4-89407-606-8